わかって合格る

FPの問題集

3級

棚田健大郎 監修
TAC出版編集部 編著

TAC出版
TAC PUBLISHING Group

購入者限定特典をフル活用して合格をつかみ取ろう！

本書には、購入者の皆様のため、たくさんの特典が付属しています！
これらを使いこなして合格をつかみ取ってください！

① 「CBT 模擬試験プログラム」にチャレンジ！

　実際の CBT 試験そっくりに作られた「CBT 模擬試験プログラム」をご用意しました。試験直前になったら、CBT 方式独自の操作に慣れるためにも、必ず挑戦しておきましょう。繰り返し取り組むことで試験当日に実力を出し切ることができます。

　PC またはタブレットで利用可能！ これで直前対策もバッチリ！

② 追加問題 PDF でさらなる実力アップ！

　本書には掲載されていない、やや難しい内容について、PDF にて追加問題を配信しています。3級を確実に合格したい人に向けた、さらなる実力アップを図るための特別教材です！

　もちろん、追加問題 PDF もテキストと完全リンクしています。3級対策はこれで万全です！

※　本 PDF の配信は6月下旬を予定しております。

③人気 YouTuber 棚田健大郎さん監修！ 最強の暗記ツール「大量記憶表」がダウンロードできる！

　宅建の YouTube チャンネル【不動産大学】でおなじみ、棚田行政書士こと棚田健大郎さんが FP のチャンネルでも大活躍中！　内容の全面的な監修をはじめとする、本書との最強コラボを展開します。

　さらに特典として最強の暗記ツールである「大量記憶表」を付属しています。独学者の強い味方となること間違いなしです。

　詳しい使い方については下記の YouTube チャンネルおよび TAC 出版の Web サイトをチェック！

【不動産大学 3rd】FP サークル by 棚田行政書士をチェック！

アクセスはこちら！　TAC 出版　検索

1. 書籍連動ダウンロードサービスにアクセス
2. 「わかって合格る　FP の問題集　3級」の項目へ
3. パスワードを入力　240511201
4. CBT 模擬試験プログラムに挑戦！

追加問題 PDF、大量記憶表をダウンロード！

※この模擬試験プログラムは TAC 出版が独自に製作したものです。実際の試験とは異なる場合がございますので、ご了承ください。
※本特典の提供期間は、改訂版刊行月末日（2025 年 5 月予定）までです。

（免責事項）
(1)　本アプリの利用にあたり、当社の故意または重大な過失によるもの以外で生じた損害、及び第三者から利用者に対してなされた損害賠償請求に基づく損害については一切の責任を負いません。
(2)　利用者が使用する対応端末は、利用者の費用と責任において準備するものとし、当社は、通信環境の不備等による本アプリの使用障害については、一切サポートを行いません。
(3)　当社は、本アプリの正確性、健全性、適用性、有用性、動作保証、対応端末への適合性、その他一切の事項について保証しません。
(4)　各種本試験の申込、試験申込期間などは、必ず利用者自身で確認するものとし、いかなる損害が発生した場合であっても当社では一切の責任を負いません。
（推奨デバイス）PC・タブレット
（推奨ブラウザ）Microsoft Edge 最新版／ Google Chrome 最新版／ Safari 最新版
詳細は、下記 URL にてご確認ください。
https://tac-fp.com/login

本書の特長

学習内容ごとに、テーマを記載しています。何を学習しているのかを意識することで、より理解が深まります。

○×問題か三択問題かを示しています。

間違えた問題はチェックボックスに☑をつけましょう。試験直前には☑が多い問題を重点的に復習します。

「予想問題」は、当社の徹底分析に基づく最新の傾向を反映した設問です。

2章
学科 リスク管理

1 保険契約者保護

■ 保険契約者保護機構

問題1 ○×
国内銀行の支店において加入した一時払終身保険は、生命保険契約者保護機構による補償の対象である。 [2020年9月試験⑥]

いつ出題された問題かを記載しています。

問題2 ○×
国内で事業を行う少額〔短期〕生命保険契約者保護機構〔の〕補償の対象とならない。 [2021年1月試験⑥]

問題3 三択
少額短期保険業者が取り扱うことができる生命保険商品は「少額・短期・掛捨て」に限定され、1人の被保険者から引き受ける保険金額の総額は、原則として（　　　）が上限となっている。

(1) 1,000万円　(2) 1,200万円　(3) 1,500万円

 [予想問題]

問題4 三択
国内で事業を行う生命保険会社が破綻した場合、生命保険契約者保護機構による補償の対象となる保険契約については、高予定利率契約を除き、（　①　）の（　②　）まで補償される。

(1) ①既払込保険料相当額　②70%
(2) ①死亡保険金額　②80%
(3) ①責任準備金等　②90%

見開きのレイアウト

オカメインコの
オカ先生

iv

550問を超える圧倒的な問題演習！
CBT試験に対応した最新の傾向も反映！

付属の**赤シート**を使えば、問題の**解答**、
その他の**重要箇所**を隠しながら演習できます。

姉妹書「わかって合格る
FPのテキスト3級」と
完全リンク！すべての
問題に対応ページが記
載されています。

解答1
正解 ◯　銀行の窓口において生命保険に加入した場合、銀行は生命保険募集代理店であり、当該保険契約は契約者と生命保険会社との間で成立するため、生命保険契約者保護機構による補償の対象となります。

テキスト p.83

解答2
正解 ◯　~~少額短期保険業者~~・~~共済・認可保険業者~~等と締結した保険契約は、保護機構による補償の対象とはなりません。なお、保護機構は、保険業法に基づいて設立した法人で、国内で事業を行う全ての生命保険会社・損害保険会社が会員として加入しています。

テキスト p.83

重要な箇所は**赤字**や
太字で表記していま
す。

解答3
~~正解 1~~　少額短期保険業者が引き受けられる保険金の総額は、原則**1,000万円**までです。

フムフム…　少額短期保険業者は、葬儀保険など、通常の生命保険会社では取り扱わないような保険に対応しているのが特徴です。

テキスト p.83

解答4
正解 3　生命保険契約者保護機構は、保険業法に基づいて設立した法人であり、国内で事業を行う**すべての生命保険会社**が会員として加入しています。国内で事業を行う生命保険会社が破綻した場合、生命保険契約者保護機構による補償の対象となる保険契約については、高予定利率契約を除いて責任準備金等の**90%**まで補償されます。

テキスト p.84

かわいいインコたちが
ポイントを解説してく
れます。

だから見やすい！

セキセイインコの
セキさん（学生）

3級試験について

試験概要

ファイナンシャル・プランニング技能検定3級は「**学科**」と「**実技**」があります。

両方合格して初めて**3級FP技能士**の資格を得られます。

受検資格		誰でも受けることができます
試験実施団体		金融財政事情研究会（金財）
		日本FP協会
試験日		いつでも可（休止期間除く）
試験方式		CBT方式
出題形式	学科	○×式（30問）、三答択一式（30問）
	実技	金財　　　　　三答択一式　5題（15問）
		日本FP協会　三答択一式　20問
受検料	学科	4,000円
	実技	4,000円
実技問題の試験科目		金財　個人資産相談業務 or 保険顧客資産相談業務
		（どちらか1つを選択）
		日本FP協会　資産設計提案業務
試験時間	学科	90分
	実技	60分
合格基準		学科・実技ともに6割以上の得点
法令基準日		2024年4月1日（'24年6月〜'25年5月試験）
合格発表		点数は試験終了後に通知
		正式な合格発表は試験日翌月中旬ごろ

CBT試験の概要

CBT方式とは、テストセンターのコンピュータを使って受検を行う試験形式です。

受検者は事前に受検日時・会場を予約する必要があります。

2024年5月現在、FP3級の試験は原則としてCBT方式によってのみ受検することが可能です。

実技試験の出題分野

　学科試験は6種類すべての分野から出題されますが、実技試験は試験科目によって出題範囲が異なります。必ずしもすべての分野から出題されるわけではない点に注意しましょう。詳細は下記のとおりとなります。

	金財 個人資産 相談業務	金財 保険顧客資産 相談業務	日本FP協会 資産設計 提案業務
ライフプランニングと 資金計画	○	○	○
リスク管理	×	○	○
金融資産運用	○	×	○
タックスプランニング	○	○	○
不動産	○	×	○
相続・事業承継	○	○	○

試験の詳細については、下記試験団体のHP等をご確認ください。

一般社団法人 金融財政事情研究会
https://www.kinzai.or.jp/

NPO法人　日本ファイナンシャル・プランナーズ協会（日本FP協会）
https://www.jafp.or.jp/

目次

1章 ライフプランニングと資金計画 … 1

2章 リスク管理 … 87

金融資産運用 161

3章

〈学科〉

〈実技〉

タックスプランニング 233

4章

〈学科〉

5章 不動産 301

6章 相続・事業承継 377

復興特別所得税の本書における取扱い

　東日本大震災の復興財源を確保するため、2013 年から「復興特別所得税」として、「所得税額（基準所得税額）× 2.1％」が課されています。

　FP 試験では、復興特別所得税を含んだ場合の税率で出題されることも、復興特別所得税を含まない税率で出題されることもあるので、本書では必要に応じて所得税と復興特別所得税を分けて記載しています。

　なお、本試験では問題文の指示にしたがって解答するようにしてください。

一般社団法人　金融財政事情研究会　ファイナンシャル・プランニング技能検定
3級実技試験（個人資産相談業務）平成29年10月許諾番号1710K000002

【監修】

棚田健大郎（たなだ・けんたろう）

株式会社棚田リーガルホールディングスグループ　CEO

【編集協力】

松浦毅（まつうら・たけし）

株式会社FTPプランニング　代表取締役

・装丁：メディアワークス株式会社
・装画：都築めぐみ

'24 - '25年版
わかって合格る　FPの問題集3級

2024年5月27日　初　版　第1刷発行

編　著　者	T A C 出 版 編 集 部
発　行　者	多　　田　　敏　　男
発　行　所	T A C株式会社　出版事業部
	（TAC出版）

〒101-8383東京都千代田区神田三崎町3-2-18
電話　03（5276）9492（営業）
FAX　03（5276）9674
https://shuppan.tac-school.co.jp

印　　刷	株式会社　ワ　コ　ー
製　　本	株式会社　常　川　製　本

© TAC 2024　　Printed in Japan　　ISBN 978-4-300-11201-4
N.D.C. 338

魅惑のパーソナルファイナンスの世界を感じられる無料オンラインセミナーです!

「多くの方が不安に感じる年金問題」「相続トラブルにより増加する空き家問題」
「安全な投資で資産を増やしたいというニーズ」など、社会や個人の様々な問題の解決に、
ファイナンシャルプランナーの知識は非常に役立ちます。
長年、ファイナンシャルプランニングの現場で顧客と向き合い、
夢や目標を達成するためのアドバイスをしてきたベテランFPのTAC講師陣が、
無料のオンラインセミナーで魅力的な知識を特別にお裾分けします。
とても面白くためになる内容です!
無料のオンラインセミナーですので、気軽にご参加いただけます。
ぜひ一度視聴してみませんか? 皆様の世界が広がる実感が持てるはずです。

皆様の **人生を充実させる** のに必要なコンテンツがぎっしり詰まった**オンラインセミナー**です!

 参考 **過去に行ったテーマ例**

- 達人から学ぶ「不動産投資」の極意
- 老後に役立つ個人年金保険
- 医療費をたくさん払った場合の節税対策
- 基本用語を分かりやすく解説 NISA
- 年金制度と住宅資産の活用法
- FP試験電卓活用法
- 1級・2級本試験予想セミナー
- 初心者でもできる投資信託の選び方
- 安全な投資のための商品選びのチェックポイント
- 1級・2級頻出論点セミナー

- そろそろ家を買いたい!実現させるためのポイント
- 知らないと損する!社会保険と公的年金の押さえるべきポイント
- 危機、災害に備える家計の自己防衛術を伝授します
- 一生賃貸で大丈夫?老後におけるリスクと未然の防止策
- 住宅購入時の落とし穴!購入後の想定外のトラブル
- あなたに必要な保険の見極め方
- ふるさと納税をやってみよう♪ぴったりな寄付額をチェック

ファイナンシャル・プランナー

═══ TAC FP講座案内 ═══

TACのきめ細かなサポートが合格へ導きます！

合格に重要なのは、どれだけ良い学習環境で学べるかということ。資格の学校TACではすべての受講生を合格に導くために、誰もが自分のライフスタイルに合わせて勉強ができる学習メディアやフォロー制度をご用意しています。

入門編から実務まで。FPならTACにお任せ！

同じFPでも資格のレベルはさまざま。入門編の3級から仕事に活用するのに必須の2級（AFP）、グローバルに活躍できるCFP®まで、試験内容も異なるので、めざすレベルに合わせて効率的なプログラム、学習方法で学ぶことが大切です。さらにTACでは、合格後の継続教育研修も開講していますので、入門資格から実践的な最新知識まで幅広く学習することができます。

3級
金融・経済アレルギーを解消！

「自分の年金のことがよく分からない」「投資に興味はあるんだけど、どうしたらいいの？」「ニュースに出てくる経済用語の意味を実は知らない・・・」「保険は入っているもの・・・」など金融や経済のアレルギーを解消することができます。「この際、一からお金のことを勉強したい！」そんな方にオススメです。

2級・AFP
FPの知識で人の幸せを演出する！

就職や転職をはじめ、FPの知識を実践的に活かしたい場合のスタンダード資格が2級・AFPです。金融機関をはじめとした企業でコンサルティング業務を担当するなど、お客様の夢や目標を実現するためにお金の面からアドバイスを行い、具体的なライフプランを提案することもできます。「みんなが幸せに生きる手助けをしたい！」そんな夢を持った方にオススメです。

1級・CFP®
ビジネスの世界で認められるコンサルタントをめざす！

FP資格の最高峰に位置づけられるのが、1級・CFP®です。特にCFP®は、日本国内における唯一の国際FPライセンスです。コンサルタントとして独立開業する際に1級やCFP®を持っていると、お客様からの信頼度もアップします。「プロのコンサルタントとして幅広いフィールドで仕事がしたい！」そんな志を抱いている人は、ぜひ1級・CFP®を目指してください。

TAC FP講座 オススメコース

（過去問トレーニングで万全の試験対策を！） # 3級過去問解説講義

WEB講座専用コースで、いつでも好きな時間に学習できます。

FP技能検定試験の本試験問題を全問解説する講座です。答えを見ただけでは理解しにくい部分も、ベテラン講師が問題に書き込みながら行う解説により、しっかりと理解できるようになります。また本講座はWeb通信講座なので、いつでも講義を視聴することができ大変便利です。定番問題の解法テクニックの習得や試験直前の総まとめとしてご利用ください。

講義時間
約60分/各回・各科目

受講料
¥600/各回・各科目
※入会金は不要です。
※受講料には消費税10%が含まれます。

教材について

当コースには、本試験問題はついておりません。過去問題及び解答は、本試験実施団体（日本FP協会・金融財政事情研究会）のHPから無料でダウンロードできますので、ご自身でご用意ください。

○日本FP協会：
https://www.jafp.or.jp/exam/1fp/

○金融財政事情研究会：
https://www.kinzai.or.jp/fp

【ご注意】
お申込みはe受付（インターネット）のみです。
インターネットによるお申込みの場合には、クレジットカード決済をご選択頂けます。
e受付はこちらから → **https://ec.tac-school.co.jp**

TAC出版 書籍のご案内

TAC出版では、資格の学校TAC各講座の定評ある執筆陣による資格試験の参考書をはじめ、資格取得者の開業法や仕事術、実務書、ビジネス書、一般書などを発行しています！

TAC出版の書籍

*一部書籍は、早稲田経営出版のブランドにて刊行しております。

資格・検定試験の受験対策書籍

- ❂日商簿記検定
- ❂建設業経理士
- ❂全経簿記上級
- ❂税　理　士
- ❂公認会計士
- ❂社会保険労務士
- ❂中小企業診断士
- ❂証券アナリスト

- ❂ファイナンシャルプランナー(FP)
- ❂証券外務員
- ❂貸金業務取扱主任者
- ❂不動産鑑定士
- ❂宅地建物取引士
- ❂賃貸不動産経営管理士
- ❂マンション管理士
- ❂管理業務主任者

- ❂司法書士
- ❂行政書士
- ❂司法試験
- ❂弁理士
- ❂公務員試験(大卒程度・高卒者)
- ❂情報処理試験
- ❂介護福祉士
- ❂ケアマネジャー
- ❂電験三種　ほか

実務書・ビジネス書

- ❂会計実務、税法、税務、経理
- ❂総務、労務、人事
- ❂ビジネススキル、マナー、就職、自己啓発
- ❂資格取得者の開業法、仕事術、営業術

一般書・エンタメ書

- ❂ファッション
- ❂エッセイ、レシピ
- ❂スポーツ
- ❂旅行ガイド (おとな旅プレミアム/旅コン)

FP（ファイナンシャル・プランナー）対策書籍のご案内

TAC出版のFP（ファイナンシャル・プランニング）技能士対策書籍は金財、日本FP協会それぞれに対応したインプット用テキスト、アウトプット用テキスト、インプット＋アウトプット一体型教材、直前予想問題集の各ラインナップで、受検生の多様なニーズに応えていきます。

みんなが欲しかった！シリーズ

『みんなが欲しかった! FPの教科書』
- ●1級 学科基礎・応用対策 ●2級・AFP ●3級
- 1級：滝澤ななみ 監修・TAC FP講座 編著・A5判・2色刷
- 2・3級：滝澤ななみ 編著・A5判・4色オールカラー
■ イメージがわきやすい図解と、シンプルでわかりやすい解説で、短期間の学習で確実に理解できる! 動画やスマホ学習に対応しているのもポイント。

『みんなが欲しかった! FPの問題集』
- ●1級 学科基礎・応用対策 ●2級・AFP ●3級
- 1級：TAC FP講座 編著・A5判・2色刷
- 2・3級：滝澤ななみ 編著・A5判・2色刷
■ 無駄をはぶいた解説と、重要ポイントのまとめによる「アウトプット→インプット」学習で、知識を完全に定着。

『みんなが欲しかった! FPの予想模試』
- ●3級 TAC出版編集部 編著
- 滝澤ななみ 監修・A5判・2色刷
■ 出題が予想される厳選模試を学科3回分、実技2回分掲載。さらに新しい出題テーマにも対応しているので、本番前の最終確認に最適。

『みんなが欲しかった! FP合格へのはじめの一歩』
- 滝澤ななみ 編著・
- A5判・4色オールカラー
■ FP3級に合格できて、自分のお金ライフもわかっちゃう。本気でやさしいお金の入門書。自分のお金を見える化できる別冊お金ノートつきです。

わかって合格るシリーズ

『わかって合格る FPのテキスト』
- ●3級 TAC出版編集部 編著
- A5判・4色オールカラー
■ 圧倒的なカバー率とわかりやすさを追求したテキスト!さらに人気YouTuberが監修してポイント解説をしてくれます。

『わかって合格る FPの問題集』
- ●3級 TAC出版編集部 編著
- A5判・2色刷
■ 過去問題を徹底的に分析し、豊富な問題数で合格をサポートさらに人気YouTuberが監修しているので、わかりやすさも抜群。

スッキリシリーズ

『スッキリわかる FP技能士』
- ●1級 学科基礎・応用対策 ●2級・AFP ●3級
- 白鳥光良 編著・A5判・2色刷
■ テキストと問題集をコンパクトにまとめたシリーズ。繰り返し学習を行い、過去問の理解を中心とした学習を行えば、合格ラインを超える力が身につきます!

『スッキリとける 過去＋予想問題 FP技能士』
- ●1級 学科基礎・応用対策 ●2級・AFP ●3級
- TAC FP講座 編著・A5判・2色刷
■ 過去問の中から繰り返し出題される良問で基礎力を養成し、学科・実技試験の重要項目をマスターできる予想問題で解答力を高める問題集。

書籍の正誤に関するご確認とお問合せについて

書籍の記載内容に誤りではないかと思われる箇所がございましたら、以下の手順にてご確認とお問合せをしてくださいますよう、お願い申し上げます。

なお、正誤のお問合せ以外の書籍内容に関する解説および受験指導などは、一切行っておりません。
そのようなお問合せにつきましては、お答えいたしかねますので、あらかじめご了承ください。

1 「Cyber Book Store」にて正誤表を確認する

TAC出版書籍販売サイト「Cyber Book Store」の
トップページ内「正誤表」コーナーにて、正誤表をご確認ください。

CYBER TAC出版書籍販売サイト
BOOK STORE

URL：https://bookstore.tac-school.co.jp/

2 1の正誤表がない、あるいは正誤表に該当箇所の記載がない
⇒ 下記①、②のどちらかの方法で文書にて問合せをする

★ご注意ください★

お電話でのお問合せは、お受けいたしません。
①、②のどちらの方法でも、お問合せの際には、「お名前」とともに、
「対象の書籍名（○級・第○回対策も含む）およびその版数（第○版・○○年度版など）」
「お問合せ該当箇所の頁数と行数」
「誤りと思われる記載」
「正しいとお考えになる記載とその根拠」
を明記してください。
なお、回答までに１週間前後を要する場合もございます。あらかじめご了承ください。

① ウェブページ「Cyber Book Store」内の「お問合せフォーム」より問合せをする

【お問合せフォームアドレス】

https://bookstore.tac-school.co.jp/inquiry/

② メールにより問合せをする

【メール宛先　TAC出版】

syuppan-h@tac-school.co.jp

※土日祝日はお問合せ対応をおこなっておりません。
※正誤のお問合せ対応は、該当書籍の改訂版刊行月末日までといたします。

乱丁・落丁による交換は、該当書籍の改訂版刊行月末日までといたします。なお、書籍の在庫状況等により、お受けできない場合もございます。
また、各種本試験の実施の延期、中止を理由とした本書の返品はお受けいたしません。返金もいたしかねますので、あらかじめご了承くださいますようお願い申し上げます。

（2022年7月現在）

【本書のご利用方法】

分解して利用される方へ

色紙を押さえながら、「2分冊」の各冊子を取り外してください。

各冊子と色紙は、のりで接着されています。乱暴に扱いますと破損する恐れがありますので、丁寧に取り外しいただけますようお願いいたします。

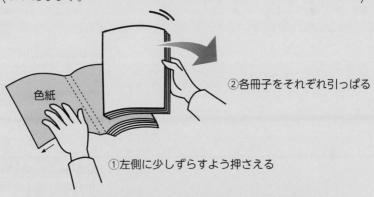

②各冊子をそれぞれ引っぱる

色紙

①左側に少しずらすよう押さえる

＊ 抜き取りの際の損傷についてのお取替えはご遠慮願います ＊

TAC出版

TAC PUBLISHING Group

'24～'25年版

わかって合格_う格_かる

FPの問題集

3級

第1編

ライフプランニングと資金計画
リスク管理
金融資産運用

目次

金融資産運用　161

1章

ライフプランニングと
資金計画

「住宅取得プランニング」「社会保険」「公的年金」の範囲
が特に重要です！
そのほか、キャッシュフロー表（FP協会）や老齢基礎年
金（金財）に関する計算問題も頻出です。
電卓を使ってしっかり演習をしておきましょう。

1 FPに求められる職業倫理・関連法規

■ FPに求められる職業倫理

問題1
○×
□□□
ファイナンシャル・プランナーは、職業倫理上、顧客情報に関する守秘義務を厳守しなければならない。　　[2019年9月試験(1)]

問題2
○×
□□□
ファイナンシャル・プランニングにおいては、職業倫理上、その提案内容等をあらかじめ顧客に十分に説明し、顧客がその内容を理解したかどうかを確認しながら進めることが求められている。　　[2019年1月試験(1)]

■ FPと関連法規

問題3
○×
□□□
税理士資格を有しないファイナンシャル・プランナーが、顧客に対して、所得税の医療費控除について法律の条文を基に一般的な説明を行う行為は、税理士法に抵触する。　[2022年9月試験(1)]

問題4
○×
□□□
弁護士の資格を有しないファイナンシャル・プランナーが、顧客に対して、法定後見制度と任意後見制度の違いについて一般的な説明を行う行為は、弁護士法に抵触する。　[2023年5月試験(1)]

問題5
○×
□□□
生命保険募集人の登録を受けていないファイナンシャル・プランナーが、ライフプランの相談に来た顧客に対し、生命保険商品の一般的な商品性について説明することは、保険業法において禁止されている。　　[2023年1月試験(1)]

解答1

正解 ○

　ファイナンシャル・プランナー（FP）は、顧客情報に関する**守秘義務**を厳守する必要があります。

 テキスト p.3

解答2

正解 ○

　ファイナンシャル・プランニングにおいて、FP はその提案内容等を顧客に十分に説明し、顧客が内容を理解しているかを適宜確認しながら業務を進める必要があります。

 テキスト p.3

解答3

正解 ✕

　税理士資格を有しない FP が、所得税の医療費控除について法律の条文を基に**一般的な**税法の解説や資料の提供を行う行為は税理士法に**抵触しません**。なお、**個別具体的な**税理士業務を行うと税理士法に**抵触します**。

 テキスト p.4

解答4

正解 ✕

　弁護士資格を有しない FP が、民法の条文を基に**一般的な説明**を行う行為は弁護士法に**抵触しません**。なお、**個別具体的な**法律事務は弁護士法に抵触します。

 テキスト p.4

解答5

正解 ✕

　生命保険募集人の登録を受けていない FP が、**保険商品の仕組みや商品内容の説明**をすることや必要保障額の試算を行うことは保険業法において禁止されていません。なお、**保険の募集や勧誘**を行うことはできません。

 テキスト p.4

問題6

◯×

☐☐☐

ファイナンシャル・プランナーが顧客と投資顧問契約を締結し、当該契約に基づき金融商品取引法で定める投資助言・代理業を行うためには、内閣総理大臣の登録を受けなければならない。

[2022年5月試験(1)]

問題7

◯×

☐☐☐

ファイナンシャル・プランナーは、顧客の依頼を受けたとしても、公正証書遺言の作成時に証人となることはできない。

[2020年1月試験(1)]

2 ライフプランニングの考え方

■ キャッシュフロー表

問題1

◯×

☐☐☐

個人のライフプランニングにおいて、キャッシュフロー表に記載する金額は、物価変動等が予測されるものについては、通常、その変動等を加味した将来価値で計上する。

[2019年5月試験(1)]

問題2

三択

☐☐☐

顧客のライフプランニングを行うには可処分所得の把握が重要であるが、一般に、可処分所得の金額は、年収から所得税・住民税ならびに（　　　）を控除した額をいう。

(1) 生命保険料　　(2) 損害保険料　　(3) 社会保険料

[2014年1月試験(32)]

解答6
正解 ○

FPが、金融商品取引法で定める投資助言・代理業を行うためには、内閣総理大臣の登録を受けなければなりません。

テキスト p.4

解答7
正解 ×

公正証書遺言の証人には、①未成年者、②推定相続人・受遺者およびその配偶者ならびに直系血族、③公証人の配偶者・四親等内の親族ならびに書記および雇人**以外**の者であれば誰でもなることができます。なお、公正証書遺言について、詳しくは6章で扱います。

テキスト p.4

解答1
正解 ○

キャッシュフロー表に記載する金額で、価格の変動が予想されるものについては、それを加味した**将来価値**で記入します。

テキスト p.6

解答2
正解 3

可処分所得とは、所得税・住民税や社会保険料など、世帯で自由にならない支出（**非消費支出**）を、**年収**から差し引いた所得のことをいいます。なお、世帯で自由にできる生命保険料などは差し引きません。

テキスト p.7,8

問題3
三択
□□□
Aさんの2024年分の可処分所得の金額は、下記の〈資料〉によれば、（　　　）である。

〈資料〉

給与収入	：700万円（給与所得：520万円）
所得税・住民税	：60万円
社会保険料	：100万円
生命保険料	：10万円

(1)　360万円　　(2)　530万円　　(3)　540万円

［2021年9月試験31⑳］

個人バランスシート

問題4
○×
□□□
ファイナンシャル・プランナーがライフプランニングにあたって個人顧客のバランスシートを作成する場合、バランスシートに計上する有価証券の価額については時価、生命保険については作成時点の解約返戻金相当額を使用する。　［2017年5月試験(2)］

6つの係数の使い方

問題5
三択
□□□
元金を一定期間、一定の利率で複利運用して目標とする額を得るために、運用開始時点で必要な元金の額を試算する際、目標とする額に乗じる係数は、（　　　）である。

(1)　現価係数　　(2)　減債基金係数　　(3)　資本回収係数

［2023年1月試験31］

問題6
三択
□□□
毎年一定金額を積み立てながら、一定の利率で複利運用した場合の一定期間経過後の元利合計額を試算する際、毎年の積立額に乗じる係数は、（　　　）である。

(1)　減債基金係数　　(2)　資本回収係数　　(3)　年金終価係数

［2022年5月試験31］

解答3

正解 **3**

可処分所得の金額＝**給与収入－（所得税・住民税＋社会保険料）**
= 700 万円－（60 万円＋ 100 万円）
= **540 万円**

フムフム…

なお、給与所得について、詳しくは4章で扱います。

テキスト p.7,8

解答4

正解 **○**

バランスシートは顧客の現状を把握するために作成するので、**有価証券**については時価、**生命保険**については解約返戻金相当額を使用するのが望ましいとされています。

テキスト p.9

解答5

正解 **1**

一定期間、一定の利率で複利運用して目標とする額を得るために**必要な元金**を求める際に目標とする額に乗じる係数は現価係数です。

テキスト p.11

解答6

正解 **3**

毎年一定金額を積み立てながら複利運用した場合の**元利合計額**を試算するには、毎年の積立額に**年金終価係数**を乗じます。

テキスト p.11

問題7

三択

☐☐☐

900万円を準備するために、15年間、毎年均等に積み立て、利率（年率）1％で複利運用する場合、必要となる毎年の積立金額は、下記の〈資料〉の係数を使用して算出すると（　　　）である。

〈資料〉利率（年率）1％・期間15年の各種係数

現価係数	資本回収係数	減債基金係数
0.8613	0.0721	0.0621

(1)　516,780円　　(2)　558,900円　　(3)　600,000円

［2020年9月試験(31)］

問題8

三択

☐☐☐

一定の利率で複利運用しながら一定期間、毎年一定金額を受け取るために必要な元本を試算する際、毎年受け取る一定金額に乗じる係数は、（　　　）である。

(1)　減債基金係数　　(2)　年金現価係数　　(3)　資本回収係数

［2023年5月試験(31)］

問題9

三択

☐☐☐

借入金額300万円、利率（年率・複利）3％、返済期間5年、元利均等返済でローンを組む場合、毎年の返済額は、下記の〈資料〉の係数を使用して算出すると、（　　　）である。

〈資料〉利率（年率）3％・期間5年の各種係数

終価係数	減債基金係数	資本回収係数
1.1593	0.1884	0.2184

(1)　565,200円　　(2)　655,200円　　(3)　695,580円

［2021年1月試験(31)］

解答7
正解 **2**

　毎年一定金額を積み立てながら複利運用する際の**将来の額から毎年の積立額**を計算する場合は、減債基金係数を使用します。

9,000,000円×0.0621＝**558,900円**

テキスト
p.12

解答8
正解 **2**

　一定の利率で複利運用しながら、一定期間、毎年一定金額を受け取るために必要な元本を求める場合、毎年受け取る金額に**年金現価係数**を乗じます。

テキスト
p.12

解答9
正解 **2**

　元利均等返済でローンを組む際の**借入金額の毎年の返済額**を求める場合、資本回収係数を使用します。

3,000,000円×0.2184＝**655,200円**

> なお、資本回収係数は、元本を一定利率で運用しながら、毎年一定額を取り崩す場合の受取額を求める際にも使用します。

テキスト
p.12

3　教育資金プランニング

■ 教育ローン

問題1
三択
□□□

国が日本政策金融公庫を通じて行う「教育一般貸付」を利用する場合、融資額は学生・生徒1人につき、原則として（　①　）以内、返済期間は原則として（　②　）以内である。

(1)　① 300万円　　② 15年
(2)　① 350万円　　② 18年
(3)　① 350万円　　② 15年

[2011年1月試験32改]

問題2
○×
□□□

日本政策金融公庫の教育一般貸付（国の教育ローン）において、融資の対象となる学校は、中学校、高等学校、大学、大学院等の小学校卒業以上の者を対象とする教育施設である。

[2022年1月試験(5)]

問題3
○×
□□□

日本政策金融公庫の教育一般貸付（国の教育ローン）の融資金利には、固定金利と変動金利があり、利用者はいずれかを選択することができる。

[2022年5月試験(5)]

問題4
○×
□□□

日本政策金融公庫の教育一般貸付（国の教育ローン）の使途は、入学金や授業料などの学校納付金に限られ、受験費用や在学のために必要となる住居費用などに利用することはできない。

[2023年5月試験(5)]

■ 奨学金

問題5
○×
□□□

独立行政法人日本学生支援機構が取り扱う奨学金（貸与型）には、利息付（在学中は無利息）の第一種奨学金と無利息の第二種奨学金がある。

[2019年5月試験(5)]

解答1
正解 **2**

日本政策金融公庫の**教育一般貸付**における融資金額は子1人につき350**万円**で、**返済期間**は最長で**18年**です。なお、在学期間中は利息のみの返済が可能です。

フムフム…

なお、自宅外通学、修業期間5年以上の大学（昼間部）、大学院、海外留学（修業期間3カ月以上の外国教育施設の場合）のいずれかの資金として利用する場合、子1人につき上限450万円まで借入可能となります。

テキスト p.17,18

解答2
正解 **✕**

融資の対象となる学校は、修業期間が**6カ月以上**で、**中学校卒業以上の人を対象**とする教育施設です。したがって、中学校は**含みません**。

テキスト p.17,18

解答3
正解 **✕**

国の教育ローンは、日本政策金融公庫で取り扱う固定**金利型**の公的な融資制度です。利用者が固定金利と変動金利のいずれかを**選択することはできません**。

テキスト p.17,18

解答4
正解 **✕**

教育一般貸付は、入学金や授業料などの学校納付金だけでなく、受験費用や在学のために必要となる住居費用、定期代やパソコン購入費など幅広く利用することができます。

テキスト p.17,18

解答5
正解 **✕**

日本学生支援機構が取り扱う奨学金（貸与型）には、無利息の**第一種奨学金**と有利息（**在学中は無利息**）の**第二種奨学金**があります。

テキスト p.18

| 問題6 | 日本学生支援機構の奨学金と日本政策金融公庫の教育一般貸 |

問題6
○×
□□□

日本学生支援機構の奨学金と日本政策金融公庫の教育一般貸付（国の教育ローン）は、重複して利用することができる。

[2024年1月試験(5)]

4 住宅取得プランニング

■ 借りる

問題1
三択
□□□

住宅金融支援機構と民間金融機関が提携した住宅ローンであるフラット35（買取型）の融資額は、土地取得費を含めた住宅建設費用または住宅購入価額以内で、最高（ ① ）であり、融資金利は（ ② ）である。

(1) ① 8,000万円　　② 固定金利
(2) ① 1億円　　　② 固定金利
(3) ① 1億円　　　② 変動金利

[2023年9月試験(35)]

問題2
三択
□□□

住宅金融支援機構と民間金融機関が提携した住宅ローンであるフラット35（買取型）の融資金利は（ ① ）であり、（ ② ）時点の金利が適用される。

(1) ① 変動金利　　② 借入申込
(2) ① 固定金利　　② 借入申込
(3) ① 固定金利　　② 融資実行

[2023年5月試験(34)]

問題3
三択
□□□

フラット35（買取型）において、融資率（フラット35の借入額÷住宅の建設費または購入価額）が（　　）を超える場合は、融資率が（　　）以下の場合と比較して、取扱金融機関では、通常、借入額全体の金利が高く設定されている。

(1) 7割　　(2) 8割　　(3) 9割

[2017年5月試験(35)]

解答6
正解 ○

教育一般貸付と日本学生支援機構の奨学金制度は**重複利用**することができます。

テキスト p.18

解答1
正解 **1**

フラット35（買取型）の融資額は、土地取得費を含めた住宅建設費用または住宅購入価額以内で、最高 8,000 **万円**です。融資金利は固定**金利**です。なお、借入れをする際の保証人は**不要**です。

テキスト p.20

解答2
正解 **3**

フラット35（買取型）の融資金利は固定**金利**であり、融資実行時点の金利が適用されます。

> なお、フラット35 を利用できるのは、原則として申込時の年齢が 70 歳未満の人です。

テキスト p.20

解答3
正解 **3**

フムフム…

フラット35（買取型）の**融資金利**は**融資率により異なります**が、一般に融資率が**9割**を超える場合は借入額全体の**金利**が**高く**設定されます。

> なお、借入期間が 20 年超の場合、20 年以下よりも金利は高く設定されます。

テキスト p.20

○×
□ □ □ 　住宅金融支援機構と民間金融機関が提携した住宅ローンであるフラット35の融資金利は固定金利であり、その利率は取扱金融機関がそれぞれ独自に決定している。　　　　　［2022年9月試験(5)］

問題5
三択
□ □ □ 　住宅ローンのフラット35（買取型）において、一部繰上返済を行う場合（インターネットサービスの利用を除く）、返済金額は（　①　）以上から可能で、その際の繰上返済手数料は（　②　）である。

(1)　① 50万円　　② 必要
(2)　① 100万円　　② 必要
(3)　① 100万円　　② 不要　　　　　　　　　　［2014年9月試験34㊡］

■ 住宅ローンの返済方法

問題6
三択
□ □ □ 　住宅ローンの返済方法のうち、元利均等返済は、毎月の返済額が一定で、返済期間の経過とともに毎月の元金部分の返済額が（　①　）返済方法であり、総返済金額は、他の条件が同一である場合、通常、元金均等返済よりも（　②　）。

(1)　① 減少する　　② 多い
(2)　① 増加する　　② 多い
(3)　① 増加する　　② 少ない　　　　　　　　［2023年1月試験35］

解答4

正解 ◯

フラット35（買取型）の融資金利は固定**金利**であり、利率は金融機関ご**とに異なります。**

テキスト p.20

解答5

正解 **3**

フラット35（買取型）において繰上返済を行う場合、返済金額は100**万円以上**から可能です。また、その際の繰上返済手数料は**不要**です。なお、インターネットサービスを利用して一部繰上返済を行う場合、返済金額は10万円以上から可能となります。

テキスト p.20

解答6

正解 **2**

住宅ローンの返済方法には①**元利均等返済**、②**元金均等返済**の２通りあります。元利均等返済は、毎月の返済額が一定であり、返済期間の経過とともに毎月の元金部分の返済額が**増加**します。また、借入時の他の条件が同じであれば、総支払額は元金均等返済に比べ**多く**なるという特徴があります。

テキスト p.22

問題7

三択

□□□

下図は、住宅ローンの（ ① ）返済方式をイメージ図で表したものであり、図中のPの部分は（ ② ）部分を、Qの部分は（ ③ ）部分を示している。

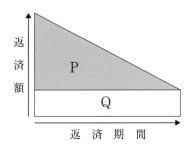

(1) ① 元金均等　② 利息　③ 元金

(2) ① 元利均等　② 元金　③ 利息

(3) ① 元利均等　② 利息　③ 元金

[2024年1月試験(35)]

■ 住宅ローンの繰上げ返済

問題8

○×

□□□

住宅ローンの一部繰上げ返済では、返済期間を変更せずに毎月の返済額を減額する返済額軽減型よりも、毎月の返済額を変更せずに返済期間を短くする期間短縮型のほうが、他の条件が同一である場合、通常、総返済額は少なくなる。

[2023年9月試験(5)]

5 カード（貸金業法）

■ 貸金業法

 問題1

三択

□□□

貸金業法の総量規制により、個人が貸金業者による個人向け貸付を利用する場合の借入合計額は、原則として、年収の（ 　　 ）以内でなければならない。

(1) 2分の1　　(2) 3分の1　　(3) 4分の1

[2023年5月試験(35)]

解答7
正解 **1**

元金均等返済は、毎月の元金部分の返済額（図中の Q の部分）が一定であり、返済が進むにつれて利息分の返済額（図中の P の部分）が減少するという特徴があります。

元金均等返済は、借入時の他の条件が同じであれば、元利均等返済に比べ返済当初の返済額は多くなりますが、返済が進むにつれて毎月の返済額が減少し、最終的な総返済額は元利均等返済より少なくなります。

 p.22

解答8
正解 **○**

借入時の他の条件が同じ場合、毎月の返済額を変更せずに返済期間を短くする期間短縮型のほうが、返済期間を変更せずに毎月の返済額を減額する**返済額軽減型**よりも、一部繰上げ返済による利息軽減効果（絶対額）が高いため、総返済額は少なくなります。

 p.23,24

解答1
正解 **2**

貸金業法の総量規制により、個人が貸金業者による個人向け貸付を利用する場合の借入合計額は、原則として、年収の**3分の1以内**とされています。

 p.26

■ 健康保険

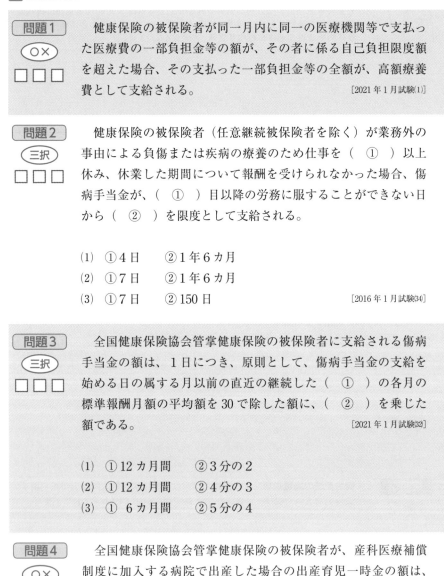

問題1
○×
□ □ □
　健康保険の被保険者が同一月内に同一の医療機関等で支払った医療費の一部負担金等の額が、その者に係る自己負担限度額を超えた場合、その支払った一部負担金等の全額が、高額療養費として支給される。
[2021年1月試験(1)]

問題2
三択
□ □ □
　健康保険の被保険者（任意継続被保険者を除く）が業務外の事由による負傷または疾病の療養のため仕事を（　①　）以上休み、休業した期間について報酬を受けられなかった場合、傷病手当金が、（　①　）目以降の労務に服することができない日から（　②　）を限度として支給される。

(1)　①4日　　②1年6カ月
(2)　①7日　　②1年6カ月
(3)　①7日　　②150日
[2016年1月試験(34)]

問題3
三択
□ □ □
　全国健康保険協会管掌健康保険の被保険者に支給される傷病手当金の額は、1日につき、原則として、傷病手当金の支給を始める日の属する月以前の直近の継続した（　①　）の各月の標準報酬月額の平均額を30で除した額に、（　②　）を乗じた額である。
[2021年1月試験(32)]

(1)　①12カ月間　　②3分の2
(2)　①12カ月間　　②4分の3
(3)　①　6カ月間　　②5分の4

問題4
○×
□ □ □
　全国健康保険協会管掌健康保険の被保険者が、産科医療補償制度に加入する病院で出産した場合の出産育児一時金の額は、1児につき50万円である。
[2020年9月試験(2)改]

| 解答1 |
正解 ✕

高額療養費制度は、同一月（1日から月末まで）にかかった医療費の自己負担が一定額（自己負担限度額）を超えた場合に「超過分」が払い戻される制度です。「一部負担金等の全額」ではありません。

テキスト
p.31

| 解答2 |
正解 1

傷病手当金は、病気やケガのため、仕事を休んだ日が連続して3日間あったときに、4日目以降の休んだ日について、支給開始から最長で通算して1年6カ月間、1日につき、原則として当該被保険者の標準報酬日額の3分の2相当額が支給されます。

テキスト
p.32

| 解答3 |
正解 1

全国健康保険協会管掌健康保険の被保険者に支給される傷病手当金の支給額は次のとおりです。

1日当たりの支給額
＝支給開始日以前の継続した12カ月間の各月の標準報酬月額を平均した額 $\div 30 \times \dfrac{2}{3}$

テキスト
p.32

| 解答4 |
正解 ◯

産科医療補償制度に加入する病院で出産した場合の出産育児一時金の額は、1児につき50万円です。

テキスト
p.32

問題5
三択
□ □ □ 　退職により健康保険の被保険者資格を喪失した者で、喪失日の前日までに継続して（　①　）以上被保険者であった者は、所定の申出により、最長で（　②　）、健康保険の任意継続被保険者となることができる。

(1)　①1カ月　　②2年間
(2)　①2カ月　　②1年間
(3)　①2カ月　　②2年間

[2024年1月試験(32)]

問題6
○×
□ □ □ 　全国健康保険協会管掌健康保険の任意継続被保険者は、任意継続被保険者でなくなることを希望する旨を保険者に申し出ても、任意継続被保険者の資格を喪失することができない。

[2023年1月試験(3)]

後期高齢者医療制度

問題7
三択
□ □ □ 　後期高齢者医療制度の被保険者は、後期高齢者医療広域連合の区域内に住所を有する（　①　）以上の者、または（　②　）の者であって一定の障害の状態にある旨の認定を受けたものである。

(1)　①65歳　　②40歳以上65歳未満
(2)　①70歳　　②60歳以上70歳未満
(3)　①75歳　　②65歳以上75歳未満

[2023年5月試験(32)]

解答5

正解 **3**

健康保険の被保険者の資格を喪失する前日までに**2カ月以上**被保険者であった者は、最長で**2年間**、健康保険の**任意継続被保険者**となることができます。

なお、任意継続被保険者の申請は、被保険者資格を喪失した翌日から20日以内に行う必要があります。

 テキスト p.33

解答6

正解 ✕

全国健康保険協会管掌健康保険の任意継続被保険者は、任意継続被保険者でなくなることを希望する旨を保険者に申し出るなど**一定の事由に該当するとき**は、途中で**被保険者の資格を喪失します。**

 テキスト p.33

解答7

正解 **3**

後期高齢者医療制度の被保険者は、次のとおりです。
① 後期高齢者医療広域連合の区域内に住所を有する**75歳以上**の者
② 一定の障害の状態にある旨の認定を受けた**65歳以上75歳未満**の者

 テキスト p.34

7　公的介護保険

公的介護保険

問題1
三択
☐☐☐

公的介護保険の被保険者は、（　①　）以上の者は第1号被保険者、（　②　）の公的医療保険加入者は第2号被保険者に区分される。

(1)　①60歳　　②40歳以上60歳未満
(2)　①65歳　　②40歳以上65歳未満
(3)　①65歳　　②45歳以上65歳未満　　　　　　　　　［2017年5月試験(32)］

問題2
○×
☐☐☐

公的介護保険の第2号被保険者は、要介護状態または要支援状態となった原因を問わず、保険給付を受けることができる。
［2021年5月試験(1)］

問題3
○×
☐☐☐

公的介護保険の第1号被保険者が、公的介護保険の保険給付の対象となる介護サービスを受けた場合の自己負担割合は、その者の合計所得金額の多寡にかかわらず、1割である。
［2016年9月試験(4)］

8　労働者災害補償保険

労災保険の内容

問題1
○×
☐☐☐

労働者災害補償保険の適用を受ける労働者には、1週間の所定労働時間が20時間未満のアルバイトやパートタイマーは含まれない。
［2022年9月試験(2)］

問題2
○×
☐☐☐

労働者災害補償保険の保険料は、労働者と事業主が折半で負担する。
［2024年1月試験(2)］

解答1

正解 **2**

公的介護保険の被保険者は、**65歳以上の第1号被保険者**と**40歳以上65歳未満の第2号被保険者**に分類されます。

なお、介護保険は原則として40歳以上のすべての人が加入します。また、任意に脱退することはできません。

テキスト p.36

解答2

正解 **✕**

公的介護保険の**第2号被保険者**のうちサービスを受けられるのは、要介護・要支援の原因が**加齢による特定疾病**により生じた者に限られます。なお、公的介護保険の**第1号被保険者**は、要介護・要支援の**原因を問わず**サービスを利用することができます。

テキスト p.36

解答3

正解 **✕**

公的介護保険の**第1号被保険者**の自己負担割合は、本人の所得に応じて**1割**から**3割**となります。一方、第2号被保険者の自己負担割合は一律で**1割**です。

テキスト p.36

解答1

正解 **✕**

労働者災害補償保険の適用を受ける労働者には、正社員だけでなく、**パートタイマーやアルバイト等、使用されて賃金を支給される人すべて**が該当します。

テキスト p.37

解答2

正解 **✕**

労働者災害補償保険の保険料は、その**全額**を事業主が負担します。

テキスト p.37

問題3
○×
□□□
　　労働者の業務上の負傷または疾病が治癒し、身体に一定の障害が残り、その障害の程度が労働者災害補償保険法で規定する障害等級に該当する場合は、所定の手続により、当該労働者に障害補償給付が支給される。
[2016年5月試験(3)]

9　雇用保険

■ 基本手当（求職者給付）

問題1
三択
□□□
　　雇用保険の基本手当を受給するためには、倒産、解雇および雇止めなどの場合を除き、原則として、離職の日以前（　①　）に被保険者期間が通算して（　②　）以上あることなどの要件を満たす必要がある。

(1)　①1年間　　②　6カ月
(2)　①2年間　　②　6カ月
(3)　①2年間　　②12カ月　　　　　　　　[2022年9月試験32]

問題2
○×
□□□
　　正当な理由がなく自己の都合により離職した者に対する雇用保険の基本手当は、待期期間の満了後4カ月間は支給されない。
[2021年9月試験(2)]

問題3
三択
□□□
　　20年以上勤務した会社を60歳到達月の末日で定年退職し、雇用保険の基本手当の受給資格者となった者が受給することができる基本手当の日数は、最大（　　　　）である。

(1)　100日　　(2)　150日　　(3)　200日　　　[2022年1月試験33]

解答3
正解 ◯

障害補償給付は、**業務災害による傷病が治った後、身体に一定の障害が残った場合**に支給されます。

 p.37

解答1
正解 **3**

雇用保険の基本手当を受給するためには、離職の日以前**2年間**に被保険者期間が通算して**12カ月以上**あることなどの要件を満たす必要があります。

なお、倒産、解雇などの場合は離職の日以前１年間に６カ月以上の被保険者期間があれば期間の要件を満たします。

 p.40

解答2
正解 ✕

正当な理由がなく自己の都合により離職した者に対する雇用保険の基本手当は、待期期間（７日間）満了後、原則として更に**2カ月間**は支給されません（給付制限）。

 p.40

解答3
正解 **2**

雇用保険の基本手当の所定給付日数（自己都合・定年退職の場合）は次のとおりです。

被保険者期間	1年以上 10年未満	10年以上 20年未満	20年以上
全年齢	90日	120日	150日

 p.40,41

教育訓練給付

問題4
三択
☐☐☐

雇用保険の教育訓練給付金のうち、一般教育訓練に係る教育訓練給付金の額は、教育訓練施設に支払った教育訓練経費の（　①　）相当額であるが、その額が（　②　）を超える場合の支給額は、（　②　）となる。

(1) ① 10%　② 10万円
(2) ① 20%　② 10万円
(3) ① 20%　② 20万円

[2022年5月試験33]

雇用継続給付

問題5
三択
☐☐☐

雇用保険の高年齢雇用継続基本給付金は，原則として60歳到達時点に比べて、賃金額が（　　　）未満に低下した状態で就労している60歳以上65歳未満の雇用保険の一般被保険者で、一定の要件を満たす者に対して支給される。

(1)　75%　　(2)　80%　　(3)　85%

[2014年1月試験35]

育児休業給付

問題6
三択
☐☐☐

雇用保険の育児休業給付金の額は、当該育児休業給付金の支給に係る休業日数が通算して180日に達するまでは、1支給単位期間当たり、原則として休業開始時賃金日額に支給日数を乗じて得た額の（　　　）相当額となる。

(1)　50%　　(2)　67%　　(3)　75%

[2021年9月試験33]

解答4
正解 **2**

雇用保険の教育訓練給付金のうち、一般教育訓練給付金の額は、受講費用の 20%（上限 10 万円）です。

ファファ…

> 一般教育訓練給付金の支給対象者は、雇用保険の被保険者期間が 3 年以上（初回は 1 年以上）ある者です。

テキスト p.41

解答5
正解 **1**

高年齢雇用継続給付は、**5 年以上**被保険者期間がある労働者が会社を定年退職し、60 歳以降も再雇用などで働く場合、60 歳以降の賃金の低下を補うための制度で、賃金額が **60 歳到達時の賃金額**の **75%未満**であることが要件の 1 つになっています。

テキスト p.42

解答6
正解 **2**

育児休業給付金のうち、育児休業開始 180 **日目**までの給付金額を求める計算式は次のとおりです。

　　1 支給単位期間あたりの育児休業給付金額
　　＝休業開始時賃金日額×支給日数× 67%[※]
　　※ 181 日目以後は 50%

テキスト p.43

■ 国民年金

問題1
○×
□□□

国民年金の第1号被保険者は、日本国内に住所を有する20歳以上60歳未満の自営業者や学生などのうち、日本国籍を有する者のみが該当する。 [2023年9月試験(3)]

問題2
○×
□□□

国民年金の第1号被保険者の収入により生計を維持する配偶者で、20歳以上60歳未満の者は、国民年金の第3号被保険者となることができる。 [2021年5月試験(3)]

問題3
○×
□□□

国内に住所を有する60歳以上75歳未満の者は、厚生年金保険の被保険者である者を除き、国民年金の任意加入被保険者となることができる。 [2019年9月試験(3)]

問題4
三択
□□□

国民年金の被保険者が学生納付特例制度の適用を受けた期間は、その期間に係る保険料を追納しない場合、老齢基礎年金の受給資格期間（ ① ）、老齢基礎年金の年金額（ ② ）。

(1) ① に算入され　　　　② にも反映される
(2) ① に算入されず　　　② にも反映されない
(3) ① には算入されるが　② には反映されない

[2021年5月試験(33)]

問題5
三択
□□□

国民年金の保険料免除期間に係る保険料のうち、追納することができる保険料は、追納に係る厚生労働大臣の承認を受けた日の属する月前（　　　　）以内の期間に係るものに限られる。

(1) 2年　　(2) 5年　　(3) 10年　　[2023年1月試験(32)]

解答1
正解 ✕

　国民年金の**第1号被保険者**には、日本国内に住所を有する20**歳以上**60**歳未満**の自営業者や学生などが該当します。国籍要件は**ありません。**

p.46

解答2
正解 ✕

　国民年金の**第1号被保険者の収入により生計を維持する配偶者**で、20**歳以上**60**歳未満**の者は、国民年金の**第1号被保険者**となります。第3号被保険者になることができるのは、**第2号被保険者**の収入により生計を維持する配偶者です。

p.46

解答3
正解 ✕

　国民年金保険料の納付期間が、受け取る年金額が満額となる480**月**に満たない場合、60歳から65歳まで**任意加入被保険者**となって年金額を増やすことができます。また、受給資格期間を満たしていない人の場合は、65**歳**ではなく70**歳**になるまで任意加入ができます。

p.46

解答4
正解 3

　学生納付特例制度の適用を受けた期間は、老齢基礎年金の**受給資格期間には算入**されますが、追納しないかぎり年金額の計算には**反映されません。**

p.47

解答5
正解 3

　国民年金の保険料免除期間に係る保険料のうち、追納することができる保険料は、追納に係る厚生労働大臣の承認を受けた日の属する月前10**年以内**の期間に係るものに限られます。

p.48

11 老齢給付（老齢基礎年金）

■ 受給資格期間

問題1
三択
□ □ □
老齢基礎年金の受給資格期間を満たすためには、保険料納付済期間、保険料免除期間等を合算した期間が（　　　）以上必要である。

(1)　10 年　　(2)　20 年　　(3)　25 年　　　　　　[2018 年 1 月試験32]

■ 老齢基礎年金の計算式

問題2
三択
□ □ □
2009 年 4 月以後の国民年金の保険料全額免除期間（学生納付特例制度等の適用を受けた期間を除く）は、その（　　　）に相当する月数が老齢基礎年金の年金額に反映される。

(1)　2 分の 1　　(2)　3 分の 1　　(3)　4 分の 1
　　　　　　　　　　　　　　　　　　　　　　[2021 年 9 月試験34]

■ 繰上げ受給と繰下げ受給

問題3
三択
□ □ □
2024 年 4 月 1 日以降に 60 歳になる人が、老齢基礎年金の繰上げ受給をする場合、その減額率は、（　　　）に繰上げ請求月から 65 歳到達月の前月までの月数を乗じて得た率となる。

(1)　0.4%　　(2)　0.5%　　(3)　0.7%　　[2014 年 5 月試験34㊹]

問題4
三択
□ □ □
65 歳到達時に老齢基礎年金の受給資格期間を満たしている者が、67 歳 6 カ月で老齢基礎年金の繰下げ受給の申出をし、30 カ月支給を繰り下げた場合、老齢基礎年金の増額率は、（　　　）となる。

(1)　12%　　(2)　15%　　(3)　21%　　　　　[2023 年 1 月試験33㊹]

解答 1
正解 **1**

老齢基礎年金は、国民年金保険料納付済期間と免除期間を合わせて **10 年以上**ある人が、原則として **65 歳**に達したときに受給できます。

テキスト p.51

解答 2
正解 **1**

2009 年 4 月以後の国民年金の保険料全額免除期間（学生納付特例制度等の適用を受けた期間を除く）は、老齢基礎年金の受給資格期間として計算されますが、年金額を計算する際は、国庫負担に相当する **2 分の 1** の月数が反映されます。

テキスト p.52

解答 3
正解 **1**

老齢基礎年金の繰上げ受給の際の減額率は、「**0.4％×繰り上げた月数**」となります（最大：5 年×12 カ月×0.4％＝**24％**）。

テキスト p.53

解答 4
正解 **3**

老齢基礎年金を繰下げ受給する場合、1 カ月当たり 0.7％が増額されます。30 カ月支給を繰り下げた場合、老齢基礎年金の増額率は、21％（0.7％×30 カ月）となります。

なお、繰下げによる加算額を算出する際の増加率は最大 84％（0.7％×120 月）となります。

テキスト p.53

■ 付加年金

問題5
問題5
三択
□ □ □

　国民年金の第1号被保険者が、国民年金の定額保険料に加えて月額（　①　）の付加保険料を納付し、65歳から老齢基礎年金を受け取る場合、（　②　）に付加保険料納付済期間の月数を乗じて得た額が付加年金として支給される。

(1)　① 400 円　　② 200 円
(2)　① 400 円　　② 300 円
(3)　① 200 円　　② 400 円

[2023 年 5 月試験(33)]

問題6
○×
□ □ □

　国民年金の付加保険料納付済期間を有する者が、老齢基礎年金の繰下げ支給の申出をした場合、付加年金は、老齢基礎年金と同様の増額率によって増額される。

[2022 年 1 月試験(3)]

12　老齢給付（老齢厚生年金）

■ 受給要件

問題1
○×
□ □ □

　老齢厚生年金の支給要件は、原則として、厚生年金保険の被保険者期間を1年以上有する者が65歳以上であること、老齢基礎年金の受給資格期間を満たしていることである。

[2014 年 1 月試験(5)(改)]

■ 老齢厚生年金の支給開始年齢

問題2
○×
□ □ □

　特別支給の老齢厚生年金（報酬比例部分）は、原則として、1960 年（昭和 35 年）4 月 2 日以後に生まれた男性および 1965 年（昭和 40 年）4 月 2 日以後に生まれた女性には支給されない。

[2020 年 1 月試験(3)]

解答5
正解 **1**

　付加年金とは、国民年金の**第1号被保険者**が、通常の保険料に加えて月額400円の付加保険料を納付することで、老齢基礎年金を将来受け取る際に、「200円×付加保険料の納付月」の額を上乗せして受け取ることができる制度です。

テキスト p.53

解答6
正解 **○**

　老齢基礎年金の**繰上げ支給**または**繰下げ支給**を受けると、**付加年金**も老齢基礎年金と同様の減額率または増額率に応じて、**減額**または**増額**されます。

テキスト p.53

解答1
正解 **✕**

　老齢厚生年金の受給要件は、原則として、①老齢基礎年金の受給資格期間を満たしていること、②厚生年金保険の被保険者期間が**1カ月以上**あること、③**65歳以上**であること、の3つです。

テキスト p.57

解答2
正解 **✕**

　特別支給の老齢厚生年金は、男性では1961年4月2日以後、女性では1966年4月2日以後に生まれた人には支給されません。

テキスト p.58,59

■ 65歳からの老齢厚生年金

問題3

三択

□ □ □

厚生年金保険の被保険者期間が原則として（　①　）以上ある者が、老齢厚生年金の受給権を取得した当時、当該受給権者と生計維持関係にある（　②　）未満の配偶者が所定の要件を満たしている場合、当該受給権者が受給する老齢厚生年金に加給年金額が加算される。

(1)　①10年　　②60歳

(2)　①20年　　②65歳

(3)　①25年　　②70歳　　　　　　　　　　　　　　[2021年1月試験(35)]

問題4

三択

□ □ □

遺族基礎年金を受給することができる「子」とは、国民年金の被保険者等の死亡の当時、その者によって生計を維持されていた者で、（　①　）に達する日以後の最初の3月31日までの間にあるか、または（　②　）未満であって一定の障害等級に該当する障害の状態にある、などの要件を満たした者である。

(1)　①16歳　　②18歳

(2)　①18歳　　②20歳

(3)　①20歳　　②30歳　　　　　　　　　　　　　　　　[予想問題]

■ 繰上げ受給と繰下げ受給

問題5

○×

□ □ □

老齢厚生年金の繰下げ支給の申出は、老齢基礎年金の繰下げ支給の申出と同時に行わなければならない。　　　[2022年5月試験(3)]

解答 3

正解 **2**

　　加給年金は、厚生年金保険の加入期間が **20 年以上**ある者が、**65 歳未満の配偶者**や一定の要件を満たす**子**を扶養している場合に受給することができます。

フムフム…

> なお、加給年金を受給している者の配偶者が 65 歳になると、加給年金の支給は打ち切られ、代わりに振替加算が当該配偶者に支給されます。ただし、1966 年 4 月 2 日以降生まれの人は振替加算を受給することはできません。

テキスト
p.60

解答 4

正解 **2**

　　遺族基礎年金を受給することができる「**子**」とは、死亡した者の遺族のうち、①死亡した者によって生計を維持されていた、② **18 歳**に達する年度の 3 月 31 日までの間にある、または **20 歳未満**で障害年金の障害等級 1 級または 2 級の状態にある、などの要件を満たした者のことです。

テキスト
p.60

解答 5

正解 **✕**

　　老齢厚生年金の繰下げ**支給**の申出は、老齢基礎年金の繰下げ**支給**の申出と**別々に行うことができます**。なお、老齢厚生年金の繰上げ**支給**の申出は、老齢基礎年金の繰上げ**支給**の申出と**同時に行わなければなりません**。

テキスト
p.61

■ 在職老齢年金

問題6

○×

□□□

60歳以上65歳未満の厚生年金保険の被保険者に支給される老齢厚生年金は、その者の総報酬月額相当額と基本月額の合計額が50万円を超える場合、年金額の一部または全部が支給停止となる。

[2019年5月試験(4)改]

13 障害年金

■ 保険料納付要件

問題1

三択

□□□

障害基礎年金の保険料納付要件は、原則として、初診日の前日において、初診日の属する月の前々月までの国民年金の被保険者期間のうち、保険料納付済期間（保険料免除期間を含む）が（　　　）以上あることである。

(1) 3分の1　　(2) 2分の1　　(3) 3分の2

[2019年9月試験(33)]

■ 障害基礎年金

問題2

三択

□□□

子のいない障害等級1級に該当する者に支給される障害基礎年金の額は、子のいない障害等級2級に該当する者に支給される障害基礎年金の額の（　　　）に相当する額である。

(1) 0.75倍　　(2) 1.25倍　　(3) 1.75倍　　[2022年5月試験(34)]

問題3

○×

□□□

障害基礎年金の受給権者が、生計維持関係にある65歳未満の配偶者を有する場合、その受給権者に支給される障害基礎年金には、配偶者に係る加算額が加算される。　　[2023年5月試験(3)]

解答6

正解 ○

60歳以上65歳未満の者の総報酬月額相当額と基本月額の合計額が**50万円**を超えると、老齢厚生年金が減額、もしくは停止されます。

p.61

解答1

正解 **3**

障害基礎年金の保険料納付要件は、原則として、初診日の前日において、初診日の属する月の前々月までに保険料納付済期間と保険料免除期間を合算した期間が被保険者期間の**3分の2以上**あることです。

p.63

解答2

正解 **2**

子のいない**障害等級1級**に該当する者に支給される障害基礎年金の額は、子のいない**障害等級2級**に該当する者に支給される障害基礎年金の額の**1.25倍**に相当する額です。

p.64

解答3

正解 **×**

障害基礎年金には、配偶者に係る加算額はありません。**18歳**到達年度の末日（3月31日）までの間にある子（または1級・2級の障害の状態にある**20歳未満の子**）を有する場合に、子の数に応じて一定額が加算されて支給されます。なお、**障害厚生年金**の受給権者が、生計維持関係にある**65歳未満の配偶者**を有する場合には、**配偶者に係る加算額**が加算されます。

p.64

14 遺族年金

遺族基礎年金

問題1

◯✕

☐☐☐

遺族基礎年金を受給することができる遺族は、国民年金の被保険者等の死亡の当時、その者によって生計を維持され、かつ、所定の要件を満たす「子のある配偶者」または「子」である。

[2024年1月試験(4)]

問題2

三択

☐☐☐

国民年金の第1号被保険者が死亡し、その遺族である妻が寡婦年金と死亡一時金の両方の受給要件を満たす場合、その妻は（　　　）。

(1) いずれか一方の受給を選択する
(2) 両方を受給することができる
(3) 寡婦年金のみを受給することができる

[2017年1月試験(33)]

遺族厚生年金

問題3

◯✕

☐☐☐

遺族厚生年金を受給することができる遺族の範囲は、厚生年金保険の被保険者等の死亡の当時、その者によって生計を維持し、かつ、所定の要件を満たす配偶者、子、父母、孫、祖父母である。

[2023年5月試験(4)]

問題4

三択

☐☐☐

遺族厚生年金の額（中高齢寡婦加算額および経過的寡婦加算額を除く）は、原則として、死亡した者の厚生年金保険の被保険者記録を基礎として計算した老齢厚生年金の報酬比例部分の額の（　　　）に相当する額である。

(1) 2分の1　　(2) 3分の2　　(3) 4分の3

[2022年1月試験(34)]

解答1
正解 ◯

遺族基礎年金の受給対象者は、死亡した者によって生計を維持され、かつ、一定の要件を満たす「**子のある配偶者**」または「子」です。

テキスト p.67

解答2
正解 1

寡婦年金と死亡一時金の両方の受給要件を満たす場合、両方を受給することはできず、**いずれかを選択**して受給します。

テキスト p.67

解答3
正解 ◯

遺族厚生年金を受給することができる遺族の範囲は、死亡した被保険者等によって**生計を維持され、かつ、所定の要件を満たす配偶者・子・父母・孫・祖父母**です。なお、兄弟姉妹は**範囲外**です。

テキスト p.68

解答4
正解 3

遺族厚生年金は、厚生年金の被保険者が死亡した場合、その者によって生計を維持されている一定の遺族に支給されます。**遺族厚生年金の額**は、老齢厚生年金の報酬比例部分の額の**4分の3**に相当します。

テキスト p.68

厚生年金保険の被保険者である夫が死亡し、子のない45歳の妻が遺族厚生年金の受給権のみを取得した場合、妻が65歳に達するまでの間、妻に支給される遺族厚生年金に（　　　　）が加算される。

(1)　中高齢寡婦加算額　　(2)　加給年金額　　(3)　振替加算額

[2021年9月試験(35)]

15　私的年金

■ 確定拠出年金

問題1
三択

確定拠出年金の企業型年金において、加入者が拠出した掛金は、その全額が（　　　）として所得控除の対象となる。

(1)　生命保険料控除
(2)　社会保険料控除
(3)　小規模企業共済等掛金控除　　　　　　　　[2014年5月試験(35)]

問題2
三択

確定拠出年金の個人型年金の老齢給付金を60歳から受給するためには、通算加入者等期間が（　　　）以上なければならない。

(1)　10年　　(2)　15年　　(3)　20年　　　　　[2024年1月試験(34)]

問題3
三択

確定拠出年金の個人型年金の加入者が国民年金の第1号被保険者である場合、原則として、掛金の拠出限度額は年額（　　　）である。

(1)　276,000円　　(2)　816,000円　　(3)　840,000円

[2023年1月試験(34)]

解答5
正解 **1**

中高齢寡婦加算は、夫の死亡当時、① 40 **歳以上** 65 **歳未満の子のない妻**、または、②一定の事由により**遺族基礎年金を受給できない** 40 **歳以上** 65 **歳未満の子のある妻**に対して、遺族厚生年金に加算されます。

②の例としては、遺族基礎年金の受給期間中に子が 18 歳になったことで、遺族基礎年金の受給資格を失った妻などが該当します。

テキスト p.68

解答1
正解 **3**

確定拠出年金の加入者が拠出した掛金は、企業型でも個人型でも所得税の計算上、全額が**小規模企業共済等掛金控除**の対象となります。

テキスト p.73

解答2
正解 **1**

確定拠出年金の**個人型年金**を 60 歳から受給するためには、**60 歳到達時**に通算加入者等期間が 10 **年以上**必要です。

テキスト p.73

解答3
正解 **2**

確定拠出年金の個人型年金の加入者が**国民年金**の**第1号被保険者**である場合、原則として、掛金の拠出限度額は年額**816,000円**です（月額68,000円）。

テキスト p.73

問題4 ○✕ □□□ 　国民年金の第3号被保険者は、確定拠出年金の個人型年金の加入者となることはできない。 [2019年9月試験(4)]

■ 国民年金基金

問題5 ○✕ □□□ 　国民年金基金の掛金の額は、加入員の選択した給付の型や加入口数によって決まり、加入時の年齢や性別によって異なることはない。 [2022年9月試験(4)]

問題6 ○✕ □□□ 　国民年金基金の加入員は、所定の事由により加入員資格を喪失する場合を除き、加入している国民年金基金から自己都合で任意に脱退することはできない。 [2023年9月試験(4)]

問題7 ○✕ □□□ 　国民年金基金に加入している者は、国民年金の付加保険料を納付することができない。 [2017年1月試験(3)]

■ 中小企業退職金共済制度

問題8 ○✕ □□□ 　中小企業退職金共済の掛金は、その全額を事業主が負担し、掛金の一部を従業員に負担させることはできない。 [予想問題]

■ 私的年金等の税金

問題9 ○✕ □□□ 　確定拠出年金の個人型年金の老齢給付金を一時金で受け取った場合、当該老齢給付金は、一時所得として所得税の課税対象となる。 [2021年1月試験(4)]

解答4

正解 ✕

　国民年金の被保険者（65歳未満の国民年金の任意加入被保険者を含む）は、**確定拠出年金**の**個人型年金**の加入者になることが**できます**。第3号被保険者は加入できないという規定はありません。

 テキスト p.73

解答5

正解 ✕

　国民年金基金の掛金の額は、選択した給付の型、加入口数、**加入時の年齢**、性別によって決まります。

 テキスト p.74

解答6

正解 ○

　国民年金基金は、一度加入すると、原則として**任意に脱退することはできません**。

 テキスト p.74

解答7

正解 ○

　国民年金基金に加入している者は、**付加保険料**を納めることは**できません**。これは、国民年金基金の掛金に付加保険料相当額が含まれているためです。

 テキスト p.74

解答8

正解 ○

　中小企業退職金共済の掛金は、その**全額**を**事業主**が負担する必要があります。

 テキスト p.75

解答9

正解 ✕

　確定拠出年金の個人型年金の老齢給付金を**一時金**で受け取った場合、退職**所得**として**所得税**の課税対象となります。なお、**年金**として分割受取する場合は公的年金等による雑**所得**となります。
　なお、所得税について、詳しくは4章で扱います。

テキスト p.75

問題10

三択

□ □ □

所得税において、国民年金基金の掛金は、（　　　）の対象となる。

(1)　生命保険料控除

(2)　社会保険料控除

(3)　小規模企業共済等掛金控除　　　　　　　　　　［2022年5月試験(47)]

解答10
正解 **2**

国民年金基金の加入者が拠出した掛金は、所得税の計算上、社会保険料**控除**の対象となります。

テキスト
p.75

個人資産相談業務
保険顧客資産相談業務（金財）

問題1

□□□

次の設例に基づいて、下記の設問に答えなさい。

［2023年1月試験・個人　第1問㊈］

─《 設　例 》─

　Aさん（48歳）は、小売店を営む個人事業主である。大学卒業後に10年勤めた会社を退職し、その後に小売店を開業した。

　Aさんは、できる限り小売店を続けていきたいと思っているが、老後のことも考え、自分の公的年金がどのくらい支給されるのか、老後の収入を増やすために何かよい方法はないか知りたいと思うようになった。

　そこで、Aさんは、ファイナンシャル・プランナーのMさんに相談することにした。

〈Aさんに関する資料〉

(1)　生年月日　　　　　　：1976年8月11日

(2)　公的年金の加入歴：下図のとおり（60歳までの見込みを含む）

20歳	22歳	32歳	60歳
国民年金 保険料未納期間 32月	厚生年金保険 被保険者期間 120月	国民年金 保険料納付済期間 328月	

※Aさんは、現在および将来においても、公的年金制度における障害等級に該当する障害の状態にないものとする。

※上記以外の条件は考慮せず、各問に従うこと。

《問1》　はじめに、Mさんは、《設例》の〈Aさんに関する資料〉に基づき、Aさんが老齢基礎年金の受給を65歳から開始した場合の年金額を試算した。Mさんが試算した老齢基礎年金の年金額の計算式として、次のうち最も適切なものはどれか。なお、老齢基礎年金の年金額は、2024年度価額に基づいて計算するものとする。

(1)　816,000 円 × $\dfrac{328\ 月}{480\ 月}$

(2)　816,000 円 × $\dfrac{448\ 月}{480\ 月}$

(3)　816,000 円 × $\dfrac{448\ 月 + 32\ 月 × \dfrac{1}{3}}{480\ 月}$

《問2》　次に、Mさんは、国民年金基金について説明した。Mさんが、Aさんに対して説明した以下の文章の空欄①～③に入る語句の組合せとして、次のうち最も適切なものはどれか。

> 「国民年金基金は、国民年金の第1号被保険者を対象とした、老齢基礎年金に上乗せする年金を支給する任意加入の年金制度です。加入は口数制となっており、1口目は2種類の（　①　）年金（A型・B型）のうち、いずれかを選択します。掛金の額は、選択した給付の型や口数、加入時の年齢等によって決まり、掛金の拠出限度額は、月額（　②　）です。また、支払った掛金は、所得税において（　③　）の対象となります」

(1)　① 確定　　② 68,000 円　　③ 小規模企業共済等掛金控除

(2)　① 終身　　② 30,000 円　　③ 小規模企業共済等掛金控除

(3)　① 終身　　② 68,000 円　　③ 社会保険料控除

《問3》　最後に、Mさんは、老後の年金収入を増やすことができる各種制度について説明した。MさんのAさんに対する説明として、次のうち最も不適切なものはどれか。

(1)　「国民年金の付加年金は、月額 200 円の付加保険料を納付することにより、老齢基礎年金と併せて受給することができる年金です」

(2)　「確定拠出年金の個人型年金は、加入者自身が掛金の運用方法を選択し、資産を形成する年金制度です。将来受け取ることができる年金額は、運用実績により増減します」

(3)　「小規模企業共済制度は、個人事業主が廃業等した場合に必要となる資金を準備しておくための制度です。毎月の掛金は、1,000 円から 70,000 円の

範囲内（500円単位）で選択することができます」

解答1 問1　2

老齢基礎年金の年金額は、満額 **816,000円**（2024年度価額）に、20歳以上60歳未満の40年（480月）間のうちの保険料納付済月数の割合を乗じて求めます。設例より、20歳から32月間は国民年金の保険料を納めていないため、保険料納付済月数は448月（480月−32月）になります。

$$老齢基礎年金の年金額 = 816,000円 \times \frac{480月 - 32月}{480月}$$

$$= 816,000円 \times \frac{448月}{480月}$$

テキスト p.51

解答1 問2　3

「国民年金基金は、国民年金の第1号被保険者を対象とした、老齢基礎年金に上乗せする年金を支給する任意加入の年金制度です。加入は口数制となっており、1口目は2種類の（① **終身**）年金（A型・B型）のうち、いずれかを選択します。掛金の額は、選択した給付の型や口数、加入時の年齢等によって決まり、掛金の拠出限度額は、月額（② **68,000円**）です。また、支払った掛金は、所得税において（③ **社会保険料控除**）の対象となります」

テキスト p.74,75

解答1 問3　1

(1)　**不適切。付加年金**とは、国民年金の第1号被保険者が、国民年金保険料に月額 **400円** の付加保険料を上乗せして納めることで、**65歳**から受給する老齢基礎年金に上乗せして受給できる年金です。

(2)　**適切。**確定拠出年金の個人型年金（iDeCo）は、加入者自身が掛金の運用方法を選択するため、運用実績により将来受け取ることができる年金額が**増減します。**

(3)　**適切。**小規模企業共済制度は、個人事業主が廃業等した場合に必要となる資金に備える共済制度です。毎月の掛金は、1,000 ～ 70,000円 の範囲内（500円単位）で選択可能です。

テキスト p.53,73,74

| 問題2 | 次の設例に基づいて、下記の各問に答えなさい。 |

□ □ □

［2023年5月試験・保険　第1問㊹］

------《 設 例 》------

　会社員のAさん（54歳）は、妻Bさん（50歳）および長男Cさん（19歳）との3人暮らしである。Aさんは、大学卒業後、X株式会社に入社し、現在に至るまで同社に勤務している。Aさんは、今後の資金計画を検討するにあたり、公的年金制度から支給される老齢給付について理解を深めたいと思っている。また、今年20歳になる長男Cさんの国民年金保険料について、学生納付特例制度の利用を検討している。

　そこで、Aさんは、ファイナンシャル・プランナーのMさんに相談することにした。

〈Aさんとその家族に関する資料〉

(1)　Aさん（1970年11月28日生まれ・会社員）

・公的年金加入歴：下図のとおり（65歳までの見込みを含む）

　　　　　　　　　　20歳から大学生であった期間（29月）は国民年金に任意加入していない。

・全国健康保険協会管掌健康保険、雇用保険に加入中

20歳	22歳		65歳
国民年金 未加入期間 （29月）	厚生年金保険 被保険者期間 （511月）		

(2)　妻Bさん（1974年5月10日生まれ・パートタイマー）

・公的年金加入歴：18歳からAさんと結婚するまでの9年間（108月）は、厚生年金保険に加入。結婚後は、国民年金に第3号被保険者として加入している。

・全国健康保険協会管掌健康保険の被扶養者である。

(3)　長男Cさん（2005年8月19日生まれ・大学生）

・全国健康保険協会管掌健康保険の被扶養者である。

※妻Bさんおよび長男Cさんは、現在および将来においても、Aさんと同居し、Aさんと生計維持関係にあるものとする。

※家族全員、現在および将来においても、公的年金制度における障害等
　級に該当する障害の状態にないものとする。

※上記以外の条件は考慮せず、各問に従うこと。

《問1》　はじめに、Mさんは、《設例》の〈Aさんとその家族に関する資料〉
に基づき、Aさんが老齢基礎年金の受給を65歳から開始した場合の年金額
（2024年度価額）を試算した。Mさんが試算した老齢基礎年金の年金額の計算
式として、次のうち最も適切なものはどれか。

(1)　816,000円 × $\dfrac{451 \text{月}}{480 \text{月}}$

(2)　816,000円 × $\dfrac{480 \text{月}}{480 \text{月}}$

(3)　816,000円 × $\dfrac{511 \text{月}}{480 \text{月}}$

《問2》　次に、Mさんは、Aさんおよび妻Bさんが受給することができる公
的年金制度からの老齢給付について説明した。MさんのAさんに対する説明
として、次のうち最も不適切なものはどれか。
(1)　「Aさんおよび妻Bさんには、特別支給の老齢厚生年金の支給はありませ
　　ん。原則として、65歳から老齢基礎年金および老齢厚生年金を受給するこ
　　とになります」
(2)　「Aさんが65歳から受給することができる老齢厚生年金の額には、妻B
　　さんが65歳になるまでの間、配偶者の加給年金額が加算されます」
(3)　「Aさんが60歳0カ月で老齢基礎年金および老齢厚生年金の繰上げ支給
　　を請求した場合、年金の減額率は30％となります」

《問3》　最後に、Mさんは、国民年金の学生納付特例制度（以下、「本制度」
という）について説明した。Mさんが、Aさんに対して説明した以下の文章
の空欄①～③に入る語句または数値の組合せとして、次のうち最も適切なも
のはどれか。

「本制度は、国民年金の第1号被保険者で大学等の所定の学校に在籍する学生について、（　①　）の前年所得が一定額以下の場合、所定の申請に基づき、国民年金保険料の納付を猶予する制度です。なお、本制度の適用を受けた期間は、老齢基礎年金の（　②　）されます。

本制度の適用を受けた期間の保険料は、（　③　）年以内であれば、追納することができます。ただし、本制度の承認を受けた期間の翌年度から起算して、3年度目以降に保険料を追納する場合には、承認を受けた当時の保険料額に経過期間に応じた加算額が上乗せされます」

(1)　① 世帯主　　　② 受給資格期間に算入　　　③ 5

(2)　① 学生本人　　② 受給資格期間に算入　　　③ 10

(3)　① 世帯主　　　② 年金額に反映　　　③ 10

解答2 問1　**1**

老齢基礎年金の年金額は、満額 816,000 円（2024 年度価額）に、20 歳から 60 歳までの 40 年（480 月）間のうちの保険料納付済月数の割合を乗じて求めます。設例より、20 歳から 29 月間は国民年金を納めていないため、保険料納付済月数は 451 月となります。

$$老齢基礎年金の年金額 = 816,000 円 \times \frac{480 月 - 29 月}{480 月}$$

$$= 816,000 円 \times \frac{451 月}{480 月}$$

テキスト p.51

解答2 問2　**3**

(1)　適切。1961 年 4 月 2 日以降に生まれた**男性**および 1966 年 4 月 2 日以降に生まれた**女性**については、特別支給の老齢厚生年金は支給されません。したがって、Aさんおよび妻Bさんは、特別支給の老齢厚生年金を受給することはできません。

(2)　適切。加給年金は、厚生年金保険の被保険者期間が 20 年（**240 月**）以上ある人に 65 **歳未満の配偶者**や、一定の要件を満たす子がいる場合、老齢厚生年金に加算されます。

(3)　不適切。老齢基礎年金および老齢厚生年金の繰上げ支給を請求した場合、1月あたりの減額率は 0.4% となります。

したがって、減額率は **24%**（0.4%×60 カ月）となります。

テキスト p.59,60,53

解答2 問3 2

「本制度は、国民年金の第1号被保険者で大学等の所定の学校に在籍する学生について、（① **学生本人**）の前年所得が一定額以下の場合、所定の申請に基づき、国民年金保険料の納付を猶予する制度です。なお、本制度の適用を受けた期間は、老齢基礎年金の（② **受給資格期間に算入**）されます。

本制度の適用を受けた期間の保険料は、（③ **10**）年以内であれば、追納することができます。ただし、本制度の承認を受けた期間の翌年度から起算して、3年度目以降に保険料を追納する場合には、承認を受けた当時の保険料額に経過期間に応じた加算額が上乗せされます」

〈解説〉

①　学生納付特例制度は、**学生本人のみの前年所得で判定されます。**

②　学生納付特例制度の適用を受けた期間は、**受給資格期間に算入されますが、年金額には反映されません。**

③　学生納付特例制度の適用を受けた保険料は、**10年以内**であれば追納できます。

 p.47,48

問題3 次の設例に基づいて、下記の設問に答えなさい。

□ □ □

［2021 年 5 月試験・個人 第 1 問］

――――――――――――《設 例》――――――――――――

　X株式会社（以下、「X社」という）に勤務するAさん（59歳）は、妻
Bさん（60歳）との 2 人暮らしである。Aさんは、大学卒業後から現在
に至るまでX社に勤務しており、2025 年 10 月に定年を迎えるが、X社の
継続雇用制度を利用しない予定としている。定年退職後は仕事をせず、
趣味を楽しみながら暮らしたいと考えている。

　Aさんは、老後の生活設計を考えるために、公的年金等の社会保険制
度の仕組みについて、理解を深めたいと思っている。そこで、Aさんは、
懇意にしているファイナンシャル・プランナーのMさんに相談すること
にした。

〈Aさん夫妻に関する資料〉

(1)　Aさん（1965 年 10 月 11 日生まれ）

・公的年金加入歴：下図のとおり（60歳でX社を退職した場合の見込み
　　　　　　　　　を含む）。
　　　　　　　　　20 歳から大学生であった期間（30月）は国民年金に
　　　　　　　　　任意加入していない。

・全国健康保険協会管掌健康保険、雇用保険に加入中

	20歳	22歳		60歳
Aさん		国民年金 未加入期間 （30月）	厚生年金保険 （450月）	

(2)　妻Bさん（1964 年 4 月 17 日生まれ・専業主婦）

・公的年金加入歴：18 歳からAさんと結婚するまでの期間（182 月）は、
　　　　　　　　　厚生年金保険に加入。結婚後は、国民年金に第 3 号
　　　　　　　　　被保険者として加入している。

	18歳	34歳（Aさんと結婚）		60歳
妻Bさん		厚生年金保険 （182月）	国 民 年 金 （310月）	

※妻Bさんは、現在および将来においても、Aさんと同居し、Aさんと
　生計維持関係にあるものとする。
※Aさんおよび妻Bさんは、現在および将来においても、公的年金制度
　における障害等級に該当する障害の状態にないものとする。

※上記以外の条件は考慮せず、各問に従うこと。

《問1》　はじめに、Mさんは、Aさん夫妻に係る公的年金制度からの老齢給
付について説明した。Mさんが、Aさんに対して説明した以下の文章の空欄
①～③に入る数値の組合せとして、次のうち最も適切なものはどれか。

　「老齢厚生年金の支給開始年齢は原則として65歳ですが、経過的措置
として、老齢基礎年金の受給資格期間（　①　）年を満たし、かつ、厚
生年金保険の被保険者期間が（　②　）年以上あることなどの所定の要
件を満たしている方は、65歳到達前に特別支給の老齢厚生年金を受け取
ることができます。
　ただし、Aさんのように1961年4月2日以後生まれの男性の場合、特
別支給の老齢厚生年金の支給はありません。他方、1964年4月17日生ま
れの妻Bさんは、原則として、（　③　）歳から報酬比例部分のみの特別
支給の老齢厚生年金を受け取ることができます」

(1)　① 10　　② 1　　③ 64
(2)　① 10　　② 10　　③ 64
(3)　① 25　　② 1　　③ 65

《問2》　次に、Mさんは、Aさん夫妻が老齢基礎年金の受給を65歳から開始
した場合の年金額を試算した。Mさんが試算した老齢基礎年金の年金額（2024
年度価額）の計算式として、次のうち最も適切なものはどれか。

(1)　Aさん：816,000 円 × $\dfrac{450 \text{月}}{480 \text{月}}$　　妻Bさん：816,000 円 × $\dfrac{492 \text{月}}{480 \text{月}}$

(2)　Aさん：816,000 円 × $\dfrac{450 \text{月}}{480 \text{月}}$　　妻Bさん：816,000 円 × $\dfrac{480 \text{月}}{480 \text{月}}$

(3)　Aさん：816,000 円 × $\dfrac{480 \text{月}}{480 \text{月}}$　　妻Bさん：816,000 円 × $\dfrac{492 \text{月}}{480 \text{月}}$

《問3》 最後に、Mさんは、Aさんが65歳以後に受給することができる老齢厚生年金および定年退職後の社会保険に関する各種取扱いについて説明した。MさんのAさんに対する説明として、次のうち最も適切なものはどれか。

(1) 「Aさんが65歳から受給することができる老齢厚生年金の額には、配偶者の加給年金額が加算されます」

(2) 「Aさんは、定年退職後、介護保険の第2号被保険者から第1号被保険者に種別を変更する届出書を住所地の市町村（特別区を含む）に提出する必要があります」

(3) 「Aさんは、退職日の翌日から最長2年間、全国健康保険協会管掌健康保険に任意継続被保険者として加入することができますが、保険料はAさんが全額負担します」

解答3 問1 **1**

　「老齢厚生年金の支給開始年齢は原則として65歳ですが、経過的措置として、老齢基礎年金の受給資格期間（① 10）年を満たし、かつ、厚生年金保険の被保険者期間が（② 1）年以上あることなどの所定の要件を満たしている方は、65歳到達前に特別支給の老齢厚生年金を受け取ることができます。

　ただし、Aさんのように1961年4月2日以後生まれの男性の場合、特別支給の老齢厚生年金の支給はありません。他方、1964年4月17日生まれの妻Bさんは、原則として、（③ 64）歳から報酬比例部分のみの特別支給の老齢厚生年金を受け取ることができます。」

〈解説〉

　65歳到達前に特別支給の老齢厚生年金を受け取る要件として、老齢基礎年金の受給資格期間10年を満たす必要があります。

　Aさんは、1961年4月2日以後生まれの男性であるため、特別支給の老齢厚生年金の支給はありません。妻Bさんは、1964年4月17日生まれであるため、64歳から報酬比例部分のみの特別支給の老齢厚生年金を、65歳から老齢基礎年金および老齢厚生年金を受給することができます。

テキスト
p.57,58,59

解答3 問2 **2**

○Aさんの老齢基礎年金の受給額

　設例より、国民年金の未加入期間（30月）は、老齢基礎年金の年金額の計算には反映されません。したがって、Aさんの老齢基礎年金の受給額は次のとおりとなります。

$$老齢基礎年金の受給額 = 816{,}000円 \times \frac{480月 - 30月}{480月}$$

$$= 816{,}000円 \times \frac{450月}{480月}$$

○妻Bさんの老齢基礎年金の受給額

　妻Bさんの保険料納付済月数は、厚生年金保険の加入期間と国民年金保険の加入期間を合算して求めます。合算すると40年（480月）を超えているため、上限の480月として計算します。したがって、Bさんの老齢基礎年金の受給額は次のとおりとなります。

$$老齢基礎年金の受給額 = 816{,}000円 \times \frac{480月}{480月}$$

テキスト
p.51

解答3 問3　　3

(1)　**不適切。**厚生年金保険の被保険者期間を **20年以上**有する者が老齢厚生年金の受給権を取得した時、その者に生計を維持されている **65歳未満の配偶者**または**子**がいる場合、老齢厚生年金の額に加給年金額が加算されます。本問は、妻Bさんが夫Aさんより先に**65歳**に達するため、**加給年金は支給されません。**

(2)　**不適切。**介護保険の場合、第2号被保険者が **65歳**になれば自動的に第1号被保険者資格に変更されます。資格変更の手続きは必要ありません。

(3)　**適切。**任意継続被保険者の保険料は加入者が全額を負担します。

テキスト
p.60,36,33

問題4 次の設例に基づいて、下記の各問に答えなさい。

□□□

------《 設 例 》------

　Aさん（51歳）は、個人事業主である。Aさんは、これまで国民年金のみに加入しているが、最近、老後の年金収入を増やすための方策を考えている。

　そこで、Aさんは、懇意にしているファイナンシャル・プランナーのMさんに相談することにした。

〈Aさんに関する資料〉

・1973年7月17日生まれ

　公的年金の加入歴は下記のとおりである（60歳までの見込みを含む）。

20歳	51歳	60歳
国 民 年 金		
保険料全額免除期間	保険料納付済期間	保険料納付予定期間
60月	314月	106月

2024年9月

※Aさんは、現在および将来においても、公的年金制度における障害等級に該当する障害の状態にないものとする。

※上記以外の条件は考慮せず、各問に従うこと。

《問1》　はじめに、Mさんは、国民年金の制度について説明した。Mさんが、Aさんに対して説明した以下の文章の空欄①～③に入る数値の組合せとして、次のうち最も適切なものはどれか。

　「老齢基礎年金を受給するためには、原則として、国民年金の保険料納付済期間と保険料免除期間を合算した期間が（　①　）年必要です。Aさんは、（　①　）年の受給資格期間を満たしていますので、原則として65歳から老齢基礎年金を受給することができます。

　Aさんは老後の年金収入を増やすために、所定の手続により、国民年金の定額保険料に加えて、月額（　②　）円の付加保険料を納付するこ

とができます。仮に、Aさんが付加保険料を60月納付し、65歳から老齢基礎年金を受給する場合は、年額（　③　）円の付加年金を受給することができます」

(1)　① 10　　② 400　　③ 12,000
(2)　① 10　　② 200　　③ 24,000
(3)　① 25　　② 400　　③ 24,000

《問2》　次に、Mさんは、Aさんが老齢基礎年金の受給を65歳から開始した場合の年金額を試算した。Mさんが試算した老齢基礎年金の年金額の計算式として、次のうち最も適切なものはどれか。なお、老齢基礎年金の年金額は、2024年度価額に基づいて計算するものとする。

(1)　$816,000 \text{円} \times \dfrac{420 \text{月}}{480 \text{月}}$

(2)　$816,000 \text{円} \times \dfrac{420 \text{月} + 60 \text{月} \times \dfrac{1}{2}}{480 \text{月}}$

(3)　$816,000 \text{円} \times \dfrac{420 \text{月} + 60 \text{月} \times \dfrac{1}{3}}{480 \text{月}}$

《問3》　最後に、Mさんは、老後の年金収入を増やす方法について説明した。MさんのAさんに対する説明として、次のうち最も不適切なものはどれか。
(1)　「国民年金基金は、国民年金の第1号被保険者の老齢基礎年金に上乗せする年金を支給する任意加入の年金制度です。国民年金基金に加入した場合は、国民年金の付加保険料を納付することはできません」
(2)　「Aさんは、老後の年金収入を増やすために、確定拠出年金の個人型年金に加入することができます。将来の年金額は、Aさんの指図に基づく運用実績により左右されますので、年金の受取総額が拠出した掛金の合計額を下回る可能性がある点に留意する必要があります」
(3)　「中小企業退職金共済制度は、個人事業主が廃業等した場合に必要となる資金を準備しておくための共済制度です。毎月の掛金は、1,000円から70,000円の範囲内で選択することができます」

解答4 問1 1

「老齢基礎年金を受給するためには、原則として、国民年金の保険料納付済期間と保険料免除期間を合算した期間が（① 10）年必要です。Aさんは、（① 10）年の受給資格期間を満たしていますので、原則として65歳から老齢基礎年金を受給することができます。

Aさんは老後の年金収入を増やすために、所定の手続により、国民年金の定額保険料に加えて、月額（② 400）円の付加保険料を納付することができます。仮に、Aさんが付加保険料を60月納付し、65歳から老齢基礎年金を受給する場合は、年額（③ 12,000）円の付加年金を受給することができます」

〈解説〉

② 国民年金第1号被保険者等は、国民年金の保険料に上乗せして月額400円の付加保険料を納付することで、将来受給する老齢基礎年金の額を増やすことができます。

③ 将来受給できる付加年金の額（年額）は、「200円×付加保険料を納めた月数」で計算します。

Aさんが受給できる付加年金額＝200円×60月
＝**12,000円**

テキスト
📖 p.51,53

解答4 問2 3

設例より、Aさんには60月の保険料全額免除期間があります。保険料全額免除期間については、時期に応じて次の数値を乗じた月数を保険料納付済月数として反映します。

・2009年3月までの基礎年金の国庫負担額：**3分の1**
・2009年4月以降の基礎年金の国庫負担額：**2分の1**

Aさんの保険料全額免除期間は、2009年3月より前60月であるから、国庫負担額を考慮すると、免除月数60月の「3分の1」である20月が年金額の計算に反映されます。したがって、Aさんの老齢基礎年金の年金額は次のとおりとなります。

$$老齢基礎年金の年金額＝816,000円×\frac{(314月＋106月)＋60月×\frac{1}{3}}{480月}$$

$$＝816,000円×\frac{420月＋60月×\frac{1}{3}}{480月}$$

テキスト
📖 p.51,52

解答4 問3 3

(1) 適切。国民年金基金は、**国民年金の第1号被保険者**の老齢基礎年金の上乗せ給付を目的として任意加入できる制度です。**付加年金と併用して加入することはできない**ため、どちらかを選択することになります。

(2) 適切。確定拠出年金の個人型年金に加入した場合、拠出した掛金額とその運用収益によって将来の年金額が決定します。将来の年金額は運用次第のため未確定です。したがって、**受取総額が、拠出した掛金の合計額を下回る可能性**もあります。

(3) 不適切。本肢は、小規模企業共済制度の記述です。中小企業退職金共済制度は、中小企業の従業員ための国の退職金制度です。

テキスト
📖 p.74,73

［2021年1月試験・保険　第1問㉑］

------《 設　例 》------

　会社員のAさん（40歳）は、妻Bさん（40歳）、長女Cさん（9歳）、二女Dさん（6歳）および三女Eさん（4歳）との5人暮らしである。Aさんは、最近、公的年金制度の遺族給付について確認し、教育資金の準備や生命保険の見直しなど、今後の資金計画を検討したいと思っている。また、Aさんは、40歳となり、公的介護保険の保険料負担が生じたことから、当該制度についても理解を深めたいと考えている。

　そこで、Aさんは、ファイナンシャル・プランナーのMさんに相談することにした。

〈Aさんの家族構成〉

Aさん　　：1984年4月11日生まれ
　　　　　　会社員（厚生年金保険・全国健康保険協会管掌健康保険に加入中）

妻Bさん　：1984年4月22日生まれ
　　　　　　専業主婦（国民年金に第3号被保険者として加入している）

長女Cさん：2015年7月6日生まれ

二女Dさん：2018年10月10日生まれ

三女Eさん：2020年9月12日生まれ

〈公的年金加入歴（2024年12月まで）〉

※妻Bさん、長女Cさん、二女Dさんおよび三女Eさんは、現在および将来においても、Aさんと同居し、Aさんと生計維持関係にあるものとする。また、妻Bさんの就業の予定はないものとする。

※Aさんとその家族は、現在および将来においても、公的年金制度における障害等級に該当する障害の状態にないものとする。

※上記以外の条件は考慮せず、各問に従うこと。

《問1》 はじめに、Mさんは、Aさんが現時点（2025年1月24日）において死亡した場合に妻Bさんが受給することができる遺族基礎年金の年金額（2024年度価額）を試算した。

Mさんが試算した遺族基礎年金の年金額の計算式として、次のうち最も適切なものはどれか。

(1) 816,000円 + 234,800円 + 78,300円 + 78,300円 = 1,207,400円

(2) 816,000円 + 234,800円 + 234,800円 + 78,300円 = 1,363,900円

(3) 816,000円 + 234,800円 + 234,800円 + 234,800円 = 1,520,400円

《問2》 次に、Mさんは、Aさんが現時点（2025年1月24日）において死亡した場合に妻Bさんが受給することができる遺族厚生年金について説明した。Mさんが、Aさんに対して説明した以下の文章の空欄①〜③に入る語句または数値の組合せとして、次のうち最も適切なものはどれか。

「遺族厚生年金の額は、原則として、Aさんの厚生年金保険の被保険者記録を基礎として計算した老齢厚生年金の報酬比例部分の額の（　①　）相当額となります。ただし、Aさんの場合、その計算の基礎となる被保険者期間の月数が（　②　）月に満たないため、（　②　）月とみなして年金額が計算されます。

また、三女Eさんの18歳到達年度の末日が終了し、妻Bさんの有する遺族基礎年金の受給権が消滅したときは、妻Bさんが65歳に達するまでの間、妻Bさんに支給される遺族厚生年金に（　③　）が加算されます」

(1) ① 4分の3　　② 300　　③ 中高齢寡婦加算

(2) ① 3分の2　　② 300　　③ 加給年金額

(3) ① 3分の2　　② 360　　③ 中高齢寡婦加算

《問3》 最後に、Mさんは、公的介護保険（以下、「介護保険」という）について説明した。Mさんが、Aさんに対して説明した以下の文章の空欄①～③に入る語句または数値の組合せとして、次のうち最も適切なものはどれか。

「介護保険の被保険者が保険給付を受けるためには（　①　）から要介護認定または要支援認定を受ける必要があります。また、Aさんのような介護保険の第2号被保険者は、（　②　）要介護状態または要支援状態となった場合に保険給付を受けることができます。

介護保険の第2号被保険者が保険給付を受けた場合、原則として実際にかかった費用（食費、居住費等を除く）の（　③　）割を自己負担する必要があります」

---

(1)　①市町村（特別区を含む）　　②特定疾病が原因で　　③1

(2)　①都道府県　　②原因を問わず　　③1

(3)　①市町村（特別区を含む）　　②原因を問わず　　③3

解答5 問1 **2**

遺族基礎年金は、**「子のある配偶者」**または**「子」**に支給されます。子は、18 **歳**到達年度末日（3 月 31 日）までの子に限ります。妻Ｂさんは、子のある配偶者として遺族基礎年金**816,000 円**（2024 年度価額）を受給できます。遺族基礎年金には子の加算があり、第 1 子・第 2 子は **234,800 円**（2024 年度価額）、第 3 子以降は **78,300 円**（2024 年度価額）となります。したがって、遺族基礎年金の額は、次のとおりとなります。

遺族基礎年金額＝816,000 円＋234,800 円＋234,800 円＋78,300 円
　　　　　　　＝**1,363,900 円**

テキスト
p.67

解答5 問2 **1**

「遺族厚生年金の額は、原則として、Ａさんの厚生年金保険の被保険者記録を基礎として計算した老齢厚生年金の報酬比例部分の額の（① **4 分の 3**）相当額となります。ただし、Ａさんの場合、その計算の基礎となる被保険者期間の月数が（② **300**）月に満たないため、（② **300**）月とみなして年金額が計算されます。

また、三女Ｅさんの 18 歳到達年度の末日が終了し、妻Ｂさんの有する遺族基礎年金の受給権が消滅したときは、妻Ｂさんが 65 歳に達するまでの間、妻Ｂさんに支給される遺族厚生年金に（③ **中高齢寡婦加算**）が加算されます」

〈解説〉
① 遺族厚生年金の額は、Ａさんの老齢厚生年金の報酬比例部分を計算した額の **4 分の 3** 相当額となります。
② 被保険者期間が **300 月未満**の厚生年金被保険者が在職中に死亡した場合は、遺族の受給額が少額になることを防ぐため、被保険者期間を **300 月**とみなして計算します。
③ 遺族厚生年金を受給する妻が 40 歳以上 65 歳未満の場合、遺族厚生年金に中高齢寡婦加算が加算されます。ただし、遺族基礎年金を受給している期間は加算されません。

テキスト
p.68

解答5 問3 **1**

「介護保険の被保険者が保険給付を受けるためには（① **市町村（特別区を含む）**）から要介護認定または要支援認定を受ける必要があります。また、Ａさんのような介護保険の第 2 号被保険者は、（② **特定疾病が原因で**）要介護状態または要支援状態となった場合に保険給付を受けることができます。

介護保険の第 2 号被保険者が保険給付を受けた場合、原則として実際にかかった費用（食費、居住費等を除く）の（③ **1**）割を自己負担する必要があります」

テキスト
p.36

　次の設例に基づいて、下記の各問に答えなさい。

［2022 年 1 月試験・個人　第 1 問］

━━━━━━━━━━━━━━━━━《 設　例 》━━━━━━━━━━━━

　Ａさん（49 歳）は、Ｘ株式会社を 2021 年 10 月末日に退職し、個人事業主として独立した。独立から 2 年以上が経過した現在、事業は軌道に乗り、収入は安定している。

　Ａさんは、まもなく 50 歳を迎えるにあたって、将来受給することができる公的年金の年金額や老後の年金収入を増やす各種制度について知りたいと思うようになった。

　そこで、Ａさんは、ファイナンシャル・プランナーのＭさんに相談することにした。

〈Ａさんに関する資料〉
(1)　生年月日：1975 年 6 月 21 日
(2)　公的年金の加入歴：下図のとおり（60 歳までの見込みを含む）。

20歳　　　　22歳		46歳　　　　60歳
国民年金 保険料未納期間 34 月	厚生年金保険 被保険者期間 283 月	国民年金 保険料納付済期間 163 月

※Ａさんは、現在および将来においても、公的年金制度における障害等級に該当する障害の状態にないものとする。

※上記以外の条件は考慮せず、各問に従うこと。

━━━━━━━━━━━━━━━━━━━━━━━━━━━━━━━━━

《問1》 はじめに、Mさんは、Aさんが老齢基礎年金の受給を65歳から開始した場合の年金額を試算した。Mさんが試算した老齢基礎年金の年金額の計算式として、次のうち最も適切なものはどれか。なお、老齢基礎年金の年金額は、2024年度価額に基づいて計算するものとする。

(1) $816,000 \text{円} \times \dfrac{163 \text{月}}{480 \text{月}}$

(2) $816,000 \text{円} \times \dfrac{446 \text{月}}{480 \text{月}}$

(3) $816,000 \text{円} \times \dfrac{446 \text{月} + 34 \text{月} \times \dfrac{1}{2}}{480 \text{月}}$

《問2》 次に、Mさんは、小規模企業共済制度について説明した。Mさんが、Aさんに対して説明した以下の文章の空欄①～③に入る語句の組合せとして、次のうち最も適切なものはどれか。

「小規模企業共済制度は、個人事業主が廃業等した場合に必要となる資金を準備しておくための制度です。毎月の掛金は、1,000円から（ ① ）の範囲内（500円単位）で選択でき、支払った掛金の（ ② ）を所得税の小規模企業共済等掛金控除として、総所得金額等から控除することができます。共済金（死亡事由以外）の受取方法には『一括受取り』『分割受取り』『一括受取りと分割受取りの併用』がありますが、このうち、『一括受取り』の共済金（死亡事由以外）は、（ ③ ）として所得税の課税対象となります」

(1) ① 70,000円　　② 2分の1相当額　　③ 一時所得

(2) ① 68,000円　　② 2分の1相当額　　③ 退職所得

(3) ① 70,000円　　② 全額　　　　　　③ 退職所得

解答6 問1 **2**

　老齢基礎年金の年金額は、満額 **816,000 円**（2024 年度価額）に、20 歳以上 60 歳未満の 40 年（480 月）間のうちの保険料納付済月数の割合を乗じて求めます。設例より、A さんは 20 歳から 34 月は国民年金に加入しておらず、保険料を納付していないため、老齢基礎年金の年金額の計算には反映されません。

$$老齢基礎年金の年金額 = 816,000 円 \times \frac{納付月数}{480 月}$$

$$= 816,000 円 \times \frac{480 月 - 34 月}{480 月}$$

$$= 816,000 円 \times \frac{446 月}{480 月}$$

テキスト p.51

解答6 問2 **3**

　「小規模企業共済制度は、個人事業主が廃業等した場合に必要となる資金を準備しておくための制度です。毎月の掛金は、1,000 円から（① 70,000 円）の範囲内（500 円単位）で選択でき、支払った掛金の（② 全額）を所得税の小規模企業共済等掛金控除として、総所得金額等から控除することができます。共済金（死亡事由以外）の受取方法には『一括受取り』『分割受取り』『一括受取りと分割受取りの併用』がありますが、このうち、『一括受取り』の共済金（死亡事由以外）は、（③ 退職所得）として所得税の課税対象となります」

テキスト p.74,75

問題 1 　　ファイナンシャル・プランニング業務を行うに当たっては、関連業法を順守することが重要である。ファイナンシャル・プランナー（以下「FP」という）の行為に関する次の記述のうち、最も不適切なものはどれか。 [2023年5月試験(1)]

(1) 税理士資格を有していない FP が、無料の相続相談会において、相談者の持参した資料に基づき、相談者が納付すべき相続税額を計算した。
(2) 社会保険労務士資格を有していない FP が、顧客の「ねんきん定期便」等の資料を参考に、公的年金の受給見込み額を試算した。
(3) 投資助言・代理業の登録を受けていない FP が、顧客が保有する投資信託の運用報告書に基づき、その記載内容について説明した。

問題 2 　　ファイナンシャル・プランニング業務を行うに当たっては、関連業法を順守することが重要である。ファイナンシャル・プランナー（以下「FP」という）の行為に関する次の記述のうち、最も不適切なものはどれか。 [2023年1月試験(1)]

(1) 弁護士資格を有していない FP が、離婚後の生活設計について相談された顧客の依頼により、その顧客の代理人として相手方との離婚時の財産分与について話し合いを行い、報酬を得た。
(2) 社会保険労務士資格を有していない FP が、顧客の「ねんきん定期便」等の資料を参考に、公的年金を繰下げ受給した場合の見込み額を試算した。
(3) 税理士資格を有していない FP が、参加費有料のセミナーにおいて、仮定の事例に基づき、一般的な税額計算の手順を解説した。

解答1

正解 **1**

(1) 不適切。税理士資格を有していない FP は、**相続税額を計算する**など、個別具体的な税理士業務を行うことができません。なお、**一般的な税法の解説**や資料の提供にとどめるのであれば、相談料金を受け取ってもよいとされています。

(2) 適切。社会保険労務士資格を有していない FP は、顧客の公的年金の裁定請求書の作成や社会保険書類の作成などはできませんが、顧客の「ねんきん定期便」等の資料から**公的年金の受給見込み額を試算**するなど、**一般的な**公的年金制度や社会保険制度の説明を行うことは可能です。

(3) 適切。投資助言・代理業（いわゆる投資顧問業）の登録をしていない FP であっても、運用報告書の記載内容について説明を行うことは可能です。なお、専門的見地に基づく**具体的な投資判断**などの金融商品取引法で定める投資助言・代理業を行うためには、**内閣総理大臣**の登録を受けなければなりません。

 テキスト p.4

解答2

正解 **1**

(1) 不適切。離婚時の財産分与について顧客の代理人として相手方と折衝を行うことは**法律事務に該当**するため、弁護士資格を有していない FP が業として行うことはできません。

(2) 適切。社会保険労務士資格を有していない者が、顧客の「ねんきん定期便」等の資料から**公的年金の受給見込み額を試算**するなど、**一般的な**公的年金制度や社会保険制度の説明を行うことは可能です。

(3) 適切。税理士資格を有していない FP は、営利目的の有無、有償・無償を問わず、個別具体的な税理士業務を行うことができません。ただし、**一般的な税法の解説**や資料の提供にとどめるのであれば、有償で行っても問題ありません。

 テキスト p.4

問題3 □□□ 下記のキャッシュフロー表の空欄（ア）～（ウ）にあてはまる数値として、誤っているものはどれか。なお、計算に当たっては、キャッシュフロー表中に記載の整数を使用し、計算過程においては端数処理をせず計算し、計算結果については万円未満を四捨五入すること。

[2023年5月試験(2)改]

〈山岸家のキャッシュフロー表〉　　　　　　　　　　　　　　　　　　（単位：万円）

	経過年数		基準年	1年	2年	3年	4年
	西暦（年）		2024	2025	2026	2027	2028
家族・年齢	山岸　雄太	本人	36歳	37歳	38歳	39歳	40歳
	美咲	妻	41歳	42歳	43歳	44歳	45歳
	尚人	長男	6歳	7歳	8歳	9歳	10歳
	由香	長女	2歳	3歳	4歳	5歳	6歳
ライフイベント		変動率		尚人 小学校入学			
収入	給与収入（本人）	1%	390			（　ア　）	
	給与収入（妻）		80	80	80	80	80
	収入合計	2%	470				486
支出	基本生活費	－	182	186			
	住宅関連費	－	106		106	106	106
	教育費	－	50		40	40	80
	保険料	－	22		22	22	22
	一時的支出	－					
	その他支出	－	20		20	20	20
	支出合計	－	380		377		425
年間収支		－	90	60		101	（　イ　）
金融資産残高		1%	1,160	（　ウ　）		1,459	

※年齢および金融資産残高は各年12月31日現在のものとし、2024年を基準年とする。

※給与収入は可処分所得で記載している。

※記載されている数値は正しいものとする。

※問題作成の都合上、一部を空欄にしてある。

(1)（ア）402　　(2)（イ）61　　(3)（ウ）1,220

解答3

正解 **3**

（ア）：正しい

○年後の予想額（将来価値）＝**現在の金額×（1＋変動率）**^{経過年数}

3年後の給与収入（本人）：$390×(1+0.01)^3=401.817…$

$=$ **402万円**、（万円未満四捨五入）

（イ）：正しい

年間収支＝**その年の収入合計－その年の支出合計**

2028年の年間収支：$486-425=61$

$=$ **61万円**

（ウ）：誤り

金融資産残高＝**前年の金融資産残高×（1＋運用利率）±その年の年間収支**

2025年の金融資産残高：$1,160×(1+0.01)+60=1,231.6$

$=$ **1,232万円**（万円未満四捨五入）

テキスト p.7,8

川野恭平さんは株式会社 RB に勤務する会社員である。恭平さんの保有資産が下記の状況であるとき、川野家のバランスシート上の（ア）にあてはまる数値として、適切なものはどれか。なお、下記のデータはいずれも 2024 年 4 月 1 日現在のものである。

[2023 年 5 月試験(16)改]

[保有財産（時価）]　　　　　　　（単位：万円）

金融資産	
普通預金	120
定期預金	100
投資信託	40
上場株式	110
生命保険（解約返戻金相当額）	15
不動産（自宅マンション）	3,500

[負債残高]

住宅ローン（自宅マンション）：3,400 万円（債務者は恭平さん、団体信用生命保険付き）

[その他]

上記以外については、設問において特に指定のない限り一切考慮しないものとする。

〈川野家のバランスシート〉　　　　　　（単位：万円）

[資産]		[負債]	×××
		負債合計	×××
	×××	[純資産]	（ア）
資産合計	×××	負債・純資産合計	×××

(1)　370（万円）　　(2)　470（万円）　　(3)　485（万円）

解答4

正解 **3**

〈川野家のバランスシート〉

(単位：万円)

[資産]		[負債]	
金融資産		住宅ローン	3,400
普通預金	120		
定期預金	100	負債合計	3,400
投資信託	40		
上場株式	110		
生命保険（解約返戻金相当額）	15	[純資産]	(ア 485)
不動産（自宅マンション）	3,500		
資産合計	3,885	負債・純資産合計	3,885

【バランスシートの作成の手順】

　設例のデータ［保有財産（時価）］［負債残高］から、川野家の資産合計と負債合計を求めます。

　バランスシートを作成すると、資産合計は3,885万円、負債合計は3,400万円となります。

　「資産合計＝負債合計＋純資産合計」であるため、負債・純資産合計も3,885万円となります。

　以上より、純資産を求めます。

　　純資産＝資産合計－負債合計

　　　　　＝3,885万円－3,400万円

　　　　　＝**485万円**

テキスト
p.9

橋本亮さんと妻の智子さんは、今後10年間で毎年24万円ずつ積立貯蓄をして、長男の潤さんの教育資金を準備したいと考えている。積立期間中に年利1.0%で複利運用できるものとした場合、10年後の積立金額として、正しいものはどれか。なお、下記〈資料〉の3つの係数の中から最も適切な係数を選択して計算し、解答に当たっては万円未満を切り捨てること。また、税金や記載のない事項については一切考慮しないこととする。

[2023年5月試験(17)改]

〈資料:係数早見表（年利1.0%）〉

	終価係数	年金現価係数	年金終価係数
10年	1.105	9.471	10.462

※記載されている数値は正しいものとする。

(1) 265万円　　(2) 251万円　　(3) 227万円

問題6　岡野和政さんは、60歳で定年を迎えた後、公的年金の支給が始まる65歳までの5年間の生活資金に退職一時金の一部を充てようと考えている。仮に、退職一時金のうち500万円を年利2.0%で複利運用しながら5年間で均等に取り崩すこととした場合、年間で取り崩すことができる最大金額として、正しいものはどれか。なお、下記〈資料〉の3つの係数の中から最も適切な係数を選択して計算し、円単位で解答すること。また、税金や記載のない事項については一切考慮しないこととする。

[2023年1月試験(16)改]

〈資料:係数早見表（年利2.0%）〉

	減債基金係数	現価係数	資本回収係数
5年	0.19216	0.9057	0.21216

(1) 1,060,800円　　(2) 960,800円　　(3) 905,700円

解答5

正解 **2**

X年後の積立金額は、「毎年の積立貯蓄額×年金終価係数」で求められます。

24万円×10.462（1.0%・10年の年金終価係数）＝**251万円**（万円未満切り捨て）

 テキスト p.11

解答6

正解 **1**

毎年均等に取り崩す額は、「元金×資本回収係数」で求められます。

500万円×0.21216（2.0%・5年の資本回収係数）＝**1,060,800円**

 ちなみに、5年後に500万円準備したい場合、毎年いくらずつ積み立てればよいかという問題は、2.0%・5年の減債基金係数を使うことで求められます。500万円×0.19216＝960,800円

テキスト p.12

財形住宅貯蓄に関する次の記述のうち、最も不適切なものは
どれか。 ［2017 年 9 月試験⒅改］

(1) 貯蓄型の財形住宅貯蓄（銀行、証券会社などの財形年金貯蓄）は、財形
年金貯蓄と合わせて元利合計 385 万円まで非課税となる。
(2) 住宅取得のみでなく、一定の要件を満たせば住宅の増改築でも払出しが
できる。
(3) 勤労者財産形成促進法の勤労者で、契約申込み時の年齢が 55 歳未満であ
れば契約をすることができる。

問題8 住宅ローンの繰上げ返済に関する次の説明のうち、最も不適
切なものはどれか。 ［2022 年 1 月試験⒅改］

(1) 「繰上げ返済は、通常の返済とは別に、現在返済しているローンの利息部
分を返済するものです。」
(2) 「繰上げ返済は、教育費や老後資金の準備など、他の資金使途とのやりく
りを十分考慮したうえで、早期に行うほど、利息軽減効果は高くなります。」
(3) 「毎月の返済額を変えずに、返済期間を短縮する方法を『期間短縮型』と
いいます。」

解答7

正解 **1**

(1) **不適切**。財形年金貯蓄と合わせて元本**550万円**までの利子等について非課税となります。

(2) **適切**。住宅の増改築においても払出しが可能です。

(3) **適切**。契約の対象者は申込時の年齢が**55歳未満**の勤労者となります。

テキスト
p.19

解答8

正解 **1**

(1) **不適切**。繰上げ返済は、通常の返済とは別に、現在返済しているローンの**元金**の一部または全部を返済するものです。

(2) **適切**。繰上げ返済は、**早期に行うほど**、利息軽減効果は**高く**なります。

(3) **適切**。なお、返済期間を変えずに、毎月の返済額を少なくする方法を**返済額軽減型**といいます。

テキスト
p.23,24

石田直樹さんは、会社の定期健康診断で異常を指摘され、2024年3月に3週間ほど入院をして治療を受けた。その際病院への支払いが高額であったため、直樹さんは健康保険の高額療養費制度によって払い戻しを受けたいと考えた。直樹さんの2024年3月の保険診療に係る総医療費が80万円であった場合、高額療養費制度により払い戻しを受けることができる金額として、正しいものはどれか。なお、直樹さんは全国健康保険協会管掌健康保険（協会けんぽ）の被保険者で、標準報酬月額は「38万円」である。また、直樹さんは限度額適用認定証を病院に提出していないものとする。

［2023年5月試験(18)改］

〈70歳未満の者：医療費の自己負担限度額（1カ月当たり）〉

標準報酬月額	医療費の自己負担限度額
83万円以上	252,600円 ＋（総医療費 － 842,000円）× 1 %
53万〜79万円	167,400円 ＋（総医療費 － 558,000円）× 1 %
28万〜50万円	80,100円 ＋（総医療費 － 267,000円）× 1 %
26万円以下	57,600 円
市町村民税非課税者等	35,400 円

※高額療養費の多数該当および世帯合算については考慮しないものとする。

(1) 85,430 円　　(2) 154,570 円　　(3) 714,570 円

川野亜美さんは、間もなく第二子を出産予定で、出産後は子が1歳になるまで育児休業を取得しようと思っている。育児休業期間中の健康保険および厚生年金保険の保険料の免除に関する次の記述のうち、最も適切なものはどれか。なお、亜美さんは全国健康保険協会管掌健康保険（協会けんぽ）の被保険者であり、かつ厚生年金保険の被保険者である。

［2023年5月試験(19)改］

(1) 事業主の申出により、被保険者負担分のみ免除される。
(2) 事業主の申出により、事業主負担分のみ免除される。
(3) 事業主の申出により、被保険者および事業主負担分が免除される。

解答9

正解 **2**

　高額療養費制度は、病院等の窓口で支払う1カ月あたりの自己負担が一定額（**自己負担限度額**）を超えた場合に、超過分が払い戻される制度です。保険診療に係る総医療費は80万円です。直樹さんの標準報酬月額は「**38万円**」なので、表の算式を使って医療費の自己負担限度額を求めます。

　病院窓口で支払った金額＝総医療費×30%（健康保険の自己負担割合）

　　　　　　　　　　　　＝800,000円×30%

　　　　　　　　　　　　＝240,000円

　医療費の自己負担限度額＝80,100円＋（総医療費－267,000円）×1%

　　　　　　　　　　　　＝80,100円＋（800,000円－267,000円）×1%

　　　　　　　　　　　　＝85,430円

　高額療養費＝病院窓口で支払った金額－医療費の自己負担限度額

　　　　　　＝240,000円－85,430円

　　　　　　＝**154,570円**

テキスト
p.31

解答10

正解 **3**

　育児休業期間中の健康保険および厚生年金保険の保険料は、事業主を通じて申し出ることで、**被保険者・事業主**両方の負担分が**免除**されます。

> なお、将来の年金額を計算する際は、免除期間中も被保険者資格は変更されることなく、保険料を納めた期間とみなして、年金額に反映します。

テキスト
p.48

介護保険に関する次の説明の空欄（ア）～（ウ）にあてはまる数値または語句の組み合わせとして、最も適切なものはどれか。

[2023年1月試験(19)㊾]

「介護保険では、（　ア　）歳以上の者が加入者となり、保険料は（　イ　）負担します。介護保険の給付を受けるためには、（　ウ　）の認定を受ける必要があり、認定審査の判定結果は、『要介護1～5』『要支援1・2』『非該当』と区分されます。要介護と認定されると居宅サービス、施設サービスのどちらも利用できます。」

(1) （ア）40　　（イ）生涯　　　　（ウ）市町村または特別区
(2) （ア）65　　（イ）80歳まで　（ウ）都道府県
(3) （ア）40　　（イ）80歳まで　（ウ）市町村または特別区

問題12 雇用保険の介護休業給付金に関する次の説明の空欄（ア）～（ウ）にあてはまる数値の組み合わせとして、最も適切なものはどれか。

[2023年1月試験(18)㊾]

「介護休業給付金は、雇用保険の一般被保険者または高年齢被保険者が対象家族の介護をするために休業をした場合に支給されます。支給日数1日当たりの支給額は、休業中に賃金が支払われない場合、休業開始時賃金日額の（　ア　）％相当額で、同一の対象家族について通算（　イ　）日（（　ウ　）回まで分割可能）を限度に支給されます。」

(1) （ア）67　　（イ）90　　（ウ）2
(2) （ア）68　　（イ）93　　（ウ）3
(3) （ア）67　　（イ）93　　（ウ）3

解答11

正解 **1**

　「介護保険では、（ア 40）歳以上の者が加入者となり、保険料は（イ 生涯）負担します。介護保険の給付を受けるためには、（ウ 市町村または特別区）の認定を受ける必要があり、認定審査の判定結果は、『要介護1～5』『要支援1・2』『非該当』と区分されます。要介護と認定されると居宅サービス、施設サービスのどちらも利用できます。」

 テキスト p.36

解答12

正解 **3**

　「介護休業給付金は、雇用保険の一般被保険者または高年齢被保険者が対象家族の介護をするために休業をした場合に支給されます。支給日数1日当たりの支給額は、休業中に賃金が支払われない場合、休業開始時賃金日額の（ア 67）％相当額で、同一の対象家族について通算（イ 93）日（（ウ 3）回まで分割可能）を限度に支給されます。」

〈解説〉

　介護休業給付金は、家族の介護のために仕事を休んで介護に従事する場合に認められ、休業中は休業開始時賃金日額の67％相当額を、通算93日を限度として3回まで受給できます。

 テキスト p.42

問題13 ☐☐☐ 米田沙織さんは、現在、専業主婦であり国民年金の第3号被保険者であるが、第二子出産後、子育てがひと段落したらパートタイマーとして働きたいと考えている。パートタイマーとして働き始めた場合の沙織さんの国民年金の被保険者種別に関する次の記述のうち、最も適切なものはどれか。なお、パートタイマーとして働き始めた以後の沙織さんの年収は100万円未満で、夫の幸広さんの年収の2分の1未満であるものとし、沙織さんはパート先において厚生年金の被保険者とならないものとする。 [2018年1月試験⑳改]

(1) 国民年金の第3号被保険者から第1号被保険者となる。
(2) 国民年金の第3号被保険者から第2号被保険者となる。
(3) 国民年金の第3号被保険者のままである。

問題14 ☐☐☐ 安藤貴博さんは、通常65歳から支給される老齢基礎年金を繰り上げて受給することができることを知り、FPの浅見さんに質問をした。貴博さんの老齢基礎年金および老齢厚生年金の繰上げ受給に関する次の記述のうち、最も不適切なものはどれか。なお、老齢基礎年金および老齢厚生年金の受給要件は満たしているものとする。 [2023年9月試験⑱改]

(1) 老齢基礎年金を60歳から繰上げ受給した場合、原則として、老齢厚生年金も60歳から繰上げ受給することになる。
(2) 老齢基礎年金を繰上げ受給した場合の年金額は、繰上げ月数1月当たり、0.4%の割合で減額される。
(3) 老齢基礎年金を繰上げ受給した場合、65歳になるまでであれば、繰上げ受給を取り消し、65歳からの受給に変更することができる。

1
章

ライフプランニングと資金計画

実技

解答13

正解 **3**

　20 歳以上 60 歳未満で、国民年金の第 2 号被保険者に扶養されている配偶者であり、年収が **130 万円未満**、かつ、第 2 号被保険者の年間収入の **2 分の 1 未満**である者は、**第 3 号被保険者**となります。よって、本問において、沙織さんは国民年金の第 3 号被保険者のままです。

テキスト p.46

解答14

正解 **3**

(1)　適切。老齢基礎年金を**繰上げ受給**する場合、老齢厚生年金も**同時に繰上げ**受給しなければなりません。なお、**繰下げ受給**については老齢基礎年金と老齢厚生年金で**同時に行う必要はありません。**

(2)　適切。なお、老齢基礎年金を繰下げ受給する場合の年金額は、1 月あたり **0.7％増額**されます。

(3)　不適切。いちど老齢年金を繰上げ受給したら、あとから取り消すことは**できません。**

テキスト p.61,53,52

問題15 佐橋智洋さん（54歳）の年金加入歴は下記のとおりである。仮に、智洋さんが現時点（54歳）で死亡した場合、智洋さんの死亡時点において妻の美奈子さん（50歳、専業主婦）に支給される公的年金の遺族給付に関する次の記述のうち、最も適切なものはどれか。なお、智洋さんは、入社時（22歳）から死亡時まで厚生年金保険に加入しているものとし、遺族給付における生計維持要件は満たされているものとする。また、智洋さんには息子である昇太さん（19歳、大学生）がおり、昇太さんに障害はないものとする。

[2023年1月試験(17)改]

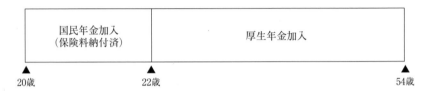

国民年金加入 （保険料納付済）	厚生年金加入

▲20歳　　　　　▲22歳　　　　　　　　　　　　　　　　▲54歳

(1) 中高齢寡婦加算額が加算された遺族厚生年金と死亡一時金が支給される。

(2) 中高齢寡婦加算額が加算された遺族厚生年金が支給される。

(3) 中高齢寡婦加算額が加算された遺族厚生年金と寡婦年金が支給される。

解答15

正解 **2**

〈家族構成〉

本人　智洋　：54歳　会社員←死亡

妻　　美奈子：50歳　専業主婦

長男　昇太　：19歳　大学生

(1) 不適切。中高齢寡婦加算額が加算された遺族厚生年金は支給されますが、**死亡一時金は支給されません**。死亡一時金は、一定の要件を満たす**第1号被保険者**が死亡した際にその者と生計を同じくしていた遺族を対象に支給されます。智洋さんは、第2号被保険者であるため、美奈子さんは支給の対象にはなりません。

(2) 適切。遺族厚生年金は、厚生年金の被保険者が死亡した場合、その者によって生計を維持されている一定の遺族に支給されます。生計維持要件を満たしている妻の美奈子さんには遺族厚生年金が支給されます。また、夫の死亡当時**40歳以上65歳未満で子（年金法上の子）のない妻**に該当するため、中高齢寡婦加算額が遺族厚生年金に加算されます。

(3) 不適切。中高齢寡婦加算額が加算された遺族厚生年金は支給されますが、**寡婦年金は支給されません**。寡婦年金は、第1号被保険者の夫が死亡しても遺族基礎年金が受給できない妻に支給されるため、美奈子さんは支給の対象にはなりません。

テキスト
p.67,68

2章

リスク管理

・・・・・・・・・・・・

「生命保険の商品」「自動車保険」が重要論点です！
また、生命保険金の受け取りに係る税金についての出題
も多いため、「契約者」、「被保険者」といった契約形態に
気を付けつつ、知識を固めておきましょう。

2章

学科 リスク管理

1 保険契約者保護

保険契約者保護機構

問題1
○×
□□□
　国内銀行の支店において加入した一時払終身保険は、生命保険契約者保護機構による補償の対象である。　[2020年9月試験(6)]

問題2
○×
□□□
　国内で事業を行う少額短期保険業者と締結した保険契約は、生命保険契約者保護機構および損害保険契約者保護機構による補償の対象とならない。　[2021年1月試験(6)]

問題3
三択
□□□
　少額短期保険業者が取り扱うことができる生命保険商品は「少額・短期・掛捨て」に限定され、1人の被保険者から引き受ける保険金額の総額は、原則として（　　　）が上限となっている。

(1)　1,000万円　　(2)　1,200万円　　(3)　1,500万円
[2019年9月試験(36)]

問題4
三択
□□□
　国内で事業を行う生命保険会社が破綻した場合、生命保険契約者保護機構による補償の対象となる保険契約については、高予定利率契約を除き、（　①　）の（　②　）まで補償される。

(1)　① 既払込保険料相当額　　② 70%
(2)　① 死亡保険金額　　② 80%
(3)　① 責任準備金等　　② 90%　　[2024年1月試験(37)]

解答1

正解 ○

銀行の窓口において生命保険に加入した場合、銀行は生命保険募集代理店であり、当該保険契約は契約者と生命保険会社との間で成立するため、生命保険契約者保護機構による補償の対象となります。

テキスト p.83

解答2

正解 ○

少額短期保険業者・共済・特定保険業者等と締結した保険契約は、保護機構による補償の対象とはなりません。なお、保護機構は、保険業法に基づいて設立した法人で、国内で事業を行う全ての生命保険会社・損害保険会社が会員として加入しています。

テキスト p.83

解答3

正解 1

フムフム…

少額短期保険業者が引き受けられる保険金の総額は、原則1,000万円までです。

> 少額短期保険業者は、葬儀保険など、通常の生命保険会社では取り扱わないような保険に対応しているのが特徴です。

テキスト p.83

解答4

正解 3

生命保険契約者保護機構は、保険業法に基づいて設立した法人であり、国内で事業を行うすべての生命保険会社が会員として加入しています。国内で事業を行う生命保険会社が破綻した場合、生命保険契約者保護機構による補償の対象となる保険契約については、高予定利率契約を除いて責任準備金等の90%まで補償されます。

テキスト p.84

問題5　　損害保険契約者保護機構による自動車賠償責任保険（自賠責保険）の保険金の補償割合は 100% である。　　　　　　　　　　［予想問題］

○×

□□□

■ ソルベンシー・マージン比率

問題6　　ソルベンシー・マージン比率は、保険会社が、通常の予測を超えて発生するリスクに対し、保険金等の支払余力をどの程度有するかを示す指標であり、この値が（　　　）を下回ると、監督当局による早期是正措置の対象となる。

三択

□□□

(1)　200%　　　(2)　250%　　　(3)　300%　　　　［2021 年 5 月試験36］

■ クーリング・オフ

問題7　　生命保険契約を申し込んだ者は、保険業法上、原則として、クーリング・オフについて記載された書面を受け取った日または契約の申込日のいずれか遅い日から 8 日以内であれば、口頭により申込みの撤回等をすることができる。　　［2020 年 1 月試験(6)改］

○×

□□□

■ 保険法と保険業法

問題8　　保険業法上の保険募集において、（　①　）とは、保険募集人が保険契約の勧誘を行い、保険契約の成立は保険会社の承諾による形態を指し、（　②　）とは、保険募集人が承諾をすれば、その保険契約が成立する形態を指す。

三択

□□□

(1)　① 代理　　　② 媒介
(2)　① 斡旋　　　② 代理
(3)　① 媒介　　　② 代理　　　　　　　　　　　　　［2019 年 5 月試験36］

解答5

正解 ○

　　損害保険契約者保護機構による**自動車賠償責任保険**（自賠責保険）の保険金の補償割合は100％です。なお、火災保険、任意加入の自動車保険においても保険金の100％まで補償されます（ただし、保険会社の破綻後3カ月経過後は保険金の80％まで）。

 テキスト p.84

解答6

正解 **1**

　　ソルベンシー・マージン比率は保険会社の支払余力のことをいい、**保険会社の健全性を表す指標**です。比率が高いほどリスクへの対応力が高いとされています。この値が**200％未満**になると、金融庁は早期是正措置を発動して、経営の健全性の回復を図るように改善命令を出します。

 テキスト p.84

解答7

正解 **✕**

　　いったん生命保険契約を申し込んだ場合でも、クーリング・オフについて記載された書面を受け取った日または契約の申込日のいずれか遅い日から**8日**以内であれば、無条件で契約の**申し込みを撤回**できます。ただし、クーリング・オフは**口頭で行うことはできず**、**書面**または**電磁的記録**で行う必要があります。

 テキスト p.85

解答8

正解 **3**

　　保険募集の形態のうち、保険募集人が保険会社と契約者の仲介を行い、契約自体は**保険会社と契約者で締結する**形態を「媒介」、保険募集人が保険会社の代わりに保険契約を締結する形態を「代理」といいます。

 テキスト p.85

問題9
○×

□ □ □

保険業法上の保険募集において、保険募集人が保険契約の締結の媒介を行う場合、保険募集人が保険契約の申込みに対して承諾した時点で当該保険契約は有効に成立する。 [2021年5月試験(6)]

問題10

○×

□ □ □

生命保険募集人が、保険契約者または被保険者に対して、保険料の割引、割戻しその他特別の利益の提供を約束する行為は、保険業法により禁止されている。 [2015年1月試験(6)]

2 生命保険料・配当金のしくみ

■ 生命保険料算定の原則

問題1

三択

□ □ □

生命保険の保険料は、（ ① ）および収支相等の原則に基づき、予定死亡率、（ ② ）、予定事業費率の3つの予定基礎率を用いて計算される。

(1) ① 大数の法則　　② 予定利率
(2) ① 適合性の原則　② 予定利率
(3) ① 適合性の原則　② 予定損害率　　　　　[2022年1月試験(36)]

問題2

三択

□ □ □

生命保険会社が（　　　）を引き上げた場合、通常、その後の終身保険の新規契約の保険料は安くなる。

(1) 予定利率　　(2) 予定死亡率　　(3) 予定事業費率
[2023年5月試験(36)]

| 解答9 | 保険募集人が保険契約の締結の「**媒介**」を行う場合、保険会社が**保険契約** |
| 正解 ✕ | **の申込みに対して承諾した時点**で当該保険契約は有効に成立します。なお、「**代理**」を行う場合は、**保険募集人が承諾した時点**です。 |

テキスト p.85

| 解答10 | 保険契約の締結または保険募集に関して、保険契約者または被保険者に対 |
| 正解 ◯ | して、**保険料の割引、割戻しその他特別の利益の提供を約束する行為**または**提供する行為**は、保険業法により**禁止**されています。 |

テキスト p.86

| 解答1 | 生命保険の保険料は、大数の**法則**・収支相等の**原則**に基づき、予定死亡率・ |
| 正解 1 | 予定利率・予定事業費率の3つの数値を用いて算出されます。 |

テキスト p.87

解答2	**予定利率が高い**契約の保険料は、安くなります。
正解 1	**予定死亡率が高い**契約の保険料は、高くなります。
	予定事業費率が高い契約の保険料は、高くなります。

テキスト p.87

■ 保険料の構成

問題3
三択
□ □ □

生命保険の保険料は、将来の保険金・給付金等の支払の財源となる（　①　）と、保険会社が保険契約を維持・管理していくために必要な経費等の財源となる（　②　）で構成されている。

(1)　① 終身保険料　　② 定期保険料
(2)　① 純保険料　　　② 付加保険料
(3)　① 定額保険料　　② 変額保険料
[2021 年 1 月試験(36)]

問題4
⊖⊗
□ □ □

生命保険の保険料は、純保険料および付加保険料で構成されているが、このうち純保険料は、予定利率および予定死亡率に基づいて計算される。
[2022 年 9 月試験(6)]

3 生命保険契約の手続き

■ 告知義務

問題1
⊖⊗
□ □ □

保険法の規定によれば、保険契約者や被保険者に告知義務違反があった場合、保険者は原則として保険契約を解除することができるが、この解除権は、保険者が解除の原因があることを知った時から 1 カ月間行使しないとき、または契約締結の時から 5 年を経過したときは消滅する。
[2019 年 5 月試験(6)]

解答3
正解 **2**

保険料は、**純保険料**と**付加保険料**で構成されています。
純**保険料**は、保険会社が将来の支払いに備えている財源です。
付加**保険料**は、保険会社の人件費や広告宣伝費等の経費です。

p.88

解答4
正解 ○

純保険料は、**予定死亡率**および**予定利率**を基に計算されています。なお、付加保険料・管理費用は**予定事業費率**を基に計算されています。

p.88

解答1
正解 ○

　告知義務違反があった場合、原則として、保険会社は**契約を解除**することができますが、以下の場合は契約を解除することができません。
・保険会社が告知義務違反を知った時から**1カ月**以内に解除しなかった場合
・保険契約の締結から**5年**が経過している場合
・生命保険募集人が契約者や被保険者の告知を**妨害した**場合

p.90

■ 責任開始日

問題2
三択
□□□

生命保険会社に生命保険契約上の履行義務（保険金・給付金の支払等）が発生する時期を（　①　）というが、（　①　）は、保険会社の承諾を前提として、申込み、告知（診査）、（　②　）の3つがすべて完了したときとされている。

(1)　① 責任開始期（日）　② 第1回保険料（充当金）払込み
(2)　① 契約期（日）　② ご契約のしおりの交付
(3)　① 義務発生期（日）　② 契約確認　　　　　[2011年1月試験36]

4　保険料の支払いが困難になった場合の措置

■ 払込期限と猶予期間

問題1
○×
□□□

生命保険の継続した保険料の払込みには一定の猶予期間があり、月払いの場合には保険料払込期月の翌月初日から翌々月末日までとなっている。　　　　　　　　　　　　　[2017年1月試験(7)]

■ 保険料の支払いが困難になった場合の継続方法

問題2
○×
□□□

延長保険とは、一般に、保険料の払込みを中止して、その時点での解約返戻金を基に、元契約よりも長い保険期間の定期保険に変更する制度である。　　　　　　　　　　[2023年5月試験(6)]

問題3
○×
□□□

払済保険とは、一般に、現在加入している生命保険の保険料の払込みを中止し、その時点での解約返戻金を基に、元契約の保険金額を変えずに一時払いの定期保険に変更する制度である。
[2022年5月試験(6)]

解答2
正解 **1**

　保険会社に保険金の支払義務が発生する時期を**責任開始日**といいます。責任開始日は、**①申込み**、**②告知または診査**、**③第1回目の保険料の支払い**、のすべてが完了した日となります。

テキスト p.90

解答1
正解 **✕**

　保険料の払込みの猶予期間は、月払いの場合は払込日の**翌月初日**から**翌月末日**までです。

テキスト p.91

解答2
正解 **✕**

　延長保険は、保険料の払込みを中止して、その時点での**解約返戻金**を基に、元契約よりも**短い（または同期間の）保険期間の定期保険に変更する**制度です。なお、元契約と保険金額は変わりません。

テキスト p.91

解答3
正解 **✕**

　払済保険は、保険料の払込みを中止して、その時点での**解約返戻金相当額**を基に、原則として**保険期間を変えずに一時払の同種の保険または終身保険（養老保険）に変更する**制度です。元契約より保険金額が**少なくなります**。

テキスト p.91

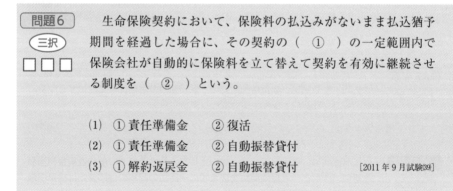

問題4
⭕❌
☐ ☐ ☐
定期保険特約付終身保険の保険料の払込みを中止して、払済終身保険に変更した場合、元契約に付加していた入院特約はそのまま継続する。

[2020年9月試験(7)]

■ 失効と復活

問題5
三択
☐ ☐ ☐
保険料が払い込まれずに失効した生命保険契約について、失効してから一定期間内に所定の手続を経て保険会社の承諾を得ることにより当該契約を復活する場合、復活後の保険料は（　①　）の保険料率が適用され、失効期間中の保険料について（　②　）。

(1) ① 失効前　　② まとめて支払わなければならない
(2) ① 復活時　　② まとめて支払わなければならない
(3) ① 復活時　　② 支払が一部免除される

[2016年1月試験(37)]

■ 生命保険の貸付制度

問題6
三択
☐ ☐ ☐
生命保険契約において、保険料の払込みがないまま払込猶予期間を経過した場合に、その契約の（　①　）の一定範囲内で保険会社が自動的に保険料を立て替えて契約を有効に継続させる制度を（　②　）という。

(1) ① 責任準備金　　② 復活
(2) ① 責任準備金　　② 自動振替貸付
(3) ① 解約返戻金　　② 自動振替貸付

[2011年9月試験(39)]

解答4
正解 ✕

加入済みの保険を**払済保険**および**延長保険**に変更した場合、原則として元の保険に付加されていた**特約**はリビング・ニーズ特約を除き**消滅**します。

テキスト p.91

解答5
正解 **1**

復活とは、保険料が払い込まれずに失効した生命保険契約について、失効してから一定期間内に所定の手続および保険会社の承諾を得ることにより契約を元の状態に戻す制度です。復活後の保険料は**失効前の保険料率が適用**され、失効期間中の延滞した保険料については**まとめて支払わなければなりません**。

テキスト p.92

解答6
正解 **3**

自動振替貸付とは、生命保険契約において、保険料の払込猶予期間内に払込がなかった場合に、その契約の解約返戻金の範囲内で保険会社が自動的に保険料を**立て替える**制度です。

テキスト p.93

問題7　　生命保険契約の契約者は、契約者貸付制度を利用することに
三択　　より、契約している生命保険の（　　　）の一定の範囲内で保
□□□　険会社から貸付を受けることができる。

(1)　既払込保険料総額
(2)　解約返戻金額
(3)　死亡保険金額　　　　　　　　　　　　　　　　　［2023年1月試験36］

5　生命保険契約の見直し

■ 契約転換制度

問題1　　契約転換制度により、現在加入している生命保険契約を新た
三択　　な契約に転換する場合、転換後契約の保険料は、（　①　）の年
□□□　齢に応じた保険料率により算出され、転換時において告知等を
する必要が（　②　）。

(1)　① 転換前契約の加入時　　② ない
(2)　① 転換時　　　　　　　　② ない
(3)　① 転換時　　　　　　　　② ある　　　　　　　　［2022年5月試験37］

6　生命保険の商品

■ 定期保険

問題1　　定期保険では、被保険者が保険期間満了時に生存していても、
○×　　満期保険金は支払われない。　　　　　　　　　　　　　［予想問題］
□□□

問題2　　逓減定期保険は、保険期間の経過に伴い保険料が所定の割合
○×　　で減少するが、死亡保険金額は保険期間を通じて一定である。
□□□　　　　　　　　　　　　　　　　　　　　　　　　　［2023年1月試験(6)]

解答7
正解 **2**

　　契約者貸付制度は、契約者の請求により**解約返戻金**（額）の一定の範囲内で保険会社が資金を貸付ける制度のことです。

テキスト p.93

解答1
正解 **3**

　　契約転換制度により、現在加入している生命保険契約を新たな契約に転換する場合、転換後契約の保険料は転換時の年齢等により再計算され、告知または医師の診査が**必要**です。

テキスト p.94

解答1
正解 ○

　　定期保険では、被保険者が保険期間満了時に生存していても、原則として満期保険金は**支払われません**。

テキスト p.96

解答2
正解 ✕

　　逓減定期保険は、保険期間の経過に伴い**保険金額**が所定の割合で次第に減少しますが、**保険料**は保険期間を通じて一定です。なお、**逓増定期保険**は、保険期間の経過に伴い**保険金額**は増加しますが、**保険料**は一定です。

テキスト p.97

問題3
三択
□ □ □

収入保障保険の死亡保険金を一時金で受け取る場合の受取額は、一般に、年金形式で受け取る場合の受取総額（　　　）。

(1) と同額である
(2) よりも多くなる
(3) よりも少なくなる　　　　　　　　　　　[2022年9月試験(37)]

■ 終身保険

問題4
○×
□ □ □

一時払終身保険は、早期に解約した場合であっても、解約返戻金額が一時払保険料相当額を下回ることはない。

[2021年1月試験(7)]

問題5
○×
□ □ □

定期保険特約付終身保険（更新型）は、定期保険特約を同額の保険金額で更新する場合、更新にあたって被保険者の健康状態についての告知や医師の診査は必要ない。　　　　[2023年9月試験(7)]

問題6
三択
□ □ □

定期保険特約付終身保険では、定期保険特約の保険金額を同額で自動更新すると、更新後の保険料は、通常、更新前（　　　）。

(1) よりも安くなる
(2) と変わらない
(3) よりも高くなる　　　　　　　　　　　[2018年9月試験(37)]

■ 養老保険

問題7
○×
□ □ □

養老保険は、一般に満期保険金の額と死亡・高度障害保険金の額が同額であり、生死混合保険に分類される。　[2013年1月試験(7)]

解答3

正解 **3**

収入保障保険の死亡保険金を**一時金**で受け取る場合の受取額は、年金形式で受け取る場合の受取総額よりも少なくなります。

これは、一時金で受け取った場合、保険期間満了までに見込まれる年金の運用益が差し引かれるからです。

テキスト p.98

解答4

正解 **×**

一時払終身保険を解約した場合は、経過年数によっては解約返戻金額が**一時払保険料相当額**を下回ることがあります。

テキスト p.98

解答5

正解 **○**

定期保険特約付終身保険は、終身保険を主契約として、定期保険を特約として付加したものです。更新型は、**更新時に診査や告知は**不要です。

テキスト p.99

解答6

正解 **3**

定期保険特約付終身保険を自動更新した後の保険料は、一般的には**更新前より高く**なります。これは、更新時の年齢で保険料を再計算するためです。

なお、定期保険特約付終身保険は、比較的安い保険料で手厚い保証が受けられるのが特徴です。

テキスト p.99

解答7

正解 **○**

養老保険では、被保険者が満期まで生存していた場合、**満期保険金**が支払われます。満期保険金の額は、**死亡・高度障害保険金と**同額です。このように生存保険と死亡保険が組み合わさった保険を、「**生死混合保険**」といいます。

テキスト p.100

■ 学資（こども）保険

問題8
○×
□□□

こども保険（学資保険）において、保険期間中に契約者（＝保険料負担者）である親が死亡した場合、一般に、既払込保険料相当額の死亡保険金が支払われて契約は消滅する。

[2022年9月試験(7)]

問題9
○×
□□□

学資（こども）保険には、出生前加入特則の付加により、被保険者となる子が出生する前であっても加入できるものがある。

[2019年1月試験(7)]

■ 個人年金保険

問題10
○×
□□□

個人年金保険（終身年金）の保険料は、性別以外の契約条件が同一であれば、被保険者が女性のほうが男性よりも高くなる。

[2024年1月試験(7)]

問題11
○×
□□□

定額個人年金保険（保証期間付終身年金）では、保証期間中については被保険者の生死にかかわらず年金を受け取ることができ、保証期間経過後については被保険者が生存している限り年金を受け取ることができる。

[2018年9月試験(7)]

問題12
○×
□□□

個人年金保険において、確定年金は、年金支払期間中に被保険者が生存している場合に限り、契約で定めた一定期間、年金が支払われる。

[2021年5月試験(9)]

問題13
三択
□□□

個人年金保険の年金の種類のうち、年金支払期間中に被保険者が生存している場合に限り、契約で定めた一定期間、年金が支払われるものは、（　　　）である。

(1) 有期年金　　(2) 確定年金　　(3) 生存年金

[2017年1月試験(37)]

解答8

正解 ✕

こども保険（学資保険）において、保険期間中に**契約者（＝保険料負担者）である親が死亡**した場合、その後の保険料の払込みは**免除**されます。なお、その場合は学資祝金や満期祝金を受け取ることができます。また、保険期間中に被保険者である子が死亡した場合は、既に払った保険料相当額が死亡給付金として契約者に支払われ、契約は終了します。

テキスト p.101,102

解答9

正解 ◯

学資（こども）保険は、出生前加入特則を付加することで、被保険者となる子が**出生する前**に保険に加入することができます。なお、一般に、出産予定日の140日前から加入することができます。

テキスト p.101,102

解答10

正解 ◯

個人年金の保険料は、他の条件が同一であれば、一般的には**男性より女性のほうが保険料が高くなります**。これは、女性のほうが平均余命が長く、男性と比べ年金の支払期間が長くなる可能性が高いためです。

テキスト p.102

解答11

正解 ◯

保証期間付終身年金では、保証期間中は被保険者の**生死にかかわらず**年金が支払われますが、保証期間経過後は被保険者が**生存している場合に限り**年金が支払われます。

テキスト p.103

解答12

正解 ✕

設問は有期年金についての説明になっています。個人年金保険において、**確定年金**は、年金支払期間中に被保険者の**生死にかかわらず**年金が支払われます。

テキスト p.103

解答13

正解 **1**

有期年金は、**生存している場合に限り**、定められた期間の年金を受け取れます。なお、確定年金は、**生死に関係なく**、定められた期間の年金を受け取れます。

テキスト p.103

問題14
三択
□□□
変額個人年金保険は、（　①　）の運用実績に基づいて将来受け取る年金額等が変動するが、一般に、（　②　）については最低保証がある。

(1)　① 特別勘定　　② 死亡給付金額
(2)　① 特別勘定　　② 解約返戻金額
(3)　① 一般勘定　　② 解約返戻金額　　　　　　　[2022年1月試験37]

■ 団体保険

問題15
三択
□□□
団体を契約者（＝保険料負担者）とし、その所属員を被保険者とする1年更新の定期保険であり、福利厚生規程等による保障の支払財源の確保を目的とした保険は、（　　　　）である。

(1)　団体定期保険（Bグループ保険）
(2)　団体信用生命保険
(3)　総合福祉団体定期保険　　　　　　　　　　　　[2020年1月試験38]

7　生命保険の主な特約

問題1
三択
□□□
特定疾病保障定期保険では、被保険者が、がん・（　　　　）・脳卒中により所定の状態に該当したとき、特定疾病保険金が支払われる。

(1)　急性心筋梗塞　　(2)　動脈硬化症　　(3)　糖尿病
[2016年9月試験38]

問題2
○×
□□□
特定疾病保障定期保険特約では、一般に、被保険者が保険期間中に特定疾病以外の原因により死亡した場合、保険金は支払われない。
[2015年5月試験(7)]

解答14
正解 **1**

変額個人年金は、特別勘定の運用実績により将来受け取れる年金額が変動しますが、一般的に、死亡保険金については**最低保証**があります。

> なお、受け取れる解約返戻金の額も運用実績に応じて変動します。こちらには最低保証はありません。

テキスト p.104

解答15
正解 **3**

総合福祉団体定期保険は、団体を契約者として、その所属員を被保険者とする**1年更新**の定期保険です。なお、総合福祉団体定期保険の保険料は**全額**を**損金**に算入できます。

> 団体保険（Bグループ保険）は、法人が契約者となり、従業員が任意に加入する保険です。団体信用生命保険は、住宅ローンを組む時に加入し、加入者に万が一のことがあった場合に、住宅ローンが弁済される保険です。

テキスト p.105

解答1
正解 **1**

特定疾病保障（定期）保険では、被保険者が、がん・急性心筋梗塞・脳卒中の三大疾病により所定の状態に該当したとき、生前に死亡保険金と**同額**の特定疾病保険金が支払われます。なお、支払い時点で契約は消滅するため、その後の保険事故については、保険金が支払われません。

テキスト p.107

解答2
正解 **×**

特定疾病保障保険（特約）では、保険期間中に特定疾病保険金が支払われることなく死亡（もしくは高度障害に該当）した場合、その**原因にかかわらず**、死亡・高度障害保険金が支払われます。

テキスト p.107

2章 リスク管理 学科

問題3 ○× □□□

生命保険の傷害特約は、不慮の事故により所定の身体障害状態に該当した場合に障害の程度に応じた障害給付金が支払われる特約であり、不慮の事故による死亡も保障の対象となる。

[予想問題]

問題4 三択 □□□

生命保険の災害割増特約では、被保険者が不慮の事故による傷害を直接の原因として、その事故の日から起算して（　　　）以内に死亡または高度障害状態となった場合、災害割増保険金が支払われる。

(1) 180日　　(2) 12カ月　　(3) 1年6カ月　　[2016年5月試験(37)]

問題5 三択 □□□

医療保険等に付加される先進医療特約では、（　　　）時点において厚生労働大臣により定められている先進医療が対象となる。

(1) 申込日　　(2) 責任開始日　　(3) 療養を受けた日

[2020年9月試験(38)]

問題6 三択 □□□

リビング・ニーズ特約は、（　①　）、被保険者の余命が（　②　）以内と判断された場合に、所定の範囲内で死亡保険金の一部または全部を生前に受け取ることができる特約である。

(1) ①病気やケガの種類にかかわらず　　②6カ月
(2) ①病気やケガの種類にかかわらず　　②1年
(3) ①特定疾病に罹患したことが原因で　　②1年

[2023年1月試験(40)]

問題7 ○× □□□

生命保険契約にリビング・ニーズ特約を付加する場合、特約保険料を別途負担する必要がある。　　[2013年5月試験(8)]

解答3
正解 ◯

傷害特約では、障害給与金だけでなく、不慮の事故または特定感染症により**死亡した場合**、死亡保険金が**支払われます**。

テキスト p.107

解答4
正解 **1**

災害割増特約では、**不慮の事故**による傷害を直接の原因として 180 日以内に死亡または高度障害状態となった場合、災害割増保険金が支払われます。

テキスト p.107

解答5
正解 **3**

先進医療特約では、療養を受けた日時点において厚生労働大臣が定める先進医療技術により、厚生労働大臣が承認した医療機関で治療や手術を受けた場合に所定の限度額の範囲内で、技術料に応じた実費相当額の給付金が支払われます。

テキスト p.107

解答6
正解 **1**

リビング・ニーズ特約は、**病気やケガの種類にかかわらず**、被保険者の余命が**6 カ月以内**と判断された場合に、残りの期間において払い込む保険料とその利息分が差し引かれた**死亡保険金の一部または全部**を生前に受け取ることができる特約です。

テキスト p.107

解答7
正解 ✕

リビング・ニーズ特約を付加しても、それにかかる**保険料を別途負担する必要はありません**。

テキスト p.107

8　生命保険料控除

生命保険料控除の対象となる契約

問題1
○×
□□□
　少額短期保険業者と契約した少額短期保険の保険料は、所得税の生命保険料控除の対象とならない。　　　　　　　　[2024年1月試験(8)]

問題2
○×
□□□
　2024年中に契約した生命保険に付加されている傷害特約に係る保険料は、介護医療保険料控除の対象となる。
　　　　　　　　　　　　　　　　　　　　　　[2019年1月試験(8)改]

問題3
○×
□□□
　所得税において、個人が2024年中に締結した生命保険契約に基づく支払保険料のうち、先進医療特約に係る保険料は、介護医療保険料控除の対象となる。　　　　　　　[2022年1月試験(10)改]

生命保険料控除額

問題4
三択
□□□
　所得税における介護医療保険料控除（介護医療保険料に係る生命保険料控除）の控除額の上限は、（　　　　）である。

(1)　4万円　　　(2)　5万円　　　(3)　12万円
　　　　　　　　　　　　　　　　　　　　　　[2018年9月試験(38)改]

9　個人の生命保険金と税金

非課税となる保険金・給付金

問題1
○×
□□□
　生命保険の入院特約に基づき、被保険者が病気で入院したことにより被保険者が受け取った入院給付金は、非課税である。
　　　　　　　　　　　　　　　　　　　　　　[2020年9月試験(8)]

解答1

正解 ◯

少額短期保険の保険料は、生命保険料控除の対象とはなりません。

p.109

解答2

正解 ✕

2012年1月1日以降に契約された生命保険の特約について、傷害特約に係る保険料は、生命保険料控除の対象となりません。

p.109

解答3

正解 ◯

2012年1月1日以降に締結した契約の生命保険料は、年間払込保険料8万円以上で最高各4万円、合計で最高12万円を所得控除できます。
・一般生命保険料：定期保険、終身保険、定期保険特約、特定疾病保障特約など
・介護医療保険料：（先進）医療保険、（先進）医療特約、がん保険など
・個人年金保険料：個人年金保険料税制適格特約付個人年金保険
・対象外：災害割増特約、傷害特約など

p.109

解答4

正解 1

2012年1月1日以降に契約した生命保険に関しては、所得税における介護医療保険料控除額の上限は4万円です。なお、一般の生命保険料控除、個人年金保険料控除についてもそれぞれ4万円が上限となります。

p.110

解答1

正解 ◯

心身に加えられた損害または突発的な事故により資産に加えられた損害に起因して受ける損害保険金、見舞金等（所得補償保険金、生前給付金、手術給付金、入院給付金など）は非課税となります。

p.112

■ 死亡保険金の課税関係

問題2
三択
□ □ □

生命保険契約において、契約者（＝保険料負担者）および被保険者が夫、死亡保険金受取人が妻である場合、夫の死亡により妻が受け取る死亡保険金は、（　　　）の課税対象となる。

(1) 贈与税　　(2) 相続税　　(3) 所得税　　　　[2023年5月試験37]

問題3
三択
□ □ □

生命保険契約において、契約者（＝保険料負担者）および死亡保険金受取人がAさん、被保険者がAさんの父親である場合、被保険者の死亡によりAさんが受け取る死亡保険金は、（　　　）の課税対象となる。

(1) 贈与税　　(2) 相続税　　(3) 所得税　　　　[2022年1月試験38]

問題4
○×
□ □ □

生命保険契約において、契約者（＝保険料負担者）が夫、被保険者が妻、死亡保険金受取人が子である場合、被保険者の死亡により死亡保険金受取人が受け取る死亡保険金は、相続税の課税対象となる。　　　　[2022年5月試験(7)]

問題5
三択
□ □ □

個人年金保険において、契約者（＝保険料負担者）がA、被保険者および年金の受取人がAの父であり、Aの父が個人年金受取期間中に亡くなった場合の、Aが受け取る死亡一時金は、（　　　）の課税対象となる。

(1) 相続税　　(2) 所得税　　(3) 贈与税　　　　[予想問題]

解答2
正解 **2**

　生命保険契約において、契約者（＝保険料負担者）が**夫**、被保険者が**夫**、死亡保険金受取人が**妻**である場合、妻が受け取る死亡保険金は相続**税**の課税対象となります。

テキスト p.112

解答3
正解 **3**

　生命保険契約において、契約者（＝保険料負担者）および死亡保険金受取人が**同一人物**で、被保険者が**その他の人**である場合、受け取った死亡保険金は所得**税**の課税対象となります。

テキスト p.112

解答4
正解 **×**

　生命保険において、契約者（＝保険料負担者）が**夫**、被保険者が**妻**、死亡保険金受取人が**子**の場合、子が受け取る死亡保険金は贈与**税**の課税対象となります。

テキスト p.112

解答5
正解 **2**

　個人年金保険において、被保険者が死亡したときに、契約者（＝保険料負担者）と死亡一時金の受取人が同一である場合、受け取った**死亡一時金**には所得税が課されます。

テキスト p.112

10 法人契約の生命保険

法人契約の生命保険料

問題1
三択
□ □ □

養老保険の福利厚生プランでは、契約者（＝保険料負担者）および満期保険金受取人を法人、被保険者を（ ① ）、死亡保険金受取人を被保険者の遺族とすることにより、支払保険料の（ ② ）を福利厚生費として損金の額に算入することができる。

(1) ① 役員　　　　　　　　②3分の1相当額

(2) ① 役員および従業員全員　②2分の1相当額

(3) ① 従業員全員　　　　　②全額

[2019 年 9 月試験(38)]

問題2
三択
□ □ □

（　　　）は、役員退職金の原資として活用されるが、保険期間が長期にわたり、一定のピーク時を過ぎると解約返戻金は減少していき、保険期間満了時には0（ゼロ）となる。

(1) 収入保障保険　　(2) 終身保険　　(3) 長期平準定期保険

[2018 年 1 月試験(37)]

11 損害保険の基礎知識

損害保険料のしくみ

問題1
○×
□ □ □

損害保険の保険料は純保険料と付加保険料で構成されており、このうち付加保険料は、保険会社の事業を運営するために必要な費用や代理店手数料などに充当される。　[2018 年 1 月試験(9)]

解答1
正解 **2**

　法人契約の養老保険のうち、**被保険者**をすべての役員・従業員とし、満期保険金の**受取人**を法人、**死亡保険金の受取人**を役員・従業員の遺族としている契約は、支払保険料の**2分の1**を福利厚生費として損金算入できます。これを、**ハーフ・タックスプラン**といいます。

テキスト
p.116

解答2
正解 **3**

　長期平準定期保険は、長期の保険期間が設定される法人向けの生命保険です。解約返戻金額が保険期間内でピークを迎え、保険期間満了時には**0（ゼロ）**となります。なお、保険料は終身保険より割安で、その特徴から、**役員退職金の原資**として活用されます。

テキスト
p.116

解答1
正解 **○**

　付加保険料は、保険会社の事業を運営するために必要な費用や代理店手数料に充当されます。なお、積立保険の場合には、そのほかに満期返戻金の原資となる積立保険料が加わります。

テキスト
p.119

問題2

三択

□□□

損害保険において、契約者が負担する保険料と事故発生の際に支払われる保険金は、それぞれの事故発生リスクの大きさや発生確率に見合ったものでなければならないとする考え方を、（　　　　）という。

(1)　大数の法則

(2)　適合性の原則

(3)　給付・反対給付均等の原則（公平の原則）

[2023 年 1 月試験38]

保険金額と保険価額

問題3

三択

□□□

損害保険において、保険金額が保険価額を下回っている（　①　）の場合に、保険金額の保険価額に対する割合に応じて、保険金が削減して支払われることを（　②　）という。

(1)　①超過保険　　②実損てん補

(2)　①一部保険　　②比例てん補

(3)　①超過保険　　②比例てん補　　　　　[2011 年 5 月試験38]

12　損害保険の商品

火災保険

問題1

三択

□□□

民法および失火の責任に関する法律（失火責任法）において、借家人が軽過失によって火事を起こし、借家と隣家を焼失させた場合、借家の家主に対して損害賠償責任を（　①　）。また、隣家の所有者に対して損害賠償責任を（　②　）。

(1)　①負わない　　②負う

(2)　①負う　　　　②負う

(3)　①負う　　　　②負わない　　　　　[2023 年 5 月試験39]

解答2

正解 **3**

給付・反対給付均等の原則（公平の原則）は、契約者が負担する保険料と保険会社が支払う保険金はそれぞれの事故発生のリスクの大きさや発生確率に見合ったものでなければならないとする考え方のことです。

なお、大数の法則は、少数では不確定なことも、試行回数を増やすと一定の法則が成り立つという考え方で、適合性の原則は、顧客の知識・経験・財産の状況およびその目的や意向に十分に配慮しながら、顧客に適合した商品を販売しなければならないという考え方のことです。

テキスト
p.119

解答3

正解 **2**

保険対象となっている物の価額よりも保険金額が少ない保険を一部保険といいます。また、一部保険の場合に、保険金額の保険価額に対する割合で保険金が支払われることを比例てん補といいます。

保険金額が保険価額を超える保険（超過保険）の場合に、保険価額を限度として損害額が支払われることを実損てん補といいます。なお、保険金額と保険価額が等しい保険を全部保険といいます。

テキスト
p.119

解答1

正解 **3**

借家人が軽過失による火災で借家を焼失させた場合、**家主に対しては**債務不履行責任により**損害賠償責任を**負います。しかし、軽過失により隣家に延焼損害を与えた場合は、失火の責任に関する法律（失火責任法）が適用されて、**隣家の所有者に対する損害賠償責任は**負いません。

テキスト
p.121

問題2

〇×

□ □ □

火災保険では、突風によって住宅の窓ガラスや屋根が破損し、一定の損害が生じた場合、補償の対象となる。 [2014年1月試験⑽]

問題3

〇×

□ □ □

居住用建物および家財を対象とした火災保険では、地震もしくは噴火またはこれらによる津波を原因とする損害は、補償の対象とならない。 [2021年1月試験⑻]

■ 地震保険

問題4

〇×

□ □ □

地震保険は単独で加入することができず、火災保険等に付帯して加入する。 [2014年9月試験⑽]

問題5

三択

□ □ □

地震保険の保険料の割引制度には、「建築年割引」「耐震等級割引」「免震建築物割引」「耐震診断割引」があり、割引率は「耐震等級割引（耐震等級3）」および「免震建築物割引」の（　①　）が最大となる。なお、それぞれの割引制度の重複適用は（　②　）。

(1)　①30%　　②できない

(2)　①50%　　②できない

(3)　①50%　　②できる　　　　　　　　　　[2019年1月試験㊴]

問題6

三択

□ □ □

地震保険の保険金額は、火災保険の保険金額の（　①　）の範囲内で設定することになるが、居住用建物については（　②　）、生活用動産（家財）については1,000万円が上限となる。

(1)　①30%から50%まで　　②3,000万円

(2)　①30%から50%まで　　②5,000万円

(3)　①50%から80%まで　　②5,000万円

[2022年9月試験㊳]

解答2
正解 ◯

火災保険では、火災だけでなく、**突風**や落雷、破裂・爆発、台風などの災害による損害も補償の対象となります。

 テキスト p.121

解答3
正解 ◯

地震もしくは噴火またはこれらによる津波を原因とした建物や家財の損害を補償するためには、火災保険とセットで**地震保険**に加入する必要があります。なお、地震保険の対象は**居住用建物**および**家財**に限られます。

 テキスト p.121

解答4
正解 ◯

地震保険は**必ず火災保険等とセット**で加入しなければなりません。

 テキスト p.122

解答5
正解 2

地震保険の保険料は、築年数や免震・耐震性能に応じて4種類の割引制度があります。このうち、最大の割引率は、「耐震等級割引（耐震等級3）」および「免震建築物割引」の50%となります。また、これらの割引制度の重複適用は**できません**。

なお、地震保険の保険料は、建物の構造や所在地などにより決まります。また、保険会社による保険料の違いはありません。

 テキスト p.122

解答6
正解 2

地震保険の保険金額は、**火災保険の保険金額**の30%～50%ですが、上限が設定されています。

保険の対象	保険金額（上限）
居住用建物	5,000万円
生活用動産（家財用動産）	1,000万円

 テキスト p.122

地震保険では、保険の対象である居住用建物または家財の損害の程度が「全損」「大半損」「小半損」「一部損」のいずれかに該当した場合に、保険金が支払われる。 [2021年9月試験(7)]

自動車保険

問題8 ⚪✕
自動車損害賠償責任保険（自賠責保険）では、他人の自動車や建物などの財物を損壊し、法律上の損害賠償責任を負担することによって被る損害は補償の対象とならない。 [2024年1月試験(10)]

問題9 三択
自動車損害賠償責任保険において、被害者1人当たりの保険金の支払限度額は、死亡の場合で（ ① ）万円、傷害の場合で（ ② ）万円である。

(1) ① 2,000　② 100
(2) ① 3,000　② 200
(3) ① 3,000　② 120 [2018年9月試験(40)]

問題10 ⚪✕
自動車保険の対人賠償保険では、自動車事故により他人を死傷させ、法律上の損害賠償責任を負った場合、自動車損害賠償責任保険（自賠責保険）から支払われる金額を超える部分に対して保険金が支払われる。 [2015年1月試験(8)]

問題11 ⚪✕
対物賠償保険では、被保険車両を運転中に、通行人が連れていた犬を轢いてしまい、民事上の損害賠償請求を受けるに至った場合、補償の対象となる。 [予想問題]

問題12 ⚪✕
自動車保険の車両保険（一般条件）では、自宅の敷地内の駐車場で運転操作を誤って自損事故を起こし、被保険自動車が被った損害は、補償の対象とならない。 [2015年5月試験(9)]

解答7

正解 ○

　建物や家財の損害状況により、「**全損**」「**大半損**」「**小半損**」「**一部損**」のいずれかに認定されます。契約金額に対して、「**全損**」は 100%、「**大半損**」は 60%、「**小半損**」は 30%、「**一部損**」は 5 %の保険金が支払われます。

 p.122

解答8

正解 ○

　自動車損害賠償責任保険（自賠責保険）では、対人事故**のみ**を補償の対象としており、対物事故については**対象外**です。なお、運転者自身のケガについても補償の**対象となりません。**

 p.123

解答9

正解 **3**

　自動車損害賠償責任保険（自賠責保険）において、被害者 1 名に対する保険金の支払限度額は次のとおりです。
・死　　　亡…最高 3,000 万円
・後遺障害…最高 4,000 万円
・傷　　　害…最高　 120 万円

 p.123

解答10

正解 ○

　対人賠償保険では、自動車事故によって他人を死傷させた場合、自動車損害賠償責任保険（自賠責保険）の支払金額を**超える**部分に対し、保険金が支払われます。

 p.123

解答11

正解 ○

　自動車の運転中における他人のペットとの事故により民事上の損害賠償請求を受けるに至った場合、**対物賠償保険**の補償の**対象となります。**

 p.123

解答12

正解 ✕

　車両保険（一般条件）では、**自損事故**により被保険自動車が被った損害は補償の**対象となります。**なお、保険金額を限度に、実際の損害額から免責金額を引いた額が支払われます。

 p.123

問題13

〇×

□□□

自動車保険の車両保険では、一般に、洪水により自動車が水没したことによって被る損害は補償の対象とならない。

[2022年1月試験(8)]

問題14

〇×

□□□

自動車保険の人身傷害保険では、被保険者が被保険自動車を運転中、自動車事故により負傷した場合、損害額から自己の過失割合に相当する部分を差し引いた金額が補償の対象となる。

[2023年5月試験(8)]

問題15

三択

□□□

自動車を運転中にハンドル操作を誤ってガードレールに衝突し、被保険者である運転者がケガをした場合、（　　　）による補償の対象となる。

(1)　対人賠償保険
(2)　人身傷害保険
(3)　自動車損害賠償責任保険

[2024年1月試験(38)]

■ 傷害保険

問題16

三択

□□□

普通傷害保険（特約付帯なし）において、一般に、（　　　）は補償の対象となる。

(1)　国内旅行中の飲食による細菌性食中毒
(2)　海外旅行中に階段を踏み外して転倒したことによる骨折
(3)　脳梗塞により意識を失って転倒したことによる骨折

[2022年9月試験(39)]

問題17

〇×

□□□

普通傷害保険は、加入者の年齢や性別により保険料が異なる。

[予想問題]

問題18

〇×

□□□

家族傷害保険において補償の対象となる家族の範囲には、被保険者本人またはその配偶者と生計を共にする別居の未婚の子が含まれる。

[2013年9月試験(8)]

解答13
正解 ✕

　自動車保険の車両保険では、一般に、**台風や高潮による水没**などで被る損害は**補償の対象となります**。なお、特約を付加しない限り、地震が原因となる**津波による水没**は車両保険の補償の**対象外**です。

 テキスト p.123

解答14
正解 ✕

　自動車保険の人身傷害補償保険（人身傷害保険）では、自己の**過失割合にかかわらず**、保険金額を限度に実際の損害額が補償されます。自己の過失であるため相手から補償されない過失部分も含めて、自身が加入する保険会社から支払われます。

 テキスト p.123

解答15
正解 2

　人身傷害補償保険は、**自己の過失割合にかかわらず**、保険金額を限度に実際の損害額が補償されます。したがって、本問のような**自己の過失による事故**であっても、**補償の対象となります**。

 フムフム…

> 運転者本人がケガをした場合に支払われるのは、人身傷害補償保険のみです。

テキスト p.123

解答16
正解 2

　普通傷害保険（特約付帯なし）では、**国内・海外を問わず**傷害を補償するため、海外旅行中のケガも**補償されます**。なお、**食中毒**（細菌性食中毒・ウイルス性食中毒）は、「急激かつ偶然な外来の事故」に該当しないため、**補償の対象外**です。脳梗塞により意識を失って転倒したことによるケガは、原因が脳梗塞であって偶然の事故ではないため補償の対象外です。

 テキスト p.124

解答17
正解 ✕

　普通傷害保険は、加入者の**年齢**や**性別**による保険料の違いは**ありません**。通常、加入者の職業・職種によって保険料が異なります。

 テキスト p.124

解答18
正解 ○

　家族傷害保険などの家族を対象とする保険では、本人のほか、その**配偶者**および生計を同一にする**同居親族**と**別居の未婚の子**が自動的に被保険者となります。

 テキスト p.124

問題19
(○×)
□ □ □
　家族傷害保険（家族型）において、保険期間中に契約者（＝被保険者本人）に子が生まれた場合、その子を被保険者に加えるためには追加保険料を支払う必要がある。　[2024年1月試験(9)]

問題20
(○×)
□ □ □
　国内旅行傷害保険では、一般に、国内旅行中にかかった細菌性食中毒は補償の対象とならない。　[2022年5月試験(9)]

問題21
(三択)
□ □ □
　海外旅行保険では、海外旅行中に発生した地震によるケガは（　①　）、海外旅行から帰宅途中の日本国内で起きた事故によるケガ（　②　）。

(1)　① 補償の対象となり　　　② も補償の対象となる
(2)　① 補償の対象となるが　　② は補償の対象とならない
(3)　① 補償の対象とならないが　② は補償の対象となる
[2019年5月試験(39)]

■ 個人賠償責任保険

問題22
(三択)
□ □ □
　個人賠償責任保険（特約）では、被保険者が、（　　　　）、法律上の損害賠償責任を負うことによって被る損害は、補償の対象となる。

(1)　自動車の運転中、歩行者に接触し、ケガを負わせ
(2)　散歩中、首輪の紐を放してしまい、飼い犬が他人を噛んでケガを負わせ
(3)　業務中、自転車で歩行者に衝突し、ケガを負わせ
[2020年9月試験(40)]

解答19

正解 **✕**

家族傷害保険の被保険者の範囲には、**保険期間中に生まれた子**も含みます。したがって、新たに保険料を払う必要はありません。

 テキスト p.124

解答20

正解 **✕**

国内旅行傷害保険では、細菌性食中毒は**補償の対象**となります。

 テキスト p.124

解答21

正解 **1**

海外旅行保険は、自宅を出てから帰宅するまでに被った障害を補償し、その対象は急激かつ偶然な外来の事故による傷害に加え、**細菌性食中毒、国外での地震・噴火・津波等**によるケガも**含まれます**。

 テキスト p.124

解答22

正解 **2**

個人賠償責任保険は、日本国内の日常生活における**対人・対物事故**による**賠償責任**を補償する保険です。飼い犬の与えた損害は、動物専有者である飼い主の責任になるため、補償の対象となります。なお、被保険者の範囲は、**本人・配偶者・生計を共にする同居の親族と別居の未婚の子**となります。
(1) **自転車**の運転中の事故であれば補償の対象となりますが、**自動車の運転中の事故は対象外**となります。
(3) 業務中の事故は**対象外**です。

 テキスト p.125

問題23
三択
☐☐☐

家族傷害保険に付帯された個人賠償責任補償特約では、（　　　）により損害賠償責任を負った場合は補償の対象とならない。

(1)　別居の未婚の子が自転車で走行中に起こした事故
(2)　地震により家具が倒れて他人にケガを負わせた事故
(3)　飼い犬が他人を噛んでけがを負わせた事故

[2018年5月試験㊟㊹]

■ 企業活動に関する保険

問題24
○×
☐☐☐

スーパーマーケットを経営する企業が、店舗内で調理・販売した食品が原因で食中毒を発生させ、顧客に対して法律上の損害賠償責任を負うことによって被る損害を補償する保険として、施設所有（管理）者賠償責任保険がある。　　　[2020年9月試験⑽]

問題25
○×
☐☐☐

スーパーマーケットを経営する企業が、店舗内に積み上げられていた商品が倒れ、顧客の頭にぶつかってケガをさせ、顧客に対して法律上の損害賠償責任を負うことによって被る損害は、施設所有（管理）者賠償責任保険の補償の対象となる。

[2022年9月試験⑼]

問題26
○×
☐☐☐

ホテルが、クロークで顧客から預かった衣類や荷物の紛失や盗難により、法律上の損害賠償責任を負担した場合に被る損害に備える保険は、施設所有（管理）者賠償責任保険である。

[2019年1月試験⑽]

問題27
三択
☐☐☐

レストランを経営する企業が、火災により店舗が全焼し、休業した場合の利益損失を補償する保険として、（　　　）がある。

(1)　労働災害総合保険
(2)　企業費用・利益総合保険
(3)　施設所有（管理）者賠償責任保険　　　[2021年5月試験㊵]

解答23

正解 **2**

個人賠償責任保険（個人賠償責任補償特約）では、地震・噴火・津波等による事故によって発生した損害賠償責任は補償の**対象外**です。

フムフム…

なお、本問のように、個人賠償責任保険と同内容の特約が他の保険に付帯することがあります。

テキスト p.125

解答24

正解 **✕**

製造・販売した製品の欠陥等や**完了した仕事のミスの結果として**第三者の身体や財産に損害が生じ、法律上の損害賠償責任を負うことによって被る損害を補償する保険は、**生産物賠償責任保険（PL保険）**です。

テキスト p.125

解答25

正解 **○**

施設所有（管理）者賠償責任保険とは、所有・使用・管理している**建物・設備などの管理の不備、従業員の業務活動中の不注意**等により**他人に損害を与えた場合**に負担する法律上の賠償責任を補償する企業向けの保険です。

テキスト p.125

解答26

正解 **✕**

他人から預かった物に対する損害賠償責任を補償するのは、受託者賠償責任保険です。

テキスト p.125

解答27

正解 **2**

火災により店舗が焼失し休業した場合の**利益損失を補償する保険**は、企業費用・利益総合保険です。なお、労働災害総合保険は、**労災事故を被った従業員に対して**政府労災保険に加えて企業が補償するための保険です。

テキスト p.125

13 損害保険と税金

■ 地震保険料控除

問題1
三択
☐☐☐

　所得税において、個人が支払う地震保険の保険料に係る地震保険料控除は、原則として、（　①　）を限度として年間支払保険料の（　②　）が控除額となる。

(1)　①5万円　　　②全額
(2)　①5万円　　　②2分の1相当額
(3)　①10万円　　②2分の1相当額

[2022年5月試験(40)]

■ 個人が受け取る保険金と税金

問題2
○×
☐☐☐

　自宅が火災で焼失したことにより契約者（＝保険料負担者）が受け取る火災保険の保険金は、一時所得として所得税の課税対象となる。

[2023年5月試験(10)]

問題3
三択
☐☐☐

　自動車事故により、被保険自動車（非業務用のマイカー）に生じた損害に対して被保険者（＝契約者および保険料負担者）が自動車保険から受け取る車両保険金は、所得税において（　　　）となる。

(1)　非課税
(2)　雑所得として課税対象
(3)　一時所得として課税所得

[2017年5月試験(40)]

問題4
三択
☐☐☐

　歩行中に交通事故でケガをし、加害車両の運転者が加入していた自動車保険の対人賠償保険から受け取った保険金は、所得税において、（　　　）とされる。

(1)　一時所得　　　(2)　雑所得　　　(3)　非課税所得

[2022年9月試験(40)]

解答 1
正解 **1**

所得税において、個人が支払う**地震保険の保険料**は、**5万円**を限度として年間支払保険料の全額が地震保険料控除の対象となります。

なお、住民税については、25,000円を限度として年間支払保険料の2分の1が地震保険料控除の対象となります。

テキスト p.127

解答 2
正解 **×**

自宅が火災で焼失したことにより、建物の所有者が受け取る火災保険の保険金は**非課税**です。

テキスト p.127

解答 3
正解 **1**

自動車保険契約などの損害保険契約に基づき個人が受け取った保険金は、原則として**非課税**となります。

非課税となる保険金としては、ほかに次のようなものがあります。
・契約者（＝保険料負担者）と同居している子がケガをしたことにより受け取った入院給付金　など

テキスト p.127

解答 4
正解 **3**

自動車保険の対人賠償保険金を受け取った場合、当該保険金は、所得税において**非課税所得**となります。

テキスト p.127

□ □ □

家族傷害保険契約に基づき、契約者（＝保険料負担者）と同居している子がケガで入院したことにより契約者が受け取る入院保険金は、（　　　）とされる。

(1) 非課税　　(2) 雑所得　　(3) 一時所得

[2017年9月試験(39)]

14　第三分野の保険

■ 医療保険

問題1

○×

□ □ □

医療保険では、退院後に入院給付金を受け取り、その退院日の翌日から1年経過後に前回と同一の疾病により再入院した場合、入院給付金支払日数は前回の入院日数と合算され、1入院当たりの給付日数制限の適用を受ける。　　[2018年5月試験(8)]

■ がん保険

問題2

三択

□ □ □

がん保険では、一般に、（　　　）程度の免責期間が設けられており、この期間中にがんと診断されたとしても診断給付金は支払われない。

(1) 90日　　(2) 120日　　(3) 180日　　[2023年5月試験(40)]

問題3

三択

□ □ □

がん保険において、がんの治療を目的とする入院により被保険者が受け取る入院給付金は、一般に、1回の入院での支払日数（　　　）。

(1) に制限はない
(2) は90日が限度となる
(3) は180日が限度となる　　[2024年1月試験(40)]

解答5
正解 **1**

傷害保険契約に基づき個人が受け取る保険金は、**非課税**です。

テキスト p.127

解答1
正解 **✕**

医療保険において、**退院日の翌日**から **180 日以内**に同一の疾病で再入院した場合は **1 回の入院**とみなします。1 年ではありません。

テキスト p.128

解答2
正解 **1**

がん保険では、一般的に、責任開始日前に **90 日**（または **3 カ月**）程度の免責期間が設けられており、その期間中にがんと診断されたとしてもがん診断給付金は**支払われず**、**契約は無効**となります。

テキスト p.129

解答3
正解 **1**

がん保険の特徴として、一般的に、入院給付金は**日数無制限**で保障されます。

テキスト p.129

問題1 次の設例に基づいて、下記の設問に答えなさい。

［2023年9月試験　第2問］

《 設　例 》

　会社員のAさん（30歳）は、専業主婦の妻Bさん（27歳）および長女Cさん（0歳）の3人で賃貸マンションに暮らしている。Aさんは、長女Cさんの誕生を機に、生命保険の加入を検討していたところ、先日、生命保険会社の営業担当者から下記の生命保険の提案を受けた。

　そこで、Aさんは、ファイナンシャル・プランナーのMさんに相談することにした。

〈Aさんが提案を受けた生命保険に関する資料〉

保険の種類	：5年ごと配当付特約組立型総合保険（注1）
月払保険料	：13,900円
保険料払込期間（更新限度）	：90歳満了
契約者（＝保険料負担者）・被保険者	：Aさん
死亡保険金受取人	：妻Bさん
指定代理請求人	：妻Bさん

特約の内容	保障金額	保険期間
終身保険特約	200万円	終身
定期保険特約	3,000万円	10年
三大疾病一時金特約（注2）	200円	10年
総合医療特約（180日型）	1日目から日額10,000円	10年
先進医療特約	先進医療の技術費用と同額	10年
指定代理請求特約	―	―
リビング・ニーズ特約	―	―

（注1）複数の特約を組み合わせて加入することができる保険

（注2）がん（悪性新生物）と診断確定された場合、または急性心筋梗塞・脳卒中で所定の状態に該当した場合に一時金が支払われる（死亡保険金の支払はない）。

※上記以外の条件は考慮せず、各問に従うこと。

《問1》 はじめに、Mさんは、現時点の必要保障額を試算することにした。下記の〈算式〉および〈条件〉に基づき、Aさんが現時点で死亡した場合の必要保障額は、次のうちどれか。
(1) 1,970万円　　(2) 3,520万円　　(3) 7,370万円

〈算式〉

必要保障額
＝遺族に必要な生活資金等の支出の総額－遺族の収入見込金額

〈条件〉

1. 長女Cさんが独立する年齢は、22歳（大学卒業時）とする。
2. Aさんの死亡後から長女Cさんが独立するまで(22年間)の生活費は、現在の生活費（月額25万円）の70％とし、長女Cさんが独立した後の妻Bさんの生活費は、現在の生活費（月額25万円）の50％とする。
3. 長女Cさん独立時の妻Bさんの平均余命は、39年とする。
4. Aさんの死亡整理資金（葬儀費用等）・緊急予備資金の総額は、500万円とする。
5. 長女Cさんの教育資金および結婚援助資金の総額は、1,500万円とする。
6. Aさん死亡後の住居費（家賃）の総額は、5,400万円とする。
7. 死亡退職金とその他金融資産の総額は、2,000万円とする。
8. Aさん死亡後に妻Bさんが受け取る公的年金等の総額は、8,500万円とする。

《問2》 次に、Mさんは、必要保障額の考え方について説明した。Mさんの
Aさんに対する説明として、次のうち最も適切なものはどれか。

(1) 「Aさんが将来、住宅ローン（団体信用生命保険に加入）を利用して自宅
を購入した場合、必要保障額の計算上、住宅ローンの残債務を遺族に必要
な生活資金等の支出の総額に含める必要があります」

(2) 「必要保障額を計算するうえで、公的年金の遺族給付について理解する必
要があります。仮に、現時点でAさんが死亡した場合、妻Bさんに対して
遺族基礎年金および遺族厚生年金が支給されますが、それらの給付はいず
れも長女Cさんが18歳に到達した年度の3月末までとなります」

(3) 「必要保障額の算出は、Aさんが死亡したときに遺族に必要な生活資金等
が不足する事態を回避するための判断材料となります。第2子の誕生など、
節目となるライフイベントが発生するタイミングで、必要保障額を再計算
することが大切です」

《問3》 最後に、Mさんは、生命保険の加入等についてアドバイスした。M
さんのAさんに対するアドバイスとして、次のうち最も不適切なものはどれ
か。

(1) 「必要保障額は、通常、子どもの成長とともに逓減していきますので、期
間の経過に応じて年金受取総額が逓減する収入保障保険で死亡保障を準備
することも検討事項の1つとなります」

(2) 「生命保険を契約する際には、傷病歴や現在の健康状態などについて、事
実をありのままに正しく告知してください。生命保険募集人は告知受領権
を有していますので、当該募集人に対して、口頭で告知されることをお勧
めします」

(3) 「Aさんが病気やケガで就業不能状態となった場合、通常の生活費に加え、
療養費等の出費もかさみ、支出が収入を上回る可能性があります。死亡保
障だけでなく、就業不能保障の準備についてもご検討ください」

解答1 問1 **3**

　設問より、必要保障額は「遺族に必要な生活資金等の支出の総額－遺族の収入見込金額」
で求めます。
　まず、遺族に必要な生活資金等の支出の総額を求めます。

Aさん死亡後の生活費：
　　　長女Cさん独立まで：25万円×70%×12カ月×22年＝4,620万円
　　　長女Cさん独立後　：25万円×50%×12カ月×39年＝5,850万円
　　　　　　　合　計　：1億470万円
死亡整理資金（葬儀費用等）、緊急予備資金：500万円
教育資金、結婚援助資金：1,500万円
住居費：5,400万円
合計：1億470万円＋500万円＋1,500万円＋5,400万円＝1億7,870万円
次に、遺族の収入見込金額を求めます。
　　　死亡退職金見込額とその他金融資産の合計額：2,000万円
　　　妻Bさんの公的年金等の総額：8,500万円
　　　合　計：2,000万円＋8,500万円＝10,500万円
上記より、必要保障額は次のとおりとなります。
　　　1億7,870万円－10,500万円＝**7,370万円**

テキスト p.80

[解答1 問2]　3

(1)　**不適切**。住宅ローンは、**団体信用生命保険の保険金によって完済**されるため、遺族に必要な生活資金等の支出の総額に含める必要はありません。
(2)　**不適切**。遺族基礎年金は、子の18歳到達年度の3月末までの支給となりますが、遺族厚生年金は、**その後も継続して**支給されます。
(3)　**適切**。必要保障額は、算出する時点によって変化するため、節目となるライフイベントが発生するタイミングで**再計算する**ことが大切です。

テキスト p.80,67,68

[解答1 問3]　2

(1)　**適切**。必要保障額は、通常、子どもの成長とともに**逓減**していくため、年金受取総額が逓減する収入保障保険で死亡保障を準備することも検討事項の1つとなります。
(2)　**不適切**。生命保険募集人は告知受領権を有していないため、生命保険募集人に対して、口頭で告知することは**認められません**。
(3)　**適切**。病気やケガで就業不能状態となる場合に備えて、死亡保障だけでなく、就業不能保険等就業不能保障の準備についても検討することが必要です。

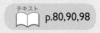
テキスト p.80,90,98

　　　　次の設例に基づいて、下記の各問に答えなさい。

--------《 設　例 》--------

　会社員のAさん（52 歳・全国健康保険協会管掌健康保険の被保険者）は、妻Bさん（50 歳）および長女Cさん（19 歳）との 3 人暮らしである。先日、Aさんは、Y生命保険の営業担当者からがん保険の見直しの提案を受けた。Aさんは、30 代の頃からX生命保険のがん保険に加入しており、保障内容がより充実しているものであれば、見直してもよいと考えている。

　そこで、Aさんは、ファイナンシャル・プランナーのMさんに相談することにした。

〈Aさんが提案を受けたY生命保険のがん保険に関する資料〉

保険の種類：5 年ごと配当付終身がん保険（終身払込）

月払保険料：7,300 円

契約者（＝保険料負担者）・被保険者・受取人：Aさん

主契約および特約の内容	保証金額	保険期間
主契約：がん診断給付金（注 1）	一時金 100 万円	終身
がん治療保障特約（注 2）	月額 10 万円	終身
抗がん剤治療特約（注 3）	月額 10 万円	10 年
がん先進医療特約	先進医療の技術料と同額	10 年

（注 1）生まれて初めて所定のがん（悪性新生物）と診断された場合や、前回当該給付金の支払事由に該当した日から 1 年経過後に、新たに所定のがん（悪性新生物）と診断された場合に一時金が支払われる。

（注 2）がん（悪性新生物）の治療を目的とする入院、所定の手術または放射線治療をした月ごとに支払われる。

（注 3）がん（悪性新生物）の治療を目的とする所定の抗がん剤治療をした月ごとに支払われる。

〈Aさんが現在加入しているX生命保険のがん保険に関する資料〉

保険の種類：無配当終身がん保険（終身払込）

契約年月日：2005 年 10 月 1 日／月払保険料：4,100 円

契約者（＝保険料負担者）・被保険者・受取人：Aさん

主契約の内容	保証金額	保険期間
がん診断給付金（注4）	一時金 100 万円	終身
がん入院給付金	日額 10,000 円	終身
がん手術給付金	一時金 10 万円または 20 万円	終身
がん通院給付金	日額 10,000 円	終身

（注4）生まれて初めて所定のがん（悪性新生物）と診断された場合に一
時金が支払われる。

※上記以外の条件は考慮せず、各問に従うこと。

《問1》 はじめに、Mさんは、がんの保障の見直しについて説明した。M さんのAさんに対する説明として、次のうち最も不適切なものはどれか。

⑴ 「がんは、再発のリスクがあり、治療期間が長期にわたるケースもあります。そのため、がんの保障を準備する際には、再発時の保障の有無やその内容を確認する必要があります」

⑵ 「AさんがX生命保険のがん保険に加入した当時と比べて、がんによる入院日数は短期化し、通院により治療が行われる場合も多くなっています。入院日数の長短にかかわらず一定額を受け取ることができる保障を準備することは検討に値します」

⑶ 「提案を受けたがん保険の保険料払込期間を終身払込から有期払込に変更することで、毎月の保険料負担は減少し、保険料の払込総額も少なくなります」

《問2》 次に、Mさんは、Aさんが提案を受けたがん保険の保障内容等について説明した。MさんのAさんに対する説明として、次のうち最も適切なものはどれか。

⑴ 「Aさんが生まれて初めて所定のがん（悪性新生物）に罹患した場合、がん診断給付金 100 万円を受け取ることができます。ただし、通常、がんの保障については契約日から6カ月間の免責期間があります」

⑵ 「Aさんががん診断給付金を受け取った場合、当該給付金は非課税所得として扱われます」

⑶ 「先進医療の治療を受けた場合、診察料、投薬料および技術料は全額自己

負担になります。重粒子線治療や陽子線治療など、技術料が高額となるケースもありますので、がん先進医療特約の付加をお勧めします」

《問3》 最後に、Mさんは、全国健康保険協会管掌健康保険の高額療養費制度について説明した。Mさんが、Aさんに対して説明した以下の文章の空欄①～③に入る語句または数値の組合せとして、次のうち最も適切なものはどれか。

> 「Aさんに係る医療費の一部負担金の割合は、原則として（　①　）割となりますが、（　②　）内に、医療機関等に支払った医療費の一部負担金等の合計が自己負担限度額を超えた場合、所定の手続により、自己負担限度額を超えた額が高額療養費として支給されます。この一部負担金等の合計には、差額ベッド代、入院時の食事代、先進医療に係る費用等は含まれず、70歳未満の者の場合、原則として、医療機関ごとに、入院・外来、医科・歯科別に一部負担金等が（　③　）円以上のものが計算対象となります」

(1)　①1　　②同一月　　③12,000
(2)　①3　　②同一月　　③21,000
(3)　①3　　②同一年　　③12,000

解答2 問1 3

(1) 適切。がんの保障を準備する際には、再発時の保障の有無やその内容を確認することが必要です。

(2) 適切。医療技術の進歩による入院日数の短期化や通院治療にあわせ、入院日数の長短にかかわらず一定額を受け取ることができる保障は検討に値します。

(3) 不適切。がん保険に限らず保険期間が終身の場合、毎月の保険料は**終身払込よりも有期払込の方が高くなります。**

テキスト p.128,129

解答2 問2 2

(1) 不適切。通常、がんの保障については、契約日から**3カ月間**（または90日間）の免責期間があります。

(2) 適切。給付金・保険金のうち、がん診断給付金など身体の疾病や傷害などによって支払われるものは、原則として非課税所得とされます。

(3) 不適切。先進医療の治療を受けた場合、技術料は全額自己負担となりますが、診察料、投薬料などは公的医療保険が適用されます。

テキスト p.129,127

解答2 問3 2

　「Aさんに係る医療費の一部負担金の割合は、原則として（① 3）割となりますが、（② 同一月）内に、医療機関等に支払った医療費の一部負担金等の合計が自己負担限度額を超えた場合、所定の手続により、自己負担限度額を超えた額が高額療養費として支給されます。この一部負担金等の合計には、差額ベッド代、入院時の食事代、先進医療に係る費用等は含まれず、70歳未満の者の場合、原則として、医療機関ごとに、入院・外来、医科・歯科別に一部負担金等が（③ 21,000）円以上のものが計算対象となります」

〈解説〉

① 公的医療保険の一部負担金の割合は、小学校入学後から70歳未満の場合、原則として**3割**となります。

② 高額療養費制度は、同一月の医療費の一部負担金が自己負担限度額を超えた場合、超えた額が高額療養費として支給されます。

③ 70歳未満の者の場合、医療機関ごとに、入院・外来、医科・歯科別に一部負担金が21,000円以上のものが計算対象となります。

テキスト p.30,31

次の設例に基づいて、下記の各問に答えなさい。

［2023年1月試験　第2問］

《 設　例 》

　会社員のAさん（33歳・厚生年金保険の被保険者）は、昨年、妻Bさん（31歳・専業主婦）と結婚した。現時点でAさん夫妻に子はいない。Aさんは、妻Bさんとの結婚を機に、死亡保障や就業不能時の保障の必要性を感じていたところ、生命保険会社の営業担当者から下記の生命保険の提案を受けた。

　Aさんは、生命保険に加入するにあたり、その前提として、自分が死亡した場合や、障害状態となり働けなくなった場合に公的年金制度からどのような給付が受けられるのかについて理解を深めたいと思っている。

　そこで、Aさんは、ファイナンシャル・プランナーのMさんに相談することにした。

〈Aさんが提案を受けた生命保険に関する資料〉

保険の種類	：5年ごと配当付特約組立型総合保険（注1）
月払保険料	：8,800円
保険料払込期間（更新限度）	：90歳満了
契約者（＝保険料負担者）・被保険者	：Aさん
死亡保険金受取人	：妻Bさん
指定代理請求人	：妻Bさん

特約の内容	保証金額	保険期間
終身保険特約	200万円	終身
定期保険特約	500万円	10年
傷害特約	500万円	10年
就業不能サポート特約（注2）	月額20万円×所定の回数	10年
入院特約（180日型）（注3）	日額10,000円	10年
先進医療特約	先進医療の技術費用と同額	10年
指定代理請求特約	—	—
リビング・ニーズ特約	—	—

（注1）複数の特約を組み合わせて加入することができる保険

（注2）入院または在宅療養が30日間継続した場合に6カ月分の給付金
　　　　が支払われ、その後6カ月ごとに所定の就業不能状態が継続した
　　　　場合に最大2年間（24カ月間）の就業不能給付金が支払われる（死
　　　　亡保険金の支払はない）。

（注3）病気やケガで1日以上の入院をした場合に入院給付金が支払われ
　　　　る（死亡保険金の支払はない）。

※上記以外の条件は考慮せず、各問に従うこと。

《問1》　はじめに、Mさんは、公的年金制度からの給付について説明した。
MさんのAさんにAさんに対する説明として、次のうち最も不適切なものはどれか。

(1)「Aさんが現時点で死亡した場合、妻Bさんは、遺族基礎年金を受給する
　　ことはできません」

(2)「Aさんが現時点で死亡した場合に妻Bさんに支給される遺族厚生年金
　　は、その計算の基礎となる被保険者期間の月数が300月に満たない場合、
　　300月とみなして年金額が計算されます」

(3)「Aさんが病気やケガ等で障害状態となり、その障害の程度が障害等級3
　　級と認定された場合、Aさんは障害基礎年金および障害厚生年金を受給す
　　ることができます」

《問2》　次に、Mさんは、Aさんが提案を受けた生命保険の保障内容等につ
いて説明した。MさんのAさんに対する説明として、次のうち最も不適切な
ものはどれか。

(1)「先進医療特約では、療養を受けた時点において厚生労働大臣により定め
　　られている先進医療が給付の対象となります」

(2)「Aさんが提案を受けた生命保険には、リビング・ニーズ特約が付加され
　　ていますので、Aさんが余命6カ月以内と判断された場合、生前給付金と
　　して最大で3,000万円を請求することができます」

(3)「最近では、うつ病などの精神疾患による就業不能を保障の対象とする保
　　険商品も販売されています。各生命保険会社が取り扱う就業不能保険の保
　　障内容や支払基準をよく確認したうえで、加入の可否をご検討ください」

《問３》　最後に、Ｍさんは、Ａさんが提案を受けた生命保険の課税関係について説明した。ＭさんのＡさんに対する説明として、次のうち最も適切なものはどれか。

(1)「支払保険料のうち、終身保険特約および定期保険特約に係る保険料は一般の生命保険料控除の対象となり、就業不能サポート特約、入院特約および先進医療特約に係る保険料は介護医療保険料控除の対象となります」

(2)「生命保険料控除は、生命保険に加入した年分については勤務先の年末調整で適用を受けることができませんので、適用を受けるためには、所得税の確定申告が必要となります」

(3)「Ａさんが入院給付金を請求できない特別な事情がある場合、指定代理請求人である妻Ｂさんがａさんに代わって請求することができます。妻Ｂさんが受け取る当該給付金は、一時所得として総合課税の対象となります」

解答3 問1　**3**

(1)　適切。遺族基礎年金は、「**18歳到達年度末日までの子ある配偶者**」または「**18歳到達年度末日までの子**」が受給対象者となるため、子がいない妻Ｂさんは受給することができません。

(2)　適切。厚生年金の被保険者が死亡した場合で、遺族厚生年金の被保険者期間が**300月**に満たない場合、**300月**とみなして年金額が計算されます。

(3)　不適切。障害基礎年金は、障害等級**1級**または**2級**の場合に支給され、3級は対象になりません。なお、障害等級3級の場合、障害厚生年金を受給することはできます。

テキスト　p.67,68,64

解答3 問2　**2**

(1)　適切。先進医療特約は、**療養を受けた時点**において厚生労働大臣により定められている先進医療が給付の対象となります。

(2)　不適切。リビング・ニーズ特約は、余命**6カ月以内**と判断された場合、死亡保険金の一部または全部を生前給付金として受け取ることができます。Ａさんの契約している死亡保険は、終身保険200万円と定期保険500万円なので、700万円まで請求できます。

(3)　適切。就業不能を保障の対象とする保険商品は、各生命保険会社で保障内容や支払基準が異なることもあるため確認が必要です。

テキスト　p.107,98

解答3 問3　**1**

(1)　適切。終身保険特約および定期保険特約は一般の生命保険料控除の対象となり、就業不能サポート特約、入院特約、先進医療特約は介護医療保険料控除の対象となります。なお、

傷害特約は生命保険料控除の対象とはなりません。

(2) **不適切**。生命保険料控除は、**加入した年分から**勤務先の年末調整で適用を受けることができます。

(3) **不適切**。指定代理請求人が受け取る入院給付金でも**非課税**となります。

📖 テキスト p.109,220,212

問題4 　次の設例に基づいて、下記の各問に答えなさい。

[2021年5月試験　第2問]

□ □ □

------《 設　例 》------

　独身である会社員のAさん（40歳・男性）は、先日、生命保険会社の営業担当者から、介護に対する保障の準備として〈資料1〉の生命保険、資産形成の方法として〈資料2〉の生命保険の提案を受け、加入を検討している。

　そこで、Aさんは、ファイナンシャル・プランナーのMさんに相談することにした。

〈資料1〉

保険の種類　　　　　　：無配当終身介護保障保険（終身払込）

月払保険料　　　　　　：8,700円

契約者（＝保険料負担者）・被保険者・受取人：Aさん

指定代理請求人　　　　：母Bさん

主契約および特約の内容	保障金額	保険期間
終身介護保障保険（注）	介護終身年金　年額60万円	終身
介護一時金特約（注）	一時金　300万円	終身
指定代理請求特約	―	―

（注）公的介護保険制度の要介護2以上と認定された場合、または保険会社所定の要介護状態になった場合に支払われる（死亡保険金の支払はない）。

143

〈資料2〉

保険の種類　　　　　　　　：5年ごと利差配当付個人年金保険
契約者（＝保険料負担者）・被保険者・年金受取人：Aさん
死亡保険金受取人　　　　　：母Bさん
保険料払込満了年齢　　　　：65歳
年金開始年齢　　　　　　　：65歳
月払保険料　　　　　　　　：15,000円
払込保険料累計額（①）　　：450万円（25年間）
年金の種類　　　　　　　　：10年確定年金
年金開始時の一括受取額　　：約456万円
基本年金年額　　　　　　　：46.4万円
年金受取累計額（②）　　　：464万円
年金受取率（②÷①）　　　：103.1%（小数点第2位以下切捨て）
特約　　　　　　　　　　　：個人年金保険料税制適格特約付加
※所定の範囲内で、契約者貸付制度を利用することができる。

※上記以外の条件は考慮せず、各問に従うこと。

《問1》　はじめに、Mさんは、公的介護保険（以下、「介護保険」という）について説明した。Mさんが、Aさんに対して説明した以下の文章の空欄①〜③に入る語句または数値の組合せとして、次のうち最も適切なものはどれか。

> 「介護保険の被保険者が介護給付を受けるためには、市町村（特別区を含む）から要介護認定を受ける必要があります。また、介護保険の第2号被保険者は、（　①　）要介護状態となった場合に介護給付を受けることができます。
>
> 　介護保険の第2号被保険者が介護給付を受けた場合、実際にかかった費用（食費、居住費等を除く）の（　②　）割を自己負担する必要がありますが、同一月内の介護サービス利用者負担額が、一定の上限額を超えた場合、所定の手続により、（　③　）の支給を受けることができます」

(1) ①原因を問わず　　　②1　　③高額療養費
(2) ①特定疾病が原因で　②1　　③高額介護サービス費
(3) ①特定疾病が原因で　②3　　③高額療養費

《**問2**》 次に、Mさんは、《設例》の〈資料1〉および〈資料2〉の生命保険の保障内容等について説明した。MさんのAさんに対する説明として、次のうち最も適切なものはどれか。

(1) 「Aさんが要介護状態となり働けなくなった場合、Aさんの収入の減少が想定されます。介護費用がかさみ、支出が収入を上回る可能性もありますので、生命保険により、介護年金や介護一時金を準備することは検討に値します」

(2) 「厚生労働省の2023年簡易生命表によると、男性の平均寿命は87.09歳（年）、女性の平均寿命は81.05歳（年）であり、男性のほうが平均寿命が長く、老後の生活資金の準備は、女性よりも男性のほうがその必要性が高いと思われます」

(3) 「提案を受けている個人年金保険に加入後、年金受取開始前にAさんが亡くなった場合、死亡保険金受取人は、契約時に定めた年金受取総額を死亡保険金として受け取ることができます」

《**問3**》 最後に、Mさんは、《設例》の〈資料1〉および〈資料2〉の生命保険の課税関係について説明した。MさんのAさんに対する説明として、次のうち最も適切なものはどれか。

(1) 「支払保険料のうち、〈資料1〉の生命保険に係る保険料は介護医療保険料控除の対象となり、〈資料2〉の生命保険に係る保険料は個人年金保険料控除の対象となります。それぞれの控除の適用限度額は、所得税で50,000円、住民税で35,000円です」

(2) 「Aさんが個人年金保険から確定年金として年金を受け取った場合、当該年金は雑所得の収入金額として総合課税の対象となります」

(3) 「Aさんが所定の要介護状態となり、介護一時金特約から一時金を受け取った場合、当該一時金は一時所得の収入金額として総合課税の対象となります」

解答4 問1 　**2**

「介護保険の被保険者が介護給付を受けるためには、市町村（特別区を含む）から要介護認定を受ける必要があります。また、介護保険の第2号被保険者は、（① **特定疾病が原因で**）要介護状態となった場合に介護給付を受けることができます。介護保険の第2号被保険者が介護給付を受けた場合、実際にかかった費用（食費、居住費等を除く）の（② **1**）割を自己負担する必要がありますが、同一月内の介護サービス利用者負担額が、一定の上限額を超えた場合、所定の手続により、（③ **高額介護サービス費**）の支給を受けることができます」

〈解説〉

① 　介護保険の第2号被保険者が介護給付を受けることができるのは、老化に起因する16種類の**特定疾病が原因で**要介護状態となった場合に限定されます。

② 　介護保険の第2号被保険者の利用者負担の割合は、所得にかかわらず**1割**となります。なお、第1号被保険者の場合は、所得に応じて**1割**から**3割**となります。

③ 　同一月の介護サービス利用者負担額が、一定の上限額を超えた場合、**高額介護サービス費**の支給を受けることができます。

 テキスト p.36

解答4 問2 　**1**

⑴ 　**適切**。介護年金や介護一時金は、所定の要介護状態になった場合に支払われます。働けなくなった場合の備えとして、検討に値します。

⑵ 　**不適切**。2023年の男性の平均寿命は81.05年、女性の平均寿命は87.09年で、女性のほうが平均寿命は長い傾向にあります。そのため、老後の生活資金の準備は、男性より女性のほうが必要性が高くなります。

⑶ 　**不適切**。個人年金保険の年金受取開始前に被保険者が亡くなった場合、死亡保険金受取人は、払込保険料相当額を死亡保険金として受け取ることができます。

 テキスト p.102,104

解答4 問3 　**2**

⑴ 　**不適切**。2012年1月1日以後の契約における生命保険料控除は、一般の生命保険料、介護医療保険料、個人年金保険料に区分し、それぞれの控除の適用限度額は所得税で**40,000円**、住民税で**28,000円**となります。また、〈資料1〉の無配当終身介護保障保険に係る保険料は**一般の生命保険料控除**、〈資料2〉の5年ごと利差配当付個人年金保険に係る保険料は**個人年金保険料控除**の対象となります。

⑵ 　**適切**。個人年金保険から受け取る年金は、**雑所得**の収入金額として所得税（総合課税）の課税対象となります。詳しくは4章にて取り扱います。

⑶ 　**不適切**。介護保障保険（特約）から受け取る一時金や年金は**非課税**となります。

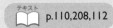 テキスト p.110,208,112

問題5　次の設例に基づいて、下記の各問に答えなさい。

[2023年9月試験　第3問]

―――――――《 設　例 》――――――

　Aさん（65歳）は、X株式会社（以下、「X社」という）の創業社長である。Aさんは今期限りで勇退する予定であり、X社が加入している生命保険の解約返戻金を退職金の原資として活用したいと考えている。

　そこで、Aさんは、ファイナンシャル・プランナーのMさんに相談することにした。

〈資料〉X社が加入している生命保険に関する資料

保険の種類	：長期平準定期保険（特約付加なし）
契約年月日	：2003年12月1日
契約者（＝保険料負担者）	：X社
被保険者	：Aさん
死亡保険金受取人	：X社
死亡・高度障害保険金額	：1億円
保険期間・保険料払込期間	：95歳満了
年払保険料	：260万円
現時点の解約返戻金額	：4,200万円
現時点の払込保険料累計額	：5,200万円
※保険料の払込みを中止し、払済終身保険に変更することができる。	

※上記以外の条件は考慮せず、各問に従うこと。

《問1》　仮に、X社がAさんに役員退職金5,000万円を支給した場合、Aさんが受け取る役員退職金に係る退職所得の金額として、次のうち最も適切なものはどれか。なお、Aさんの役員在任期間（勤続年数）を30年とし、これ以外に退職手当等の収入はなく、障害者になったことが退職の直接の原因ではないものとする。

(1)　1,750万円　　(2)　3,500万円　　(3)　3,800万円

《問2》 Mさんは、《設例》の長期平準定期保険について説明した。Mさんの Aさんに対する説明として、次のうち最も適切なものはどれか。

(1) 「当該生命保険の単純返戻率（解約返戻金額÷払込保険料累計額）は、保険期間の途中でピーク時期を迎え、その後は低下しますが、保険期間満了時に満期保険金が支払われます」

(2) 「現時点で当該生命保険を払済終身保険に変更する場合、契約は継続するため、経理処理は必要ありません」

(3) 「当該生命保険を払済終身保険に変更し、契約者をAさん、死亡保険金受取人をAさんの相続人に名義を変更することで、当該払済終身保険を役員退職金の一部としてAさんに現物支給することができます」

《問3》 X社が現在加入している《設例》の長期平準定期保険を下記〈条件〉にて解約した場合の経理処理（仕訳）として、次のうち最も適切なものはどれか。

〈条件〉

・X社が解約時までに支払った保険料の累計額は、5,200万円である。

・解約返戻金の額は、4,200万円である。

・配当等、上記以外の条件は考慮しないものとする。

(1)

借　　方		貸　　方	
現 金・預 金	4,200万円	前払保険料	2,600万円
雑　損　失	1,000万円	定期保険料	2,600万円

(2)

借　　方		貸　　方	
現 金・預 金	4,200万円	前払保険料	2,600万円
		雑　収　入	1,600万円

(3)

借　　方		貸　　方	
前払保険料	2,100万円	現 金・預 金	4,200万円
定期保険料	2,100万円		

解答5 問1 1

退職所得の金額は、次の式で求められます。

$$(退職金収入額 - 退職所得控除額) \times \frac{1}{2}$$

退職所得控除額は、次のとおりです。

勤続年数	退職所得控除額
20年以下	40万円×勤続年数（最低80万円）
20年超	800万円＋70万円×（勤続年数−20年）

Aさんの勤続年数は30年ですから、Aさんの退職所得控除額は次のとおりとなります。

800万円＋70万円×（30年−20年）＝1,500万円

上記より、Aさんの退職所得の金額は、次のとおりとなります。

$$(5,000万円 - 1,500万円) \times \frac{1}{2} = \textbf{1,750万円}$$

 なお、退職所得の計算については、4章で詳しく扱います。

 テキスト p.202

解答5 問2 3

(1) **不適切**。長期平準定期保険の単純返戻率は、保険期間内でピーク時期を迎え、保険期間満了時には解約返戻金額がゼロとなります。したがって、満期保険金は**支払われません**。

(2) **不適切**。異なる種類の払済保険（定期保険から終身保険）に変更する場合、経理処理が必要となります。なお、同種類の変更であれば経理処理は不要です。

(3) **適切**。役員の勇退時に名義変更することで、払済終身保険を役員退職金の一部として現物支給することができます。

 テキスト p.116

解答5 問3 2

2019年以前に契約している長期平準定期保険は、前半60％の期間に支払った保険料の**2分の1**を**定期保険料**（損金）、残りの**2分の1**を**前払保険料**（資産）として経理処理します。X社が解約時までに支払った保険料の累計額は5,200万円なので、その2分の1の2,600万円が前払保険料として資産に計上されています。したがって、前払保険料2,600万円を取り崩し、解約返戻金額4,200万円（現金・預金）との差額1,600万円を雑収入（益金）として処理します。

借　　方		貸　　方	
現 金・ 預 金	4,200万円	前 払 保 険 料	2,600万円
		雑 　 収 　 入	1,600万円

 テキスト p.116,117

資産設計提案業務（日本FP協会）

問題1
□□□ 明石誠二さんが加入しているがん保険（下記〈資料〉参照）の保障内容に関する次の記述の空欄（ア）にあてはまる金額として、正しいものはどれか。なお、保険契約は有効に継続しているものとし、誠二さんはこれまでに〈資料〉の保険から保険金および給付金を一度も受け取っていないものとする。 [2023年5月試験(8)]

〈資料〉

保険証券記号番号（○○○）△△△		
保険契約者	明石　誠二　様	保険契約者印
被保険者	明石　誠二　様 契約年齢　58歳　男性	明石
受取人	（給付金） 被保険者　様	
	（死亡給付金） 明石　久美子　様（妻）	受取割合 10割

◇契約日（保険期間の始期）
　　2018年8月1日

◇主契約の保険期間
　　終身

◇主契約の保険料払込期間
　　終身

◆ご契約内容

主契約	がん入院給付金　1日目から	日額10,000円
	がん通院給付金	日額5,000円
	がん診断給付金　初めてがんと診断されたとき	200万円
	手術給付金　　　1回につき　手術の種類に応じてがん入院給付金 日額の10倍・20倍・40倍	
	死亡給付金　　　　　　　　がん入院給付金日額の100倍（がん以外の死亡の場合は、がん入院給付金日額の10倍）	

◆お支払いいただく合計保険料

毎回　　×,×××円

[保険料払込方法]
月払い

　　誠二さんは、2024年中に初めてがん（膵臓がん、悪性新生物）と診断され、がんの治療で42日間入院し、がんにより病院で死亡した。入院中には手術（給付倍率20倍）を1回受けている。2024年中に支払われる保険金および給付金は、合計（　ア　）である。

(1)　1,620,000円　　(2)　2,720,000円　　(3)　3,620,000円

解答1

正解　**3**

　「誠二さんは、2024年中に初めてがん（膵臓がん、悪性新生物）と診断され、がんの治療で42日間入院し、がんにより病院で死亡した。入院中には手術（給付倍率20倍）を1回受けている。2024年中に支払われる保険金および給付金は、合計（ア **3,620,000円**）である。」

〈解説〉

　誠二さんはがんと診断され、がんによる**入院42日間・給付倍率20倍の手術、がんにより病院で死亡**しているため、下記の給付金を受け取ることができます。

　　がん診断給付金（初めて診断）：200万円

　　入院給付金：入院1日目から1日につき10,000円

　　手術給付金：1回につき手術の種類に応じて入院給付金日額の20倍

　　がんによる死亡給付金：入院給付金日額の100倍

　それぞれの給付金の額は次のとおりです。

　　がん診断給付金＝**200万円**

　　入院給付金＝10,000円×42日間＝**42万円**

　　手術給付金＝10,000円×20倍＝**20万円**

　　がんによる死亡給付金＝10,000円×100倍＝**100万円**

　上記より、給付金の合計額は次のとおりとなります。

　　給付金合計＝42万円＋200万円＋20万円＋100万円＝**362万円**

 テキスト p.129,130

飯田雅彦さんが加入している定期保険特約付終身保険（下記〈資料〉参照）の保障内容に関する次の記述の空欄（ア）にあてはまる金額として、正しいものはどれか。なお、保険契約は有効に継続しており、特約は自動更新されているものとする。また、雅彦さんはこれまでに〈資料〉の保険から保険金および給付金を一度も受け取っていないものとする。

[2023年9月試験(9)㊴]

〈資料〉

定期保険特約付終身保険			保険証券記号番号○○△△××□□	
保険契約者	飯田　雅彦　様		保険契約者印	◇契約日（保険期間の始期） ２００６年１０月１日
被保険者	飯田　雅彦　様　契約年齢３０歳 １９７７年８月１０日生まれ　男性		（飯田）	◇主契約の保険期間 終身
受取人	（死亡保険金） 飯田　光子　様（妻）	受取割合 １０割		◇主契約の保険料払込期間 ６０歳払込満了

◆ご契約内容

終身保険金額（主契約保険金額）　　　　　　　５００万円
定期保険特約保険金額　　　　　　　　　　　３，０００万円
特定疾病保障定期保険特約保険金額　　　　　　４００万円
傷害特約保険金額　　　　　　　　　　　　　　３００万円
災害入院特約［本人・妻型］入院５日目から　日額５，０００円
疾病入院特約［本人・妻型］入院５日目から　日額５，０００円
※不慮の事故や疾病により所定の手術を受けた場合、手術の種類
　に応じて手術給付金（入院給付金日額の１０倍・２０倍・４０
　倍）を支払います。
※妻の場合は、本人の給付金の６割の日額となります。
リビング・ニーズ特約

◆お払い込みいただく合計保険料

毎回　　××，×××円

［保険料払込方法（回数）］
団体月払い

◇社員配当金支払方法
　利息をつけて積立て

◇特約の払込期間および保険期間
　１５年

飯田雅彦さんが、2024年中に交通事故により死亡（入院・手術なし）した場合に支払われる死亡保険金は、合計（　ア　）である。

(1)　3,500万円　　　(2)　3,900万円　　　(3)　4,200万円

解答2

正解 **3**

「飯田雅彦さんが、2024年中に交通事故により死亡（入院・手術なし）した場合に支払われる死亡保険金は、合計（ア **4,200万円**）である。」

〈解説〉

　入院も手術もすることなく交通事故により死亡しているため、下記の給付金を受け取ることができます。

　　終身保険金額（主契約保険金額）　　　500万円
　　定期保険特約保険金額　　　　　　　3,000万円
　　特定疾病保障定期保険特約保険金額　　400万円
　　※特定疾病保障定期保険特約保険は、特定疾病以外の原因で死亡した場合でも、特定疾病保険金と同額の死亡保険金を受け取ることができます（生前に特定疾病保険金を受け取っていない場合のみ）。
　　傷害特約保険金額　　　　　　　　　　300万円

　上記より、雅彦さんが受け取れる保険金の合計は、次のとおりとなります。

　　500万円＋3,000万円＋400万円＋300万円＝**4,200万円**

テキスト
p.107,131,132

　　大垣正臣さんが2024年中に支払った生命保険の保険料は下記〈資料〉のとおりである。この場合の正臣さんの2024年分の所得税の計算における生命保険料控除の金額として、正しいものはどれか。なお、下記〈資料〉の保険について、これまでに契約内容の変更はないものとする。また、2024年分の生命保険料控除額が最も多くなるように計算すること。

[2023年9月試験(9)改]

〈資料〉

[定期保険（無配当、新生命保険料）]
契約日：2019年5月1日
保険契約者：大垣　正臣
被保険者：大垣　正臣
死亡保険金受取人：大垣　悦子（妻）
2024年の年間支払保険料：65,040円

[医療保険（無配当、介護医療保険料）]
契約日：2012年8月10日
保険契約者：大垣　正臣
被保険者：大垣　正臣
死亡保険金受取人：大垣　悦子（妻）
2024年の年間支払保険料：50,400円

〈所得税の生命保険料控除額の速算表〉

[2012年1月1日以後に締結した保険契約（新契約）等に係る控除額]

年間の支払保険料の合計	控除額
20,000円 以下	支払保険料の全額
20,000円 超　　40,000円 以下	支払保険料×1/2＋10,000円
40,000円 超　　80,000円 以下	支払保険料×1/4＋20,000円
80,000円 超	40,000円

(注) 支払保険料とは、その年に支払った金額から、その年に受けた剰余金や割戻金を差し引いた残りの金額をいう。

(1)　36,260円　　　(2)　40,000円　　　(3)　68,860円

解答3

正解 **3**

2012年1月1日以降に大垣正臣さんが締結した契約の生命保険料控除については、次のとおりとなります。

①定期保険（無配当）：年間支払保険料65,040円←新生命保険料控除の対象

②医療保険（無配当）：年間支払保険料50,400円←介護医療保険料控除の対象

生命保険料控除額の速算表により、年間保険料に応じた控除額を求めます。

　①：65,040円×1／4＋20,000円＝36,260円

　②：50,400円×1／4＋20,000円＝32,600円

　①＋②＝36,260円＋32,600円

　　　＝**68,860円**

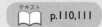

テキスト
p.110,111

会社員の村瀬徹さんが加入している生命保険は下表のとおりである。下表の保険契約A〜Cについて、保険金が支払われた場合の課税に関する次の記述のうち、最も適切なものはどれか。

［2023年5月試験(9)］

	保険種類	保険契約者	被保険者	死亡保険金受取人	満期保険金受取人
契約A	終身保険	徹さん	徹さん	妻	−
契約B	特定疾病保障保険	徹さん	妻	子	−
契約C	養老保険	徹さん	徹さん	妻	徹さん

(1) 契約Aについて、徹さんの妻が受け取る死亡保険金は贈与税の課税対象となる。

(2) 契約Bについて、徹さんの子が受け取る死亡保険金は相続税の課税対象となる。

(3) 契約Cについて、徹さんが受け取る満期保険金は所得税・住民税の課税対象となる。

損害保険の種類と事故の内容について記述した次の1〜3の事例のうち、契約している保険で補償の対象になるものはどれか。なお、いずれの保険も特約などは付帯していないものとする。

［2023年5月試験(10)］

	事故の内容	契約している保険種類
1	勤務しているレストランで仕事中にヤケドを負い、その治療のために通院した。	普通傷害保険
2	噴火により保険の対象となる建物に噴石が衝突して屋根に穴が開いた。	住宅総合保険
3	原動機付自転車（原付バイク）で買い物に行く途中に他人の家の塀に接触して塀を壊してしまい、法律上の損害賠償責任を負った。	個人賠償責任保険

解答4

正解 **3**

生命保険の保険金と税金の関係については、次のとおりとなります。

	選択肢	契約	契約者	被保険者	受取人	対象となる税金
(1)	**不適切**	契約A	夫	夫	妻（死亡保険金）	相続税
(2)	**不適切**	契約B	夫	妻	子（死亡保険金）	贈与税
(3)	**適切**	契約C	夫	夫	夫（満期保険金）	所得税（一時所得） 住民税

 p.112,113

解答5

正解 **1**

(1) **対象**。普通傷害保険は、**国内外を問わず**、「急激・偶然・外来」の事故について補償の対象となります。勤務中のケガであっても、補償の対象となります。

(2) **対象外**。地震・噴火・津波は補償の対象外です。なお、地震保険においては、保障の対象となります。

(3) **対象外**。原動機付自転車（原付バイク）運転中の賠償事故は補償の対象外です。なお、自動車保険の対物賠償では補償の対象となります。

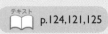 p.124,121,125

浅田道弘さんが契約している任意加入の自動車保険の主な内容は、下記〈資料〉のとおりである。〈資料〉に基づく次の記述のうち、この契約で補償の対象とならないものはどれか。なお、いずれも保険期間中に発生したものであり、被保険自動車の運転者は道弘さんである。また、記載のない事項については一切考慮しないものとする。

[2022年9月試験(10)]

〈資料〉

自動車保険証券		
保険契約者		
氏名　浅田　道弘　様	記名被保険者 （表示のない場合は契約者に同じ）	
保険期間　　　　　　　　1年間	合計保険料　△△,△△△円	
補償種目	保険金額	
車両保険（一般条件）	８０万円	
対人賠償	１名	無制限
対物賠償	１事故	無制限
人身傷害（搭乗中のみ担保）	１名	５,０００万円

(1) 被保険自動車を運転中に、誤ってブロック塀に接触し、被保険自動車が破損した場合の修理費用
(2) 被保険自動車に追突した相手車が逃走し、相手から補償が受けられない場合の道弘さんの治療費用
(3) 被保険自動車を駐車場に駐車する際に、誘導中の妻に誤って車が接触しケガをさせた場合の治療費用

解答6

正解 **3**

(1) **対象**。車両保険（一般条件）については、自損事故で被保険者自動車が破損した場合も修理費用は 80 万円を限度に支払われます。

(2) **対象**。人身傷害補償保険の保険金額については、相手が不明である場合や相手の行方がわからない場合でも、道弘さんの治療費用など補償を受けることができます。

(3) **対象外**。対人賠償において、妻は補償の対象ではありません。

> 対人賠償において、補償の対象外になる被害者は次のとおりです。
> ・記名被保険者
> ・被保険自動車を運転中の者またはその父母、配偶者もしくは子
> ・被保険者の父母、配偶者または子
> ・被保険者の業務に従事中の使用人
> ・被保険者の使用者の業務に従事中の他の使用人

テキスト
p.123

3章

金融資産運用

「株式」「債券」に関する問題が頻出です！
特に、株式の PER や PBR などの計算問題の出題も多めな
ので、対策は必須です！
そのほか、GDP や景気動向指数といった、経済・景気の
指標に関する論点も重要です。

1 経済・景気に関する指標

■ GDP（国内総生産）

問題1 わが国の経済指標において、一定期間内に国内で生産された
財やサービスの付加価値の合計額を（ ① ）といい、その統

三択 計は（ ② ）が作成し、公表している。

□□□

(1) ①マネーストック ②日本銀行
(2) ①国内総生産（GDP） ②日本銀行
(3) ①国内総生産（GDP） ②内閣府 [2022年5月試験(41)]

問題2 一定期間内に国内で生産された財やサービスの付加価値の合
計額から物価変動の影響を取り除いた指標を、（ ）という。

三択

□□□

(1) 実質GDP (2) 名目GDP (3) GDPデフレーター

[2023年9月試験(41)]

■ 景気動向指数

問題3 景気動向指数は、生産、雇用などさまざまな経済活動での重
要かつ景気に敏感に反応する指標の動きを統合することによっ

○× て、景気の現状把握および将来予測に資するために作成された

□□□ 指標である。 [2015年5月試験(11)]

問題4 景気動向指数において、有効求人倍率（除学卒）は、（ ）
に採用されている。

三択

□□□

(1) 先行系列 (2) 一致系列 (3) 遅行系列

[2022年9月試験(41)]

解答1
正解 **3**

　国内総生産（GDP）は、一定期間内に**国内**で生産された**財やサービス**の付加価値の合計額のことをいいます。その統計は**内閣府**が作成して公表します。

フムフム…

> なお、GDPは4カ月ごとに公表されます。

テキスト p.134

解答2
正解 **1**

GDP には、「**名目 GDP**」と「**実質 GDP**」の2種類があります。
・**名目 GDP**：GDP をその時の市場価値で評価したもので、**物価の変動を反映した数値**
・**実質 GDP**：名目 GDP から**物価の変動による影響を差し引いた**もの

テキスト p.134

解答3
正解 **○**

　景気動向指数とは、景気に敏感な生産や雇用に関する指標などを統合したものをいいます。

テキスト p.134

解答4
正解 **2**

代表的な景気動向指数の採用系列は、次のとおりとなります。

先行系列	新規求人数（除学卒）、消費者態度指数、東証株価指数など
一致系列	有効求人倍率（除学卒）など
遅行系列	家計消費支出、完全失業率、消費者物価指数など

テキスト p.134

問題5 景気動向指数において、コンポジット・インデックス（CI）は、
⊙× 主として景気変動の大きさやテンポ（量感）の測定を目的とし
た指標である。
□□□ [2022年1月試験(11)]

問題6 一般に、景気動向指数のコンポジット・インデックス（CI）
⊙× の一致指数が上昇しているときは、景気の拡張局面といえる。
□□□ [2020年1月試験(11)]

■日銀短観（全国企業短期経済観測調査）

問題7 全国企業短期経済観測調査（日銀短観）は、企業間で取引さ
⊙× れる財に関する価格の変動を測定した統計である。
□□□ [2023年5月試験(11)]

■消費者物価指数

問題8 消費者物価指数は、全国の世帯が購入する家計に係る（ ① ）
三択 の価格等を総合した物価の変動を時系列的に測定するものであ
□□□ り、（ ② ）が毎月公表している。

(1) ① 財　　　　　　　　② 日本銀行
(2) ① 財およびサービス　② 総務省
(3) ① 財およびサービス　② 日本銀行　　[2022年1月試験(41)]

■企業物価指数

問題9 原油価格などの商品市況や為替相場の影響は、企業物価指数
⊙× に先行して、消費者物価指数に現れる傾向がある。
□□□ [2016年5月試験(11)]

解答5

正解 ◯

景気動向指数には、**コンポジット・インデックス（CI）**と**ディフュージョン・インデックス（DI）**があります。

・CI：構成する指標の動きを合成することで景気変動の**大きさやテンポ**（量感）を測定

・DI：構成する指標のうち、改善している指標の割合を算出することで景気の各経済部門への**波及の度合い**（波及度）を測定

 テキスト p.135

解答6

正解 ◯

コンポジット・インデックス（CI）の一致指数が**上昇**しているときは**景気の拡張局面**といえます。なお、低下しているときは後退局面といえます。

 テキスト p.135

解答7

正解 ✕

設問は企業物価指数の説明になっています。全国企業短期経済観測調査（**日銀短観**）とは、「**企業が自社の業況や経済環境の現状・先行きについてどう見ているか**」について、全国の約 1 万社の企業を対象に日本銀行が四半期ごとに実施している調査のことです。

 テキスト p.135

解答8

正解 **2**

消費者物価指数は、全国の世帯が購入する家計に係る**財およびサービス**の価格等を総合した物価の変動を時系列的に測定するものであり、**総務省**が毎月公表しています。

 フムフム…

企業間で売買される商品の価格変動を表す指標として企業物価指数がありますが、こちらは日本銀行が毎月公表しています。

 テキスト p.135

解答9

正解 ✕

商品市況や為替相場の影響は、一般的には**企業**のほうが先行して受けます。したがって、商品市況や為替相場の影響は、消費者物価指数に先行して企業物価指数に現れる傾向があります。

 テキスト p.135,136

■ マネーストック統計

問題10

○×

□□□

マネーストック統計は、一般法人、個人、地方公共団体などの通貨保有主体が保有する通貨量の残高を集計したものである。

[2021 年 9 月試験(11)]

---

2 マーケットの変動要因

■ 物価と金利

問題1

○×

□□□

物価が継続的に上昇するインフレーションの経済環境においては、一般に、金利が上昇しやすい。

[2015 年 1 月試験(11)]

■ 為替と金利

問題2

○×

□□□

米国の市場金利が上昇し、日本と米国の金利差が拡大することは、一般に、米ドルと円の為替相場において米ドル安、円高の要因となる。

[2023 年 1 月試験(11)]

---

3 日本銀行の金融政策

■ 金融政策

問題1

三択

□□□

日本銀行の金融政策の1つである（ ① ）により、日本銀行が長期国債（利付国債）を買い入れた場合、市中に出回る資金量が（ ② ）する。

(1) ① 預金準備率操作　　② 増加

(2) ① 公開市場操作　　　② 増加

(3) ① 公開市場操作　　　② 減少

[2023 年 1 月試験(41)]

解答10

正解 ◯

マネーストック統計は、一般法人、個人、地方公共団体などの民間部門（通貨保有主体）が保有する通貨量の残高を集計したもので、**日本銀行が毎月公表**しています。なお、**国（中央政府）や金融機関が保有する貯金等はこれに含まれません。**

📖 テキスト p.136

解答1

正解 ◯

物価が上昇すると、商品を購入するためにより多くのお金が必要になり、**お金の需要が高まります**。お金の需要が高まると、高い金利でもお金を借りたいという人が増えるため、**金利が上昇**します。

📖 テキスト p.137

解答2

正解 ✕

米国の市場金利が上昇し日本と米国の金利差が拡大すると、一般に、円を米ドルに換える動きが強まって**米ドルの需要が高まる**ため、**米ドル高・円安**が進行します。

📖 テキスト p.138

解答1

正解 2

日本銀行の金融政策の1つである**公開市場操作**により、日本銀行が金融機関の保有する有価証券の買入れを行えば、市中に出回る**資金量が**増加し、金利は**低下**します。この操作を**買いオペレーション**といいます。
・買いオペレーション⇒通貨量増加・金利低下
・売りオペレーション⇒通貨量減少・金利上昇

📖 テキスト p.139

問題2　日本銀行が売りオペレーションを行うと、市場の資金量が
（　①　）することから、市場金利は（　②　）する。

(1)　①減少　　②上昇
(2)　①増加　　②低下
(3)　①減少　　②低下

[2018 年 5 月試験(41)]

4 貯蓄型金融商品

■ 貯蓄型金融商品の基本知識

問題1　元金 2,500,000 円を、年利 4 ％（1 年複利）で 3 年間運用した
場合の元利合計額は、税金や手数料等を考慮しない場合、
2,812,160 円である。

[2024 年 1 月試験(13)]

問題2　3 カ月満期、利率（年率）2 ％の定期預金に 10,000,000 円を
預け入れた場合、3 カ月を 0.25 年として計算すると、満期時の
元利合計額は（　　　）となる。なお、税金や手数料等を考慮
しないものとする。

(1)　10,050,000 円　　(2)　10,100,000 円　　(3)　10,200,000 円

[2016 年 1 月試験(42)]

■ ゆうちょ銀行の預入限度額

問題3　ゆうちょ銀行においては、従来、通常貯金と定期性貯金を合
わせて 1,300 万円が預入限度額となっていたが、2019 年 4 月 1
日から、それぞれ 2,000 万円に変更された。

[2019 年 9 月試験(12)]

解答2

正解 **1**

売りオペレーションは、日銀が国債等を売却し、金融市場から**資金**を**吸収する**政策のことです。それにより市場の**資金量**は減少するため、資金の需要が高まり、**金利**は上昇します。

このような、経済活動を抑制する金融政策を「金融引締政策」といいます。反対に、経済活動を活性化する金融政策を「金融緩和政策」といいます。

テキスト p.139

解答1

正解 ◯

複利の場合の元利合計額は次の計算式で算出されます。
  n 年後の元利合計額＝元本×（1＋利率）^{n}
したがって元利合計額は次のとおりとなります。
  元利合計額＝2,500,000円×$(1+0.04)^3$＝**2,812,160円**

テキスト p.143

解答2

正解 **1**

本問は3カ月で満期を迎えるため、利率に0.25を乗じて元利合計額を算出します。
  元利合計額＝10,000,000円×（1＋0.02×0.25）＝**10,050,000円**

フムフム…

利息を先に計算して元本を後から加える方法もあります。
    利息＝10,000,000×0.02×0.25＝50,000円
  元利合計額＝10,000,000＋50,000
        ＝10,050,000円

テキスト p.143

解答3

正解 ✕

現在、ゆうちょ銀行の預入限度は、通常貯金が**1,300万円**、定期性貯金が**1,300万円**の合計**2,600万円**となっています。

テキスト p.144

5　債券

■ 債券の利回り計算

問題1
三択
□ □ □

表面利率（クーポンレート）4％、残存期間5年の固定利付債券を額面100円当たり104円で購入した場合の最終利回り（年率・単利）は、（　　　　）である。なお、税金等は考慮しないものとし、計算結果は表示単位の小数点以下第3位を四捨五入している。

(1)　3.08％　　　(2)　3.20％　　　(3)　3.33％　　　　[2024年1月試験(43)]

問題2
三択
□ □ □

表面利率（クーポンレート）2％、残存期間5年の固定利付債券を、額面100円当たり104円で購入し、2年後に額面100円当たり102円で売却した場合の所有期間利回り（年率・単利）は、（　　　　）である。なお、税金や手数料等は考慮しないものとし、答は表示単位の小数点以下第3位を四捨五入している。

(1)　0.96％　　　(2)　1.54％　　　(3)　2.88％　　　　[2023年5月試験(43)]

■ 債券投資のリスク

問題3
三択
□ □ □

固定利付債券は、一般に、市場金利が上昇すると債券価格が（　①　）し、債券の利回りは（　②　）する。

(1)　① 上昇　　② 上昇
(2)　① 上昇　　② 低下
(3)　① 下落　　② 上昇

[2022年5月試験(43)]

解答1
正解 **1**

最終利回りとは、既発債を償還まで保有した場合の利回りのことです。
最終利回り（%）

$$= \frac{表面利率 + \dfrac{額面100円 - 買付価格}{残存期間（年）}}{買付価格} \times 100$$

$$= \frac{4円 + \dfrac{100円 - 104円}{5年}}{104円} \times 100 = 3.076\cdots ≒ \mathbf{\underline{3.08\%}}$$

テキスト
p.148

解答2
正解 **1**

所有期間利回りとは、債券を償還期限（満期日）まで保有せず途中で売却した場合の利回りのことです。
所有期間利回り（%）

$$= \frac{表面利率 + \dfrac{売却価格 - 買付価格}{所有期間（年）}}{買付価格} \times 100$$

$$= \frac{2円 + \dfrac{102円 - 104円}{2年}}{104円} \times 100 = 0.961\cdots ≒ \mathbf{\underline{0.96\%}}$$

テキスト
p.148

解答3
正解 **3**

市場金利が上昇すると、債券価格は下落し、利回りは上昇します。

これは、金利が上昇すると、債権の投資対象としての魅力が相対的に低下するためです。

テキスト
p.150

問題4

⟨○×⟩

☐ ☐ ☐

一般に、残存期間や表面利率（クーポンレート）が同一であれば、格付の高い債券ほど利回りが低く、格付の低い債券ほど利回りが高くなる。

[2023年5月試験(13)]

問題5

⟨○×⟩

☐ ☐ ☐

ある債券の信用リスク（デフォルトリスク）が高まった場合、一般に、その債券の価格は下落し、利回りは上昇する。

[2019年1月試験(14)]

問題6

⟨三択⟩

☐ ☐ ☐

債券の信用格付とは、債券やその発行体の信用評価を記号等で示したものであり、一般に、（　　　　）格相当以上の格付が付された債券を、投資適格債という。

(1)　A（シングルA）

(2)　BBB（トリプルB）

(3)　BB（ダブルB）

[2021年5月試験(43)]

▉ 個人向け国債

問題7

⟨○×⟩

☐ ☐ ☐

個人向け国債には、固定10年、変動5年、変動3年の3種類がある。

[予想問題]

問題8

⟨三択⟩

☐ ☐ ☐

個人向け国債は、適用利率の下限が年（　①　）とされ、購入単価は最低（　②　）から（　②　）単位である。

(1)　①0.03%　　②1万円

(2)　①0.05%　　②1万円

(3)　①0.05%　　②5万円

[2021年1月試験(43)]

解答4
正解 ◯

一般に、格付の高い債券ほど人気が高く、債券価格が高くなるため、利回りは低くなります。逆に、格付の低い債券は信用が低く、債券価格が低くなるため、利回りは高くなります。

 テキスト p.150

解答5
正解 ◯

一般に、信用リスク（デフォルトリスク）が上昇すると、**債券価格は下落**し、**利回りは上昇**します。反対に、信用リスクが低下すると、債券価格は上昇し、利回りは低下します。

 テキスト p.150

解答6
正解 **2**

債券の信用格付において、BBB（トリプルビー）格相当以上の格付が付された債券は、一般に、**投資適格債**とされます。

 なお、BB（ダブルビー）格相当以下の格付けが付された債権は投機的債券（投資不適格債）とされます。

 テキスト p.150

解答7
正解 ✕

個人向け国債には、**変動10年**、**固定5年**、**固定3年**の3種類があります。

テキスト p.151

解答8
正解 **2**

個人向け国債は、適用利率の下限が年0.05％とされ、購入単価は最低1万円から1万円単位です。

 テキスト p.151

6 株式

■ 株式の取引

問題1
(○×)
□□□
証券取引所における株式の売買において、成行注文は指値注文に優先して売買が成立する。 [予想問題]

問題2
(三択)
□□□
指値注文によって株式を買う際には、希望する価格の（ ① ）を指定する。同一銘柄について、市場に価格の異なる複数の買い指値注文がある場合には、価格の（ ② ）注文から優先して成立する。

(1) ① 上限 ② 低い
(2) ① 下限 ② 低い
(3) ① 上限 ② 高い [2017年1月試験(44)]

問題3
(○×)
□□□
国内の証券取引所に上場している内国株式を普通取引により売買する場合、約定日の翌営業日に決済が行われる。 [2022年5月試験(12)]

■ 株式の相場指標

問題4
(○×)
□□□
日経平均株価は、東京証券取引所プライム市場に上場する代表的な225銘柄を対象として算出される株価指標である。 [2023年1月試験(14)]

問題5
(○×)
□□□
東証株価指数（TOPIX）は、主として東京証券取引所グロース市場に上場している内国普通株式を対象とする株価指数である。 [2020年9月試験(16)(改)]

解答1

正解 ○

株式の売買においては、指値注文よりも**成行注文**が**優先**されます。

 テキスト p.154,155

解答2

正解 **3**

指値注文は価格を指定して注文する方法です。このとき、複数の買い指値注文がある場合は、価格の高い注文が優先されます。つまり、買う際には、希望する上限を指定します。

指値注文は、指定した価格よりも不利な価格で売買されることはありませんが、成行注文に比べて売買が成立する可能性は低くなります。

 テキスト p.154,155

解答3

正解 ✕

上場株式の売買において、普通取引は約定日（売買成立）から起算して３**営業日目**に決済（受渡し）が行われます。
例）月曜日（購入）→水曜日（口座引き落とし）
　　金曜日（売却）→火曜日※（口座に入金）
　　※土日祝日は取引が行われないため、営業日に含めません。

 テキスト p.155

解答4

正解 ○

東京証券取引所プライム市場に上場している代表的な**225銘柄**を対象として算出される株価指数を、**日経平均株価**といいます。なお、日経平均株価は株価の高い銘柄（値がさ株）の値動きに影響されやすいという特徴があります。

テキスト p.156

解答5

正解 ✕

東証株価指数（TOPIX）は、主として**東京証券取引所プライム市場**に上場している、**一定以上の時価総額**がある内国普通株式を対象とする株価指標です（原則全銘柄対象）。

 テキスト p.156

■ 株式の投資指標

問題6
三択
□□□

　会社が自己資本をいかに効率よく活用して利益を上げているかを判断する指標として用いられる（　　　）は、当期純利益を自己資本で除して求められる。

　(1)　PBR　　(2)　ROE　　(3)　PER

[2020年9月試験(43)]

問題7
○×
□□□

　配当性向とは、株価に対する1株当たり年間配当金の割合を示す指標である。

[2023年5月試験(14)]

問題8
三択
□□□

　株式の投資指標のうち、（　　　）は、株価を1株当たり当期純利益で除して算出される。

　(1)　PBR　　(2)　PER　　(3)　BPS

[2024年1月試験(44)(改)]

問題9
三択
□□□

　上場企業X社の下記の〈資料〉に基づいて計算したX社株式の株価収益率（PER）は（　①　）、株価純資産倍率（PBR）は（　②　）である。

〈資料〉

株価	1,200円
1株当たり純利益	80円
1株当たり純資産	800円

　(1)　① 1.5 倍　　② 15 倍
　(2)　① 10 倍　　② 1.5 倍
　(3)　① 15 倍　　② 1.5 倍

[2021年1月試験(45)]

解答6
正解 **2**

会社が自己資本をいかに効率よく活用して利益を上げているかを判断する指標は、ROE（**自己資本利益率**）です。ROEが高いほど、収益性が高く、投資価値の高い銘柄といえます。

テキスト p.158

解答7
正解 **✕**

設問は、配当利回りの説明になっています。配当性向とは、**当期純利益に占める年間配当金の割合**を示す指標です。（1株当たり）配当金を（1株当たり）当期純利益で除して算出します。

テキスト p.158

解答8
正解 **2**

株式の投資指標のうち、PER（**株価収益率**）は**株価を1株当たり当期純利益**で除して算出されます。

テキスト p.158

解答9
正解 **3**

PER（株価収益率）、PBR（株価純資産倍率）は、次のように算出されます。

$$PER（株価収益率）＝\frac{株価}{1株当たり当期純利益}$$

$$PBR（株価純資産倍率）＝\frac{株価}{1株当たり純資産}$$

したがって、

$$X社株式のPER＝\frac{1,200円}{80円}＝\textbf{15倍}$$

$$X社株式のPBR＝\frac{1,200円}{800円}＝\textbf{1.5倍}$$

なお、PER、PBRのいずれも、数値が**低い**ほうが割安な株であると評価されます。

テキスト p.158

X社の株価が1,200円、1株当たり純利益が36円、1株当たり年間配当金が24円である場合、X社株式の配当利回りは、2％である。

[2019年5月試験(14)]

7 投資信託

投資信託の費用

問題1
三択

投資信託に係る運用管理費用（信託報酬）は、信託財産から差し引かれる費用であり、（　　　）が間接的に負担する。

(1) 販売会社　　(2) 受益者（投資家）　　(3) 投資信託委託会社

[2018年9月試験(41)]

問題2

投資信託は、購入時に購入時手数料に加えて、1カ月分の運用管理費用（信託報酬）を支払わなければならない。　　[予想問題]

問題3

投資信託の換金時にかかる費用のうち、投資家から徴収する信託財産留保額は、すべての投資信託において設けられている。

[2016年5月試験(12)]

投資信託の分類

問題4

公社債投資信託は、投資対象に株式をいっさい組み入れることができない。

[2021年5月試験(11)]

株式投資信託の運用方法

問題5

投資信託のパッシブ運用は、日経平均株価や東証株価指数（TOPIX）などのベンチマークに連動した運用成果を目指す運用手法である。

[2023年5月試験(12)]

解答10

正解 ◯

配当利回りは、投資額（株価）に対する配当金の割合を見るための指標です。

配当利回り（%）＝1株当たりの年間配当金÷株価×100
＝24円÷1,200円×100
＝**2%**

 テキスト p.159

解答1

正解 **2**

運用管理費用（信託報酬）は、**受益者（投資家）が負担する**費用です。

 なお、受益者が負担する費用には、ほかに購入時手数料や信託財産留保額があります。

 テキスト p.163

解答2

正解 ✕

運用管理費（信託報酬）は、投資信託の運用・管理のために信託財産から**日々差し引かれます**。購入時に支払う費用ではありません。

 テキスト p.163

解答3

正解 ✕

信託財産留保額は、投資信託を**解約する際にかかる費用**ですが、商品によっては**かからないものもあります**。

 テキスト p.163

解答4

正解 ◯

公社債投資信託には、株式を組み入れることは**いっさいできません**。なお、投資信託約款に株式を組み入れることができる旨の記載がある**株式投資信託**は、株式を**いっさい組み入れていなくても**株式投資信託に分類されます。

 テキスト p.165

解答5

正解 ◯

投資信託の**パッシブ運用**は、日経平均株価や東証株価指数（TOPIX）などのベンチマークに連動した運用成果を目指す運用手法です。

 テキスト p.165

問題6

○×

□ □ □

インデックスファンドは、日経平均株価や東証株価指数（TOPIX）などの特定の指標に連動することを目指して運用されるファンドである。

問題7

三択

□ □ □

株式投資信託の運用において、日経平均株価や東証株価指数（TOPIX）などの特定の指標をベンチマークとし、これを上回る運用成果を目指す手法を（　　　）という。

(1) パッシブ運用

(2) アクティブ運用

(3) インデックス運用

[2022年5月試験(42)]

問題8

三択

□ □ □

投資信託の運用において、株価が企業の財務状況や利益水準などからみて、割安と評価される銘柄に投資する運用手法を、（　　　）という。

(1) グロース運用　　(2) バリュー運用　　(3) パッシブ運用

[2023年9月試験(42)]

問題9

三択

□ □ □

投資信託の運用において、企業の成長性が市場平均よりも高いと見込まれる銘柄に投資する手法を、（　　　）という。

(1) パッシブ運用　　(2) バリュー運用　　(3) グロース運用

[2023年1月試験(42)]

問題10

○×

□ □ □

株式投資信託の運用において、個別銘柄の投資指標の分析や企業業績などのリサーチによって投資対象とする銘柄を選定し、その積上げによりポートフォリオを構築する手法を、トップダウン・アプローチという。

[2024年1月試験(12)]

解答6
正解 ◯

インデックスファンドとは、株価指数などの指標に**連動した運用**を目指す投資信託のことです。

テキスト p.165

解答7
正解 **2**

株式投資信託の運用において、日経平均株価や東証株価指数（TOPIX）などの特定の指標をベンチマークとし、これを**上回る**運用成果を目指す手法をアクティブ**運用**といいます。

テキスト p.165

解答8
正解 **2**

バリュー**運用**は、企業の**財務状況・利益水準**などの基準に対して**株価が割安**と評価される銘柄に投資する運用手法のことをいいます。

フムフム…　バリュー運用の例として、PERやPBRが低い株式を投資対象にする場合などがあります。

テキスト p.165

解答9
正解 **3**

グロース**運用**は、企業の将来の売上高や利益の伸び率が市場平均よりも高いなど、**成長性があると思われる銘柄**に投資する運用手法です。市場平均に比べて PER が高く、配当利回りが低いポートフォリオになることが多いのが特徴です。

テキスト p.165

解答10
正解 ✕

設問はボトムアップ・アプローチの説明になっています。トップダウン・アプローチとは、マクロの視点から業種・国などを決めてから個別銘柄を選定する手法を指します。

テキスト p.165

ベンチマークとなる指数の上昇局面において、先物やオプションを利用し、上昇幅の2倍、3倍等の投資成果を目指すファンドは、ベア型ファンドに分類される。 [2023年1月試験⑫]

主な上場投資信託

問題12 証券取引所を通じて行う上場投資信託（ETF）の取引では、成行注文や指値注文はできるが、信用取引を行うことはできない。 [予想問題]

問題13 上場不動産投資信託（J-REIT）は、上場株式と同様に証券取引所を通じて取引されるが、成行や指値による注文はできない。 [予想問題]

8 外貨建て商品

換金時の為替レート

問題1 外貨建て金融商品の取引にかかる為替手数料は、外国通貨の種類ごとに決められ、取扱金融機関による差異はない。 [2017年1月試験⑬]

問題2 外貨預金の払戻し時において、預入金融機関が提示する対顧客電信売相場（TTS）は、預金者が外貨を円貨に換える際に適用される為替レートである。 [2023年1月試験⑮]

問題3 米ドル建て外貨預金10,000ドルを円貨に交換する場合、為替レートがTTS＝121円、TTM＝120円、TTB＝119円のとき、その円貨の額は（　　　）である。 [2016年5月試験㊹]

(1) 1,210,000円　　(2) 1,200,000円　　(3) 1,190,000円

解答 11
正解 ✗

ベンチマークとなる指数の**上昇局面**において、上昇幅の数倍の収益の獲得を目指すファンドを**ブル型ファンド**といいます。反対に、指数の**下落局面**で収益の獲得を目指すファンドを**ベア型ファンド**といいます。

テキスト
p.165

解答 12
正解 ✗

ETF の取引では、上場株式と同様に**成行注文**や**指値注文**だけでなく、**信用取引も可能**です。

テキスト
p.166

解答 13
正解 ✗

J-REIT の取引では、上場株式と同様に**成行注文**や**指値注文**が**可能**です。なお、信用取引を行うこともできます。

テキスト
p.166

解答 1
正解 ✗

外貨建て金融商品の取引にかかる**為替手数料**は、**取扱金融機関によって異**なります。

テキスト
p.168

解答 2
正解 ✗

銀行等の金融機関において、預金者が外貨を円貨に換える際に適用される為替レートは TTB、預金者が円貨を外貨に換える際に適用される為替レートは TTS です。

テキスト
p.168

解答 3
正解 **3**

外貨を**円貨**に**交換**する場合に使用する為替レートは TTB です。したがって、円貨額は次のとおりとなります。
　　10,000 ドル× 119 円= **1,190,000 円**

テキスト
p.168

■ 外貨預金

問題4 為替予約を締結していない外貨定期預金において、満期時の
為替レートが預入時の為替レートに比べて円高になれば、当該
外貨定期預金の円換算の利回りは高くなる。 ［2024年1月試験(14)］

9 金融商品と税金

■ 投資信託（追加型）の収益分配金

問題1 追加型の国内公募株式投資信託において、収益分配金支払後
の基準価額が受益者の個別元本を下回る場合、当該受益者に対
する収益分配金は、その全額が普通分配金となる。

［2022年5月試験(11)］

問題2 追加型の国内公募株式投資信託の受益者が受け取る収益分配
金のうち、元本払戻金（特別分配金）は非課税である。

［2020年9月試験(13)］

解答4
正解 ×

為替予約を締結していない外貨定期預金は、預金時に満期時の為替レート
が確定していません。したがって、満期時の為替レートによって利回りが変
動します。
・預入時より**円安**になる：満期時の円換算の利回りは高くなります。
・預入時より**円高**になる：満期時の円換算の利回りは低くなります。

 テキスト p.169

解答1
正解 ×

追加型の国内（公募）株式投資信託の基準価格が元本を下回る場合、収益
分配金のうち、分配前の個別元本の基準価格と分配落ち後の個別元本の基準
価格との差が「**元本払戻金（非課税）**」となり、この差を収益分配金から控
除した額が「**普通分配金（課税対象）**」となります。

【収益分配金支払後の基準価格＜個別元本】

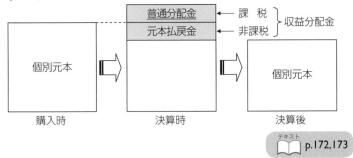

 テキスト p.172,173

解答2
正解 ○

国内公募株式投資信託の収益分配金のうち、**元本払戻金**は非課税です。

テキスト p.172

問題3
三択
□ □ □

追加型株式投資信託を基準価額 1 万 200 円（1 万口当たり）で 1 万口購入した後、最初の決算時に 1 万口当たり 700 円の収益分配金が支払われ、分配落ち後の基準価額が 1 万円（1 万口当たり）となった場合、その収益分配金のうち、普通分配金は（　①　）であり、元本払戻金（特別分配金）は（　②　）である。

(1)　① 200 円　　② 500 円
(2)　① 500 円　　② 200 円
(3)　① 700 円　　② 200 円　　　　　　　　　　　　[2024 年 1 月試験(42)]

■ NISA（少数投資非課税制度）

問題4
○×
□ □ □

2024 年から始まった新しい NISA の成長投資枠における、年間非課税投資枠は 240 万円である。　　　　　　[予想問題]

問題5
三択
□ □ □

2024 年から始まった新しい NISA のつみたて投資枠を利用して公募株式投資信託等を購入することができる限度額（年間投資枠）は、年間（　　　　）である。

(1)　40 万円　　(2)　80 万円　　(3)　120 万円　　　[予想問題]

問題6
三択
□ □ □

2024 年から始まった新しい NISA の「成長投資枠」と「つみたて投資枠」を利用して株式投資信託等を保有することができる投資上限額（非課税保有限度額）は（　①　）であり、このうち「成長投資枠」での保有は（　②　）が上限となる。

(1)　① 1,500 万円　　② 1,000 万円
(2)　① 1,800 万円　　② 1,200 万円
(3)　① 2,000 万円　　② 1,500 万円　　　　　　　　[予想問題]

解答3
正解 **2**

追加型株式投資信託を購入し、収益分配金が支払われた際の元本払戻金・普通分配金は次のように求められます。
元本払戻金＝購入時の基準価額−分配落ち後の基準価額
普通分配金＝収益分配金−元本払戻金
設問から、本問では追加型株式投資信託を基準価格 10,200 円で購入し、決算時に 700 円の収益分配金が支払われ、決算後の基準価額が 10,000 円となっています。したがって、元本払戻金および普通分配金は次のとおりとなります。

元本払戻金＝ 10,200 円−10,000 円
＝ **200 円**
普通分配金＝ 700 円−200 円
＝ **500 円**

 テキスト p.172,173

解答4
正解 **○**

2024 年 1 月から始まった新しい NISA（新 NISA）の**成長投資枠**における年間非課税投資枠は **240 万円**です。

 テキスト p.174

解答5
正解 **3**

新 NISA における、つみたて投資枠の年間投資枠は **120 万円**です。

 テキスト p.174

解答6
正解 **2**

新 NISA における「成長投資枠」と「つみたて投資枠」の投資上限額は **1,800 万円**で、このうち「成長投資枠」で保有できる上限額は **1,200 万円**です。

 テキスト p.174

問題7	2024年から始まった新しいNISAの「つみたて投資枠」において、上場株式は投資対象商品とされていない。 [予想問題]
○×	
□□□	

問題8	2024年から始まった新しいNISAでは、公募株式投資信託のほかに、公募公社債投資信託も投資対象となる。 [予想問題]
○×	
□□□	

問題9	特定口座を開設している金融機関に、NISA口座（少額投資非課税制度における非課税口座）を開設した場合、特定口座内の株式投資信託をNISA口座に移管することができる。 [2022年1月試験(15)]
○×	
□□□	

問題10	所得税において、NISA口座（少額投資非課税制度における非課税口座）内で生じた上場株式投資信託の譲渡損失の金額は、特定口座内の上場株式の譲渡益の金額と損益を通算することができる。 [2021年1月試験(17)]
○×	
□□□	

10 金融派生商品（デリバティブ）

■ オプション取引

問題1	オプション取引において、特定の商品を将来の一定期日に、あらかじめ決められた価格（権利行使価格）で売る権利のことを、コール・オプションという。 [2023年5月試験(15)]
○×	
□□□	

解答7

正解 ○

　新NISAのつみたて投資枠において対象となる金融商品は、長期の積立て・分散投資に適した一定の**投資信託**であり、上場株式は投資対象とされていません。

テキスト p.174

解答8

正解 ✕

　新NISAにおいて、公募公社債投資信託は投資対象商品ではありません（「成長投資枠」「つみたて投資枠」のいずれの対象にもなりません）。したがって、NISA口座内に公募公社債投資信託を受け入れることはできません。

テキスト p.174

解答9

正解 ✕

　一般口座や特定口座において保有している金融商品をNISA口座（少額投資非課税口座）に**移管することは制度上できません**。

テキスト p.174

解答10

正解 ✕

　所得税において、NISA口座内で生じた上場株式投資信託の譲渡損失は、NISA口座以外（特定口座など）で生じた上場株式等の譲渡益や配当等と**損益通算**することや繰越控除することは**できません**。

テキスト p.174

解答1

正解 ✕

　設問は、プット・オプションの説明になっています。コール・オプションとは、オプション取引において、特定の商品を将来の一定期日に、あらかじめ決められた価格（権利行使価格）で**買う**権利のことです。

テキスト p.177

問題2

三択

□ □ □

オプション取引において、特定の商品を将来の一定期日にあらかじめ決められた価格で買う権利のことを（　①　）・オプションといい、他の条件が同じであれば、一般に、満期までの残存期間が長いほど、プレミアム（オプション料）は（　②　）なる。

(1) ① コール　　② 高く
(2) ① コール　　② 低く
(3) ① プット　　② 低く

[2021 年 9 月試験(44)]

11 ポートフォリオ

■ ポートフォリオの分散効果と相関係数

問題1

三択

□ □ □

異なる2資産からなるポートフォリオにおいて、2資産間の相関係数が（　　　）である場合、分散投資によるリスクの低減効果は最大となる。

(1) ＋1　　(2) 0　　(3) －1

[2024 年 1 月試験(45)]

■ 期待収益率

問題2

三択

□ □ □

A資産の期待収益率が3.0%、B資産の期待収益率が5.0%の場合に、A資産を40%、B資産を60%の割合で組み入れたポートフォリオの期待収益率は、（　　　）となる。

(1) 1.8%　　(2) 4.0%　　(3) 4.2%

[2023 年 5 月試験(44)]

解答2
正解 1

オプション取引において、他の条件が同じであれば、満期までの残存期間が長いほど、プレミアム（オプション料）は高くなります。これは、他の条件が同じであれば、満期までの残存期間が**長い**ほど価格が変動して**権利行使価格**との差益が大きくなる可能性が上がるためです（コール・オプションについては前問を参照）。

テキスト
p.177

解答1
正解 3

資産の組合せをみるとき、値動きが同じか異なるかを判断するのが「相関係数」です。相関係数は−1から＋1までの範囲の数値で表され、2資産間の相関係数が−1である場合、両資産が逆の値動きをするため、理論上、リスクの低減効果は最大になります。また、相関係数が＋1のときは全く同じ値動きをするため、ポートフォリオ効果はありません。

テキスト
p.179

解答2
正解 3

ポートフォリオの**期待収益率**は、各資産の予想される収益率と組入比率を乗じたものを合計することで求められます。
ポートフォリオの期待収益率＝3.0％×0.4＋5.0％×0.6
＝**4.2％**

テキスト
p.180

12 セーフティネット

預金保険制度

問題1
⊗×
□□□
　預金保険制度により、定期預金や利息の付く普通預金などの一般預金等は、1金融機関ごとに預金者1人当たり元本1,000万円までとその利息等が保護される。
[2021年1月試験(15)]

問題2
三択
□□□
　預金保険制度の対象金融機関に預け入れた（　　　）は、預入金額の多寡にかかわらず、その全額が預金保険制度による保護の対象となる。

(1) 定期積金　　(2) 決済用預金　　(3) 譲渡性預金
[2023年5月試験(45)]

問題3
⊗×
□□□
　外貨預金は、預金保険制度による保護の対象とならない。
[2021年9月試験(15)]

日本投資者保護基金

問題4
三択
□□□
　日本投資者保護基金は、会員である金融商品取引業者が破綻し、分別管理の義務に違反したことによって、一般顧客から預託を受けていた有価証券・金銭を返還することができない場合、一定の範囲の取引を対象に一般顧客1人につき（　　　）を上限に金銭による補償を行う。

(1) 1,000万円　　(2) 1,300万円　　(3) 2,000万円
[2022年5月試験(45)]

解答1

正解 ◯

　預金保険制度により、定期預金や利息の付く普通預金などの一般預金等は、1 金融機関ごとに預金者 1 人当たり元本 **1,000 万円**までと**その利息等**が保護されます。

p.181

解答2

正解 **2**

　決済用預金は預金保険制度によって全額保護されます。なお、決済用預金の要件は、①利息がつかない、②預金者が払戻しをいつでも請求できる、③決済サービスを提供できる、の 3 つです。定期積金は、1 金融機関ごとに預金者 1 人当たり元本 **1,000 万円**までと**その利息等**が預金保険制度により保護されます。また、譲渡性預金は保護の対象外です。

p.181

解答3

正解 ◯

　外貨預金は、預金保険制度による保護の対象外です。

テキスト
p.181

解答4

正解 **1**

　日本投資者保護基金は、会員である金融商品取引業者が破綻し、分別管理義務に違反したことによって一般顧客から預託を受けていた有価証券・金銭を返還することができない場合に、一般顧客 1 人につき **1,000 万円**を上限に金銭による補償を行います。

p.182

| 問題5 | 国内の（　　　　）は、日本投資者保護基金の補償の対象となる。 |

三択

□□□ (1) 銀行で購入し銀行で管理されている投資信託

(2) 証券会社が取り扱っている外国為替証拠金取引（FX 取引）の証拠金

(3) 証券会社が保管の委託を受けている外貨建て MMF

［2018 年 1 月試験(45)］

13 関連法規

■ 金融サービス提供法

| 問題1 | 金融サービスの提供及び利用環境の整備等に関する法律（金融サービス提供法）によれば、金融商品販売業者等は、顧客に対し同法に定める重要事項の説明をしなければならない場合において当該説明をしなかったときは、それによって生じた顧客の損害を賠償しなければならない。 |

○×

□□□

［2015 年 1 月試験(15)］

| 問題2 | 金融サービスの提供及び利用環境の整備等に関する法律（金融サービス提供法）における断定的判断の提供等の禁止に関する規定は、金融商品販売業者等がすべての顧客に対して行う金融商品の販売等に適用される。 |

○×

□□□

［2017 年 1 月試験(15)⊘］

| 問題3 | 金融サービスの提供及び利用環境の整備等に関する法律（金融サービス提供法）によれば、金融商品販売業者等は、金融商品の販売に際し、顧客に対し同法に定める重要事項の説明をしなければならないが、顧客がその説明を希望しないときは、重要事項の説明を省略できる。 |

○×

□□□

［予想問題］

解答5

正解 3

日本投資者保護基金の補償の対象は、**株式、公社債、投資信託**等ですが、**銀行**で購入した投資信託や、**FX 取引**等は補償の**対象外**です。

フムフム…

銀行が補償の対象外なのは、日本投資者保護基金の会員ではないためです。

テキスト p.182

3
章

金融資産運用

学科

解答1

正解 ○

金融サービス提供法では、金融商品販売業者は、金融商品販売にあたり、顧客に対して重要事項の説明義務を怠った場合や、断定的判断を提供したことにより**顧客に損害が生じた場合**は、損害賠償責任を負わなければならないとしています。

テキスト p.183

解答2

正解 ○

金融サービス提供法では、金融商品販売業者は、金融商品販売にあたり、顧客に対して**断定的判断を提供**してはならない、としています。
　この規定は、すべての顧客に対して行う金融商品の販売等に適用されます。

テキスト p.183

解答3

正解 ○

金融サービス提供法では、金融商品販売業者は、金融商品販売にあたり、原則として顧客に対して**重要事項の説明**をしなければならない、としています。ただし、顧客から説明不要の意思表示があった場合は、重要事項の説明を**省略**することができます。

テキスト p.183

■ 金融商品取引法

問題4
三択
□ □ □

金融商品取引法の規定によれば、金融商品取引業者は、適合性の原則により、金融商品取引行為において、顧客の（　　　）および金融商品取引契約を締結する目的に照らして不適当と認められる勧誘を行ってはならないとされている。

(1)　知識、年齢、家族の構成
(2)　年齢、職業、財産の状況
(3)　知識、経験、財産の状況
　　　　　　　　　　　　　　　　　　[2017年5月試験(45)]

問題5
○×
□ □ □

金融商品取引法では、金融商品取引契約を締結しようとする金融商品取引業者等は、あらかじめ顧客（特定投資家を除く）に契約締結前交付書面を交付しなければならないとされているが、顧客から交付を要しない旨の意思表示があった場合には、金融商品取引業者等に対する書面交付義務は免除される。

[予想問題]

解答4
正解 **3**

金融商品取引業者は、金融商品の取引において、**顧客の知識・経験・財産の状況・契約締結の目的**に照らして不適当な勧誘を行ってはならないとされています。これを、**適合性の原則**といいます。

なお、金融商品取引法におけるその他の禁止行為として、金融商品の取引において断定的な判断を示して勧誘することなどがあります。

テキスト
p.183

解答5
正解 **✕**

金融商品取引業者は、契約を締結する前に、顧客に対しあらかじめ重要事項について記載された書面を交付しなければなりません。この義務は、顧客（**特定投資家を除く**）から交付不要の意思があった場合でも**免除されません**。

テキスト
p.183

問題1

次の設例に基づいて、下記の設問に答えなさい。

［2023年1月試験　第2問㊿］

□□□

------------------------------- 《 設 例 》 -------------------------------

　会社員のAさん（32歳）は、株式投資による運用を始めたいと考えている。先日、会社の上司から「リスク分散のため、株式だけでなく債券も保有している」という話を聞いたことから、債券投資にも興味を持った。

　そこで、Aさんは、ファイナンシャル・プランナーのMさんに相談することにした。Mさんは、Aさんに対して、X社株式（東京証券取引所プライム市場上場）および国内の大手企業が発行しているY社債（特定公社債）を例として、説明を行うことにした。

〈X社に関する資料〉

総資産	4,000億円
自己資本（純資産）	2,000億円
当期純利益	200億円
年間配当金総額	45億円
発行済株式数	5,000万株
株価	6,000円
決算期	3月31日

〈Y社債に関する資料〉

・発行会社：国内の大手企業
・購入価格：102円（額面100円当たり）
・表面利率：0.8%
・利払日　：年1回
・残存期間：5年
・償還価格：100円
・格付　　：A

```
※上記以外の条件は考慮せず、各問に従うこと。
```

《問1》 Mさんは、X社株式の投資指標について説明した。MさんのAさん
に対する説明として、次のうち最も不適切なものはどれか。
(1)「〈X社に関する資料〉から算出されるX社株式のPERは、15.0倍です。
 一般に、PERが高いほうが株価は割高、低いほうが株価は割安と判断され
 ます」
(2)「〈X社に関する資料〉から算出されるX社のROEは、5.0％です。一般に、
 ROEが高い会社ほど、自己資本の効率的な活用がなされていると判断する
 ことができます」
(3)「配当性向は、株主に対する利益還元の割合を示す指標です。〈X社に関
 する資料〉から算出されるX社の配当性向は、22.5％です」

《問2》 Mさんは、Y社債に投資する場合の留意点等について説明した。M
さんのAさんに対する説明として、次のうち最も適切なものはどれか。
(1)「債券投資において、債券の格付は重要な投資指標です。一般に、BBB（ト
 リプルB）格相当以上の格付が付与されている債券は、投資適格とされます」
(2)「発行会社の財務状況の悪化等により、利子の支払や償還に懸念が生じる
 リスクを、一般に、金利リスクといいます。債券投資においては、金利リ
 スクだけでなく、そのほかのリスクについても検討したうえで投資判断を
 することが重要です」
(3)「Y社債の利子は、申告分離課税の対象となり、利子の支払時に所得税お
 よび復興特別所得税と住民税の合計で14.21％相当額が源泉徴収等されま
 す」

《問3》 Y社債を《設例》の条件で購入した場合の最終利回り（年率・単利）は、
次のうちどれか。なお、計算にあたっては税金等を考慮せず、答は％表示に
おける小数点以下第3位を四捨五入している。
(1) 0.39％

(2) 0.40%

(3) 0.78%

(1) 適切。X社株式のPER（株価収益率）は、**15.0倍**です。株価の相対的な割高・割安を判断する指標として、PERがあります。PERが高い値であるほど**割高**・低い値であるほど**割安**と判断されます。PERは、次の式で求められます。

$$PER（倍）＝\frac{株価}{1株当たり純利益}$$

X社の1株当たりの純利益は、$\dfrac{200\ 億円}{0.5\ 億株（＝5,000\ 万株）}＝400$円ですから、

X社株式のPER$＝\dfrac{6,000\ 円}{400\ 円}＝$**15倍**

(2) 不適切。X社のROE（自己資本利益率）は、**10.0%**です。ROEは、投資家が投下した資本に対し、企業がどれだけの利益を上げているかを表す指標です。ROEの数値が高いほど資産の効率的な活用がなされていると判断されます。ROEは、次の式で求められます。

$$ROE（％）＝\frac{当期純利益}{自己資本}×100$$

X社のROE$＝\dfrac{200\ 億円}{2,000\ 億円}×100＝$**10%**

(3) 適切。X社の配当性向（利益還元率）は、**22.5%**です。配当性向は、株主への利益還元の度合いを測る指標です。一般に、配当性向が高いほど、株主への利益還元の度合いが高いと判断されます。配当性向は、次の式で求められます。

$$配当性向（％）＝\frac{年間配当金総額}{当期純利益}×100$$

X社の配当性向（％）$＝\dfrac{45\ 億円}{200\ 億円}×100＝$**22.5%**

テキスト p.158

(1) 適切。一般にBBB（トリプルB）以上の債券は投資適格債券とされます。なお、格付はAAA～Dの全10段階存在し、格付が高いほど債券価格は高く、利回りは低くなる傾向にあります。

(2) 不適切。発行会社の財務状況の悪化等により、利子の支払いや償還に懸念が生じるリスクを信用**リスク**（デフォルトリスク）といいます。

　　金利（変動）リスクとは、債券投資において市場金利の変化に応じて債券価格が変動する価格変動リスクのことをいいます。一般に、市場金利が上昇すると債券価格は下落して利回りが上昇し、反対に、市場金利が低下すると債券価格は上昇して利回りは低下します。

(3) 不適切。Y社債の利子は、**申告分離課税**の対象となり、利子の支払時において所得税お

よび復興特別所得税と住民税の合計で**20.315%**相当額が源泉徴収されます。**確定申告を
しないこと**も選択可能です。

テキスト p.150,170

解答1 問3 1

最終利回りとは、既発債を購入してから償還まで保有した場合の利回りです。

$$最終利回り（\%）=\dfrac{表面利率+\dfrac{額面\,100\,円-買付価格}{残存期間\,（年）}}{買付価格}\times100$$

$$=\dfrac{0.8\,円+\dfrac{100\,円-102\,円}{5\,年}}{102\,円}\times100=\underline{0.392\cdots\%}\quad\therefore\,0.39\%$$

テキスト p.148

　　　次の設例に基づいて、下記の設問に答えなさい。

［2022 年 9 月試験　第 2 問㊈］

------------------------------《 設　例 》------------------------------

　　会社員のAさん（45 歳）は、妻Bさん（44 歳）および長男Cさん（17 歳）との 3 人暮らしである。長男Cさんが通う高校では資産形成についての授業が行われており、株式や投資信託の基本的な仕組みを学んだ長男Cさんは、将来、株式や投資信託に投資をしてみたいと考えるようになった。Aさんは、投資に関心を持ち始めた長男Cさんと一緒に、銘柄を選ぶ際の判断基準や取引のルール等について理解したいと考えている。

　　そこで、Aさんは、長男Cさんを連れて、懇意にしているファイナンシャル・プランナーのMさんを訪ねることにした。Mさんは、来訪したAさんと長男Cさんに対して、X社株式（東京証券取引所プライム市場上場銘柄）とY投資信託を例として、株式や投資信託に投資する際の留意点等について説明を行った。

〈X社に関する資料〉

総資産	2,500 億円
自己資本（純資産）	1,500 億円
当期純利益	120 億円
年間配当金総額	36 億円
発行済株式数	1 億株
株価	1,800 円

※決算期：2024 年 11 月 29 日（金）（配当の権利が確定する決算期末）

〈Y投資信託（公募株式投資信託）に関する資料〉

銘柄名　　　　　　　　　　：日経 225 インデックス

投資対象地域／資産　　　　：国内／株式

信託期間　　　　　　　　　：無期限

基準価額　　　　　　　　　：13,000 円（1 万口当たり）

決算日　　　　　　　　　　：年 1 回（10 月 20 日）

購入時手数料　　　　　　　：なし

運用管理費用（信託報酬）　：0.187％（税込）

信託財産留保額　　　　　　：なし

※上記以外の条件は考慮せず、各問に従うこと。

《問1》 はじめに、Mさんは、〈X社に関する資料〉から算出されるX社株式の投資指標について説明した。MさんのAさんおよび長男Cさんに対する説明として、次のうち最も適切なものはどれか。

⑴ 「X社株式のPERは15倍です。一般に、PERが高いほど株価は割高、低いほど株価は割安と判断されます」

⑵ 「X社のROEは8％です。一般に、ROEが低い会社ほど、資産の効率的な活用がなされていると考えることができます」

⑶ 「X社の配当性向は2％です。一般に、配当性向が高いほど、株主への利益還元の度合いが高いと考えることができます」

《問2》 次に、Mさんは、X社株式を売買する場合の留意点等について説明した。MさんのAさんおよび長男Cさんに対する説明として、次のうち最も不適切なものはどれか。

⑴ 「証券取引所における株式の売買注文の方法のうち、成行注文は、希望する売買価格を明示せず、希望する銘柄、売り買いの別および数量を指定して注文する方法です。成行注文は、指値注文に優先して売買が成立します」

⑵ 「権利付き最終日である2024年11月29日（金）までに、X社株式を買付約定（購入）すれば、X社株式の次回の期末配当を受け取ることができます」

⑶ 「仮に、特定口座（源泉徴収あり）でX社株式を株価1,800円で100株購入し、同年中に株価2,000円で全株売却した場合、その他の取引や手数料等を考慮しなければ、譲渡益2万円に対して20.315％相当額が源泉徴収等されます」

《問3》 最後に、Mさんは、Y投資信託を購入する場合の留意点等について説明した。MさんのAさんおよび長男Cさんに対する説明として、次のうち最も不適切なものはどれか。

⑴ 「Y投資信託のように購入時手数料を徴収しない投資信託は、一般に、ノーロードファンドと呼ばれます。投資信託に投資する際には、購入時だけでなく、保有中や換金時にかかる費用等も勘案して銘柄を選択することが

大切です」

(2) 「運用管理費用（信託報酬）は、投資信託を保有する投資家が負担する費用です。一般に、Y投資信託のようなインデックス型投資信託は、アクティブ型投資信託よりも運用管理費用（信託報酬）が低い傾向があります」

(3) 「仮に、Y投資信託を基準価額13,000円（1万口当たり）で1万口購入した後、最初の決算時に1万口当たり200円の収益分配金が支払われ、分配落ち後の基準価額が13,200円（1万口当たり）となる場合、その収益分配金は、全額が元本払戻金（特別分配金）として非課税となります」

解答2 問1 1

(1) 適切。一般に、PERが高いほど株価は割高、低いほど株価は割安と判断されます。なお、X社株式のPERは、**15倍**です。

$$X社の1株当たりの純利益 = \frac{120億円}{1億株} = 120円$$

$$X社株式のPER（倍） = \frac{1,800円}{120円} = \underline{\textbf{15倍}}$$

(2) 不適切。一般に、ROEが**高い**会社ほど、資産の効率的な活用がなされていると考えることができます。なお、X社のROE（自己資本利益率）は、**8%**です。

$$X社のROE（％） = \frac{120億円}{1,500億円} \times 100 = \underline{\textbf{8%}}$$

(3) 不適切。一般に、配当性向が高いほど、株主への利益還元の度合いが高いと考えることができます。なお、X社の配当性向（利益還元率）は、**30%**です。

$$X社の配当性向（％） = \frac{36億円}{120億円} \times 100 = \underline{\textbf{30%}}$$

テキスト
p.158

解答2 問2 2

(1) 適切。成行注文は、希望する銘柄、「買い」または「売り」、数量を指定して注文する方法であり、希望価格は明示しません。
【証券取引所における株式の売買における優先順位】
① 成行注文優先　成行注文＞指値注文
② 価格優先　　　買い注文の場合：高＞安、売り注文の場合：安＞高
③ 時間優先　　　注文受付が早い＞注文受付が遅い

(2) 不適切。売買成立（約定日）から起算して3営業日目に決済（受渡し）を行うため、X社株式の次回の期末配当を受け取るには、利益確定日が2024年11月29日（金）の2営業日前である、権利付き最終日の**2024年11月27日（水）**までにX社株式を買付約定（購入）する必要があります。

(3) 適切。特定口座（源泉徴収あり）でX社株式を株価1,800円で100株購入し、同年中

に株価2,000円で全株売却した場合、その他の取引や手数料等を考慮しなければ、売買益2万円※に対して、所得税および復興特別所得税と住民税の合計で20.315%相当額が源泉徴収等されます。なお、確定申告しないことも選択できます。

　※2万円＝(2,000円－1,800円)×100株

テキスト p.154,155,170,171

解答2 問3　3

(1) **適切**。購入時手数料を徴収しない投資信託は、ノーロードファンドと呼ばれています。また、保有中や換金時にかかる費用も勘案して銘柄を選択することが大切です。

(2) **適切**。運用管理費用（信託報酬）は、投資信託の運用および管理の対価として信託財産の残高から、日々差し引かれます。インデックス型投資信託は、アクティブ型投資信託よりも運用管理費用（信託報酬）が**低い**傾向があります。

(3) **不適切**。追加型の国内公募株式投資信託の収益分配金のうち、元本超過部分は利益となるため、**普通分配金**として課税の対象となります。なお、元本の払い戻しとみなされる部分は「**元本払戻金**（特別分配金）」として非課税になります。

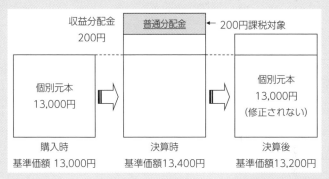

テキスト p.163,165,172,173

［2021年5月試験　第2問］

《　設　例　》

会社員のAさん（55歳）は、X銀行の米ドル建定期預金のキャンペーン広告を見て、その金利の高さに興味を抱いており、満期を迎えるX銀行の円建ての定期預金500万円の一部を活用して、米ドル建定期預金での運用を検討している。そこで、Aさんは、ファイナンシャル・プランナーのMさんに相談することにした。

〈Aさんが運用を検討しているX銀行の米ドル建定期預金に関する資料〉

・預入金額　　　：10,000米ドル
・預入期間　　　：3カ月
・利率（年率）　：2.0%（満期時一括支払）
・為替予約なし
・適用為替レート（米ドル／円）

	TTS	TTM	TTB
預入時	132.00円	131.50円	131.00円
満期時	134.00円	133.50円	133.00円

※上記以外の条件は考慮せず、各問に従うこと。

《問1》　Mさんは、《設例》の米ドル建定期預金について説明した。Mさんの Aさんに対する説明として、次のうち最も適切なものはどれか。

(1)　「TTMとTTS（TTB）の差分は為替スプレッドと呼ばれるもので、取引金融機関による差異はありません」

(2)　「Aさんが預入時に円を米ドルに換える際に適用される為替レートは、1米ドル＝132.00円になります」

(3)　「X銀行の米ドル建定期預金の場合、Aさんが満期時に受け取ることができる利息額は200米ドル（税引前）になります」

《問2》　Aさんが、《設例》の条件のとおり、10,000米ドルを外貨預金に預け

入れ、満期時に円貨で受け取った場合における元利金の合計額として、次の
うち最も適切なものはどれか。なお、計算にあたっては税金等を考慮せず、
預入期間3カ月は0.25年として計算すること。

(1) 1,336,650円　　(2) 1,346,700円　　(3) 1,356,600円

《問3》　Mさんは、《設例》の米ドル建定期預金の課税関係について説明した。
MさんのAさんに対する説明として、次のうち最も不適切なものはどれか。

(1) 「Aさんが受け取る利子は、利子所得として源泉分離課税の対象となり、
20.315％相当額が源泉徴収等されます」

(2) 「仮に、満期時に為替差益が生じた場合、当該金額は雑所得として総合課
税の対象となります」

(3) 「仮に、満期時に為替差損が生じた場合、所得税の確定申告をすることに
より、当該損失の金額をAさんの給与所得の金額と損益通算することがで
きます」

解答3 問1 2

(1) **不適切。**TTM を基準に、金融機関の利益を含む手数料を上乗せ、または、差し引いた レートが **TTS**、**TTB** となります。金融機関が通貨を売る（つまり顧客が買う）ときのレートが **TTS**（対顧客電信売相場）、金融機関が通貨を買う（つまり顧客が通貨を売る）ときのレートが **TTB**（対顧客電信買相場）となります。TTS と TTB の為替差を為替スプレッドといいます。また、金融機関によって手数料は異なります。

(2) **適切。**預入時に円を米ドルに換える際に適用される為替レートは、金融機関が通貨を売るときのレートにあたるため、**TTS**（対顧客電信売相場）となります。したがって、本肢の設定における TTS は次のとおりとなります。

　　1 米ドル＝**132.00 円**

(3) **不適切。**
　・預入金額：10,000 米ドル
　・預入期間：3 カ月　⇒　0.25 年
　・利率（3 カ月利率）：2.0%×0.25 年＝0.5%（＝0.005）
　　A さんが満期である 3 カ月後に受け取ることができる利息額（税引前）を求めます。
　　10,000 米ドル×0.005＝**50 米ドル**

テキスト p.168

解答3 問2 1

　・預入金額：10,000 米ドル
　・預入期間：3 カ月　⇒　0.25 年
　・利率（3 カ月利率）：2.0%×0.25 年＝0.5%（0.005）
　満期時に円貨で受け取った場合における元利金の合計額を求めます。
　10,000 米ドル×（1＋0.005）＝10,050 米ドル
　満期時に米ドルを円に換える際に適用される為替レートは、金融機関が通貨を買うときのレートにあたるため、満期時の TTB（133.00 円）となります。
　　∴ 10,050 米ドル＝133.00 円×10,050＝**1,336,650 円**

テキスト p.168

解答3 問3 3

(1) **適切。**A さんが受け取る利子は、利子所得として源泉分離課税の対象となります。
〈外貨預金の税金〉

	利息	為替差損益
為替予約なし	20.315%源泉分離課税	雑所得
為替予約あり	20.315%源泉分離課税	

(2) **適切。**本肢(1)の解説にある表を参照してください。

(3) **不適切。**満期時に為替差損が生じた場合、雑所得におけるマイナス（損）は、他所得のプラス（益）と**損益通算することはできません**。詳しくは、4 章で扱います。

テキスト p.169,211

問題4 上場不動産投資信託（J-REIT）についての説明として、次のうち最も不適切なものはどれか。

[2023 年 5 月試験　第 2 問]

(1) 「上場不動産投資信託（J-REIT）は、投資家から集めた資金を不動産投資法人が不動産等に投資し、その賃貸収入や売買益を投資家に分配する投資信託です」

(2) 「上場不動産投資信託（J-REIT）の分配金は、配当所得となり、確定申告をすることで配当控除の適用を受けることができます」

(3) 「上場不動産投資信託（J-REIT）は、上場株式と同様に指値注文や成行注文により売買することができます」

問題5 NISA（少額投資非課税制度）における「つみたて投資枠」および「成長投資枠」に関する次の説明のうち、最も不適切なものはどれか。

[2019 年 9 月試験　第 2 問㊹]

(1) 「上場株式を購入する場合は、成長投資枠を利用してください。つみたて投資枠では、上場株式を購入することができません」

(2) 「つみたて投資枠では、対象銘柄を指定したうえで、累積投資契約に基づく定期かつ継続的な買付けを行います。非課税投資枠は年間 120 万円、非課税期間は恒久的に続きます」

(3) 「成長投資枠とつみたて投資枠は、同一年中において、併用して新規投資等に利用することができます。なお、成長投資枠の非課税投資枠は年間 120 万円です」

解答4

正解 **2**

(1) 適切。上場不動産投資信託（J-REIT）は、投資家から集めた資金で、オフィスビルや商業施設、マンションなど複数の不動産などを購入し、その賃貸収入や売買益を投資家に分配する投資信託です。

(2) 不適切。上場不動産投資信託（J-REIT）の分配金は配当所得となり、株式の配当金と同様に扱われます。ただし、総合課税を選択した場合であっても、**配当控除**の適用を受けることは**できません**。詳しくは、4章で扱います。

(3) 適切。上場株式と同じく、**成行注文**や**指値注文**を行うことが**可能**です。

テキスト p.166

解答5

正解 **3**

(1) 適切。つみたて投資枠は主に長期の積立て・分散投資に適した一定の投資信託を投資の対象としています。上場株式を対象とすることはできません。

(2) 適切。つみたて投資枠では、累積投資契約を締結し、それに基づいた対象商品の買い付けを毎月行います。非課税投資枠は年間 **120 万円**で、非課税期間は**恒久的**に続きます。なお、非課税保有限度は成長投資枠と合わせて **1,800 万円**です。

(3) 不適切。成長投資枠の非課税投資枠は年間 **240 万円**です。なお、成長投資枠とつみたて投資枠を同一年中に**併用**することは**可能**です。

テキスト p.174

問題1 □□□ 佐野さんは、預金保険制度の対象となる MA 銀行の国内支店に下記〈資料〉の預金を預け入れている。仮に、MA 銀行が破綻した場合、預金保険制度によって保護される金額に関する次の記述のうち、最も不適切なものはどれか。 [2023年5月試験(4)改]

〈資料〉

決済用預金	2,500 万円
円定期預金	500 万円
円普通預金	200 万円
外貨預金	700 万円

(1) 決済用預金 2,500 万円は全額保護される。

(2) 円定期預金・円普通預金・外貨預金は、合計 1,000 万円まで保護される。

(3) 円定期預金・円普通預金の合算額 700 万円は全額保護される。

問題2 □□□ 単利と複利に関する次の説明の空欄（ア）、（イ）にあてはまる語句の組み合わせとして、最も適切なものはどれか。なお、問題作成の都合上、一部を空欄（＊＊＊）としている。 [2023年1月試験(4)改]

「単利とは、当初の元金に対してのみ利息を計算する方式のことで、算出式は「＊＊＊」です。一方、複利とは一定期間ごとに支払われる利息を元本に含めて、これを新しい元金として利息を計算する方式のことをいいます。再投資される期間によって、1カ月複利、半年複利、1年複利という種類があり、利率や期間など他の条件が同じであれば、利息の再投資期間が（　ア　）方が満期時の元利合計は多くなります。1年複利の元利合計額（税引前）の算出式は「（　イ　）」です。」

(1) （ア）長い 　（イ）元利合計額(税引前)＝元本×（1＋利率）×預入年数

(2) （ア）短い 　（イ）元利合計額(税引前)＝元本×（1＋利率）^{預入年数}

(3) （ア）短い 　（イ）元利合計額(税引前)＝元本×（1＋利率×預入年数）

解答1

正解 2

(1) **適切。決済用預金2,500万円は全額保護されます**。なお、決済用預金の要件は、①利息がつかない、②預金者が払戻しをいつでも請求できる、③決済サービスを提供できる、の3つです。

(2) **不適切。外貨預金**は保護の**対象外**です。円定期預金や利息の付く円普通預金などの一般預金等は、1金融機関ごとに預金者**1人当たり元本1,000万円までとその利息**等が預金保険制度により保護されます。

(3) **適切。**円定期預金500万円と円普通預金200万円の合算額700万円は全額保護されます。

 テキスト
p.181

解答2

正解 2

「単利とは、当初の元金に対してのみ利息を計算する方式のことで、算出式は「**元利合計額 (税引前)＝元本×(1＋利率×預入年数)**」です。一方、複利とは一定期間ごとに支払われる利息を元本に含めて、これを新しい元金として利息を計算する方式のことをいいます。再投資される期間によって、1カ月複利、半年複利、1年複利という種類があり、利率や期間など他の条件が同じであれば、利息の再投資期間が（ア **短い**）方が満期時の元利合計は多くなります。1年複利の元利合計額（税引前）の算出式は「(**イ 元利合計額(税引前)＝元本×(1 ＋利率)^{預入年数})**」です。」

〈解説〉

（ア）：複利は、再投資までの期間が**短い**ほど、利息が付く時期が早まるため、満期時の元利合計は**多く**なります。

 テキスト
p.142,143

　　□□□　　東京証券取引所に上場されている国内株式の買い付け等に関する次の記述のうち、最も適切なものはどれか。なお、解答に当たっては、下記のカレンダーを使用すること。　［2023 年 9 月試験(4)改］

2024 年　9 月／10 月						
日	月	火	水	木	金	土
9／22	23	24	25	26	27	28
9／29	30	10／1	2	3	4	5

※網掛け部分は、市場休業日である。

(1)　9 月 30 日に国内上場株式を買い付けた場合、受渡日は 10 月 2 日である。

(2)　配当金の権利確定日が 9 月 30 日である国内上場株式を 9 月 27 日に買い付けた場合、配当金を受け取ることができる。

(3)　権利確定日が 9 月 30 日である国内上場株式の権利落ち日は、10 月 1 日である。

問題4

　　□□□　　金投資に関する次の記述の空欄（ア）～（ウ）にあてはまる語句の組み合わせとして、最も適切なものはどれか。なお、金の取引は継続的な売買でないものとする。　［2023 年 9 月試験(5)］

・金地金の売買において、海外の金価格（米ドル建て）が一定の場合、円高（米ドル／円相場）は国内金価格の（　ア　）要因となる。

・個人が金地金を売却した場合の所得については、保有期間が（　イ　）以内の場合、短期譲渡所得として課税される。

・純金積立てにより購入した場合、積み立てた金を現物で受け取ることが（　ウ　）。

(1)　（ア）上昇　　（イ）10 年　　（ウ）できない

(2)　（ア）上昇　　（イ）5 年　　（ウ）できない

(3)　（ア）下落　　（イ）5 年　　（ウ）できる

解答3

正解 **1**

(1) 適切。上場株式の売買において、普通取引は約定日（売買成立）から起算して**3営業日目**に決済（受渡し）が行われます。9月30日が約定日（売買成立）であるため、決済日（受渡日）は10月2日になります。

(2) 不適切。9月27日が約定日（売買成立）の場合、決済日（受渡日）は10月1日になります（土日祝日は取引所が休業しているため、営業日には含めません）。権利確定日9月30日には間に合わないため、配当金を受け取ることができません。

(3) 不適切。権利確定日が9月30日である場合、9月26日権利付き最終日になるため、権利落ち日はその翌営業日9月27日です。

 テキスト p.155

解答4

正解 **3**

・金地金の売買において、海外の金価格（米ドル建て）が一定の場合、円高（米ドル／円相場）は国内価格の（ア 下落）要因となる。

・個人が金地金を売却した場合の所得については、保有期間が（イ 5年）以内の場合、短期譲渡所得として課税される。

・純金積立てにより購入した場合、積み立てた金を現物で受け取ることが（ウ できる）。

〈解説〉

（ア）金地金の取引は米ドルで行われるため、国内の金価格は為替の影響を受けます。海外の金価格（米ドル建て）が一定の場合、円高（米ドル／円相場）は国内金価格の**下落要因**となります。

（イ）個人が金地金を売却した場合の所得については、原則、譲渡所得として、給与所得など他の所得と合わせて総合課税の対象となります。保有期間が**5年以内**の場合、短期譲渡所得として課税されます。譲渡所得について、詳しくは4章で扱います。

（ウ）積み立てた金は、現金にすることも可能ですし、**金で受け取ることも可能です**。

 テキスト p.169,205

　　関根さんは上場株式への投資に興味をもち、FP の榎田さんに質問をした。下記の空欄（ア）〜（ウ）にあてはまる語句に関する次の記述のうち、最も不適切なものはどれか。　[2022 年 1 月試験(4)]

関根さん：株式会社による株主還元策について教えてください。

榎田さん：株式会社によっては、手元資金を使い自社の流通株式を買い戻す自社株買いを行う場合があります。自社株買いを行うと市場に出回る株数が減るため、株価に影響する他の要因を考慮しないと仮定した場合、1 株当たりの価値は（　ア　）すると考えられます。

関根さん：株式会社による株主への還元率を表す指標はないのでしょうか。

榎田さん：配当性向が挙げられます。配当性向とは、株式会社が稼いだ純利益のうち、株主へ配当した割合を表しています。純利益が同額で株主配当金が多ければ、配当性向は（　イ　）なります。

関根さん：分かりました。ところで、ほかにはどのような株式投資によるメリットがありますか。

榎田さん：例えば、一定株数以上を保有する株主に対し、株式会社が自社製品や割引券、商品券などの特典等を贈る（　ウ　）が挙げられます。

---

(1)　空欄（ア）にあてはまる語句は、「減少」である。

(2)　空欄（イ）にあてはまる語句は、「高く」である。

(3)　空欄（ウ）にあてはまる語句は、「株主優待制度」である。

解答5

正解 **1**

(1) **不適切。** 空欄（ア）にあてはまる語句は、「**上昇**」です。

  1株当たりの価値＝会社全体の価値÷流通株数

  したがって、市場に出回る株数が減ると1株当たりの価値は上昇します。

(2) **適切。** **配当性向**とは、株式会社が稼いだ純利益のうち株主へ配当した割合を示し、株主への還元率を表す指標です。純利益が同額であれば、株主へ支払う**配当金**が**多い**会社のほうが**配当性向**は**高く**なります。

(3) **適切。** **株主優待制度**とは、自社製品や割引券、商品券などの特典等を株式会社が株主に贈る制度のことです。

テキスト
p.158,153

[2021 年 1 月試験(3)改]

問題6 下記〈資料〉に関する次の記述の空欄（ア）、（イ）にあてはまる数値または語句の組み合わせとして、正しいものはどれか。なお、空欄（ア）の解答に当たっては、小数点以下第2位を四捨五入するものとする。

〈資料〉

2023 年 12 月期　決算短信〔日本基準〕（連結）

2024 年 2 月 3 日

上 場 会 社 名　ＴＹ株式会社　　　　　　　　　　　　上場取引所　　東
コ ー ド 番 号　ＸＸＸＸ　　　　　　　　　URL https://www. xxx. xx. jp/
代　　表　　者（役職名）代表取締役社長　　（氏名）●●●●
問合せ先責任者（役職名）●●●●　　　　　（氏名）●●●●　　（TEL）XX-XXXX-XXXX

（省略）

1．2023 年 12 月期の連結業績（2023 年 1 月 1 日〜 2023 年 12 月 31 日）
（1）連結経営成績

（省略）

（2）連結財政状態

（省略）

（3）連結キャッシュ・フローの状況

（省略）

2．配当の状況

| | 年間配当金 | | | | | 配当金総額
（合計） | 配当性向
（連結） | 純資産
配当率
（連結） |
	第1四半期末	第2四半期末	第3四半期末	期末	合計			
	円 銭	円 銭	円 銭	円 銭	円 銭	百万円	%	%
2022年12月期	−	0. 00	−	85. 00	85. 00	16. 116	48. 0	7. 3
2023年12月期	−	0. 00	−	110. 00	110. 00	20, 856	47. 9	8. 5
2024年12月期（予想）	−	0. 00	−	115. 00	115. 00		50. 1	

※当社は、2022 年 4 月 1 日を効力発生日として、普通株式 1 株につき 2 株の割合で株式分割を実施しております。

3．2024 年 12 月期の連結業績予想（2024 年 1 月 1 日〜 2024 年 12 月 31 日）

（%表示は、通期は対前期、四半期は対前年同四半期増減率）

| | 売上高 | | 営業利益 | | 経常利益 | | 親会社株主に帰属
する当期純利益 | | 1株当たり
当期純利益 |
	百万円	%	百万円	%	百万円	%	百万円	%	円 銭
第2四半期（累計）	452, 000	0. 4	36, 000	6. 3	36, 520	5. 2	24, 530	4. 3	129. 38
通　期	864, 000	△2. 5	63, 700	2. 4	64, 600	1. 4	43, 530	0. 1	229. 59

・この企業の株価が 5,500 円である場合、2024 年 12 月期の連結業績予想における PER（株価収益率）は（　ア　）倍である。

・この企業の 2024 年 12 月期の連結決算予想では、配当性向（連結）は前期より（　イ　）している。

(1) （ア）21.3　　（イ）上昇
(2) （ア）24.0　　（イ）上昇
(3) （ア）24.0　　（イ）低下

解答6

正解　2

・この企業の株価が 5,500 円である場合、2024 年 12 月期の連結業績予想における PER（株価収益率）は（ア **24.0**）倍である。

・この企業の 2024 年 12 月期の連結決算予想では、配当性向（連結）は前期より（イ **上昇**）している。

〈解説〉

（ア）：PER（株価収益率）は、次の式で求められます。

$$\text{PER（株価収益率）} = \frac{\text{株価}}{\text{1 株当たり純利益}}$$

したがって、TY 社の PER は次のとおりとなります。

$$\text{TY 社の PER} = \frac{5,500 \text{ 円}}{229.59 \text{ 円}} = 23.95\cdots\text{倍}$$

$$≒ \textbf{24.0 倍}\ \text{（小数点以下第 2 位を四捨五入）}$$

（イ）：TY 社の配当性向は、資料の「2．配当の状況」配当性向（連結）の欄から読み取ることができます。

2024 年 12 月期（予想）：50.1%
2023 年 12 月期　　　　：47.9%

したがって、2024 年 12 月期連結決算予想は前期より **上昇** しているといえます。

テキスト
p.158

問題7 下記〈資料〉の外貨定期預金について、満期時の外貨ベースの元利合計額を円転した金額として、正しいものはどれか。なお、計算結果（円転した金額）について円未満の端数が生じる場合は切り捨てること。また、税金については考慮しないこととする。

［2022年5月試験⑷］

〈資料〉
・預入額：10,000NZドル
・預入期間：12カ月
・預金金利：0.45％（年率）
・為替レート（1NZドル）

	TTS	TTM（仲値）	TTB
満期時	77.90円	77.40円	76.90円

注：利息の計算に際しては、預入期間は日割りではなく月割りで計算すること。

⑴　782,505円
⑵　777,483円
⑶　772,460円

解答7

正解 **3**

・預入金額：10,000NZ ドル
・預入期間：12 カ月
・預金金利（年率）：0.45％

　まず、12 カ月後に受け取ることができる外貨ベースの元利合計額（税引前）を求めます。設問より、税金については考慮しません。

　　　10,000NZ ドル×（1＋0.0045）＝10,045NZ ドル

　満期時に NZ ドルを円に換える際に適用される為替レートは、金融機関が通貨を買うときのレートにあたるため、TTB（対顧客電信買相場）を用います。

　　∴ 1NZ ドル＝76.90 円

　　10,045NZ ドル×76.90 円＝772,460.5 円

　　　　　　　　　　≒**772,460 円**（円未満の端数は切り捨て）

テキスト
p.168

投資信託の費用に関する下記の会話において、空欄（ア）～（ウ）にあてはまる語句に関する次の記述のうち、最も適切なものはどれか。

[2023年5月試験(3)]

Aさん：投資信託の費用について教えてください。

Bさん：まず、購入する際に「購入時手数料」がかかります。中には、この手数料が無料である「（　ア　）型」の投資信託もあります。

Aさん：無料もあるのですね。

Bさん：購入時に払う手数料がなくても、保有中に差し引かれる費用がありますよ。「（　イ　）」といって信託報酬とも呼ばれ、運用にかかる経費として、信託財産の残高から日々、差し引かれます。

Aさん：保有中に差し引かれるということは、長期投資をする場合には気にしておきたいですね。

Bさん：そうですね。また、解約する際に「（　ウ　）」が差し引かれる投資信託もあります。これは、投資家同士の公平性を期し、投資信託の純資産を安定的に保つ目的です。解約する投資家から徴収して投資信託の純資産に残す趣旨で、手数料とは性格が異なります。

---

(1)　（ア）にあてはまる語句は、「オープン」である。

(2)　（イ）にあてはまる語句は、「口座管理料」である。

(3)　（ウ）にあてはまる語句は、「信託財産留保額」である。

解答8

正解 **3**

(1) 不適切。正しくは、**ノーロード型**です。

(2) 不適切。正しくは、**運用管理費用**です。

(3) 適切。

投資信託の費用	主な内容
購入時手数料	投資信託の購入時に支払う費用。購入時手数料が徴収されない**ノーロード型**と呼ばれる投資信託もあります。投資信託を購入する際に投資家が販売会社に支払います。
運用管理費用 （信託報酬）	運用のための費用や情報開示のための資料作成・発送、資産の保管・管理などの費用として徴収されます。信託財産の残高から**日々、差し引かれます**。運用期間中、信託財産から間接的に差し引かれる運用管理にかかる費用などをまかないます。
信託財産留保額	投資家間の公平性を保つために、一般的に、解約の際に徴収されます。投資信託によっては**差し引かれないものもあります**。

テキスト
p.163

福岡さんは QS 投資信託を新規募集時に 1,000 万口購入し、特定口座（源泉徴収口座）で保有して収益分配金を受け取っている。下記〈資料〉に基づき、福岡さんが保有する QS 投資信託に関する次の記述の空欄（ア）、（イ）にあてはまる語句の組み合わせとして、正しいものはどれか。 [2022 年 1 月試験(5)]

〈資料〉

[QS 投資信託の商品概要（新規募集時）]
投資信託の分類：追加型
　　　　　　　　国内株式特殊型（ブル・ベア型）
決算および収益分配：毎年 4 月 25 日（休業日の場合には翌営業日）
申込価格：1 口当たり 1 円
申込単位：1 万口以上 1 口単位
基準価額：当ファンドにおいては、1 万口当たりの価額で表示
購入時手数料：購入金額に対して 1.6%（税込み）
運用管理費用（信託報酬）：純資産総額に対し年 0.8%（税込み）
信託財産留保額：1 万口につき解約請求日の翌営業日の基準価額に 0.3%
　　　　　　　　を乗じた額
[福岡さんが保有する QS 投資信託の収益分配金受取時の運用状況（1 万口当たり）]
収益分配前の個別元本：9,400 円
収益分配前の基準価額：10,000 円
収益分配金：1,000 円
収益分配後の基準価額：9,000 円

・福岡さんが、QS 投資信託を新規募集時に 1,000 万口購入した際に、支払った購入時手数料（税込み）は、（　ア　）である。
・収益分配時に、福岡さんに支払われた収益分配金のうち 600 円（1 万口当たり）は（　イ　）である。

(1)　（ア）240,000 円　　（イ）普通分配金

(2)　（ア）160,000 円　　（イ）元本払戻金（特別分配金）
(3)　（ア）160,000 円　　（イ）普通分配金

解答9
正解 **3**

（ア）：160,000 円

新規募集時（1 口当たり 1 円）に 1,000 万口購入
1 万口当たりの基準価額：10,000 円
1,000 万口当たりの購入金額：10,000 円×1,000＝10,000,000 円
購入時手数料＝1,000 万口当たりの価額×手数料率（税込み）
　　　　　　＝10,000,000 円×1.6％
　　　　　　＝**160,000 円**

（イ）：普通分配金

追加型の国内公募株式投資信託の基準価格が元本を下回る場合、収益分配金のうち、分配前の個別元本の基準価格と分配落ち後の個別元本の基準価格との差が「**元本払戻金（非課税）**」となり、この差を収益分配金から控除した額が「**普通分配金（課税対象）**」となります。元本払戻金と普通分配金は、それぞれ次のように算出されます。

元本払戻金＝収益分配前の個別元本－分配落ち後の個別元本
普通分配金＝収益分配金－元本払戻金

したがって、本問における元本払戻金と普通分配金は次のとおりとなります。

元本払戻金＝9,400 円－9,000 円
　　　　　＝400 円
普通分配金＝1,000 円－400 円
　　　　　＝**600 円**

上記より、収益分配金のうち 600 円は、**普通分配金**となります。

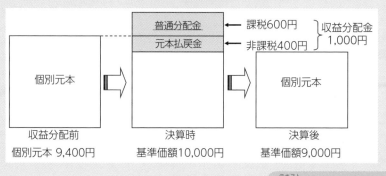

テキスト p.163,164,172,173

川野恭平さんが保有する投資信託は、投資信託①と投資信託②であり、5年前にそれぞれ15万円ずつ合計30万円を購入したものである。下記の「リバランス」に関する説明における空欄（ア）～（ウ）にあてはまる語句に関する次の記述のうち、最も不適切なものはどれか。なお、手数料は考慮しないものとする。

[2023年5月試験20]

購入時の時価：30万円　　　　　現在の時価：40万円
　投資信託①：15万円　　　　　　投資信託①：30万円
　投資信託②：15万円　　　　　　投資信託②：10万円

〈説明〉

リバランスとは、時間の経過とともに運用当初に決めた（　ア　）がずれて、当初目的とした投資効果が薄れてしまうことを回避する方法の一つです。恭平さんが資金の追加や削減を行わない場合、投資信託①を（　イ　）して、投資信託②を（　ウ　）すると、運用当初の（　ア　）になります。

(1)　（ア）にあてはまる語句は、「配分比率」である。

(2)　（イ）にあてはまる語句は、「15万円分売却」である。

(3)　（ウ）にあてはまる語句は、「10万円分購入」である。

解答10

正解 **2**

〈説明〉

　リバランスとは、時間の経過とともに運用当初に決めた（ア 配分比率）がくずれて、当初目的とした投資効果が薄れてしまうことを回避する方法の一つです。恭平さんが資金の追加や削減を行わない場合、投資信託①を（イ 10万円分売却）して、投資信託②を（ウ 10万円分購入）すると、運用当初の（ア 配分比率）になります。

〈解説〉

　購入時の時価において配分比率は、「投資信託①：投資信託②＝1：1」です。現在の時価40万円を同じ配分比率にリバランスするには、「投資信託①：投資信託②＝20万円：20万円」になるように売却と購入を行います。

　したがって、

　投資信託① 30万円を20万円にするためには、**10万円分売却します。**

　投資信託② 10万円を20万円にするためには、**10万円分購入します。**

　選択肢(2)の（イ）：「15万円分売却」は、不適切です。

テキスト p.179

問題11 下記〈資料〉の外貨定期預金キャンペーンに関する次の説明のうち、最も不適切なものはどれか。 [2023年1月試験⑳改]

〈資料〉

> 米ドル定期預金8％（年利・税引前・1カ月もの）
> ＊円貨から預け入れた場合のみ適用
> ＊原則、中途解約不可　中途解約利率適用

(1) 「外貨預金は預金保険制度の対象外となっています。」

(2) 「元金1万ドルを預けた場合、満期時には税引前・米ドルベースで800ドルの利息を受け取ることができます。」

(3) 「円貨から外貨定期預金を始める際は、TTSレート（対顧客電信売相場）が適用されます。」

解答11

正解 **2**

(1) 適切。外貨預金は預金保険制度の**対象外**です。

(2) 不適切。元金1万ドルを預けた場合、満期時には税引前・米ドルベースで800ドルの利息を**受け取ることはできません**。

　　　預入金額：10,000ドル

　　　預入期間：1カ月

　　　預金金利（年率）：8％

　　まず、1年後に受け取ることができる米ドルベースの利息（税引前）を求めます。

　　　10,000ドル×8％＝800ドル

　　米ドル定期預金8％（年利・税引前・1カ月もの）であるため、1カ月後に受け取ることができる利息（税引前）は800ドルを12で除することになります。

　　したがって、

$$\frac{800ドル}{12カ月} ≒ 66.67ドル$$

　が、満期時に受け取れる利息となります。

(3) 適切。預入時に円をドルに換える際に適用される為替レートは、金融機関が通貨を売るときのレートにあたるため、**TTSレート**（対顧客電信売相場）が適用されます。

 テキスト
p.181,168

　　NISA（少額投資非課税制度）に関する次の説明のうち、最も適切なものはどれか。　　　　　　　　　　　　　　　［2022年9月試験20㉑]

(1)　「現在、取引のある証券会社にNISA口座を開設すれば、その証券会社で保有している投資信託については、そのまま移管することができます。」
(2)　「成長投資枠は、上場株式を投資対象とすることができます。」
(3)　「つみたて投資枠は、個人向け国債を投資対象とすることができます。」

正解 **2**

〈NISA まとめ〉

	成長投資枠	つみたて投資枠
対象者	18歳以上の居住者等	
新規投資期間	無期限	
年間投資枠	240万円	120万円
	併用可（年間最大360万円）	
非課税期間	無期限	
非課税保有限度額 （生涯投資枠）	1,800万円 （売却後の投資枠の再利用可）	
	1,200万円（枠内）	
投資対象商品	上場株式・投資信託・ETF・ J-REITなど	長期の積立て・分散投資に適した一定の公募株式投資信託・ETF

(1) **不適切**。同じ証券会社に開設した口座であっても、NISA口座と課税口座との間で保有商品をそのまま**移管することはできません**。

(2) **適切**。成長投資枠は、**上場株式**や**公募株式投資信託**、**ETF**、**J-REIT**等を投資対象とすることができます。

(3) **不適切**。成長投資枠、つみたて投資枠いずれにおいても、個人向け国債は**投資の対象外**です。

テキスト p.174

········· MEMO ·········

'24～'25年版

わかって合格る

FPの問題集

3級

第2編

タックスプランニング

不動産

相続・事業承継

目次

6章

相続・事業承継

4章

タックスプランニング

「損益通算」「所得控除」の分野が重要論点です！
各種所得金額の計算についても、演習を重ねて対策して
おきましょう。
また、「確定申告」「青色申告」といった各種申告に関す
る問題も頻出です。

学科 タックスプランニング

1 税金の基礎

税金の種類

問題1
$\bigcirc\times$

税金は国税と地方税に区分できるが、登録免許税と固定資産税は地方税である。 [予想問題]

□□□

問題2
$\bigcirc\times$

税金は直接税と間接税に区分できるが、所得税と住民税は直接税であり、相続税と贈与税は間接税である。 [予想問題]

□□□

2 所得税の基本

納税義務者

問題1
$\bigcirc\times$

所得税法における居住者（非永住者を除く）は、原則として、国内で生じた所得について所得税の納税義務は生じるが、国外で生じた所得について所得税の納税義務は生じない。

[2019年5月試験(16)]

□□□

非課税所得

問題2
三択

所得税において、病気で入院したことにより医療保険の被保険者が受け取った入院給付金は、（　　　）とされる。

[2024年1月試験(46)]

□□□

(1) 非課税所得　　(2) 一時所得　　(3) 雑所得

解答1

正解 ✕

登録免許税は**国税**で、固定資産税は**地方税**です。

〈主な税金まとめ〉

	直接税	間接税
国税	所得税、法人税、相続税、贈与税	消費税、印紙税、登録免許税
地方税	住民税、事業税、固定資産税、不動産取得税	地方消費税

テキスト
p.190

解答2

正解 ✕

所得税、住民税、相続税、贈与税はいずれも**直接税**です。なお、税金を負担する人と納める人が同じ税金を直接税、異なる税金を間接税といいます。

テキスト
p.190

解答1

正解 ✕

非永住者以外の居住者には、国内外問わず**すべての所得に対して**所得税の納税義務が生じます。

テキスト
p.191

解答2

正解 1

心身に加えられた損害または突発的な事故により発生した損害に起因して受け取った**手術給付金・入院給付金**などは**非課税**とされています。

テキスト
p.191

問題3

◯✕

☐☐☐

電車・バス等の交通機関を利用して通勤している給与所得者が、勤務先から受ける通勤手当は、所得税法上、月額10万円を限度に非課税とされる。

[2023年9月試験(16)]

問題4

◯✕

☐☐☐

所得税において、自己の生活の用に供する家具や衣服（1個または1組の価額が30万円を超える貴金属、美術工芸品等には該当しない）を譲渡したことによる所得は、非課税所得とされる。

[2018年9月試験(16)]

問題5

三択

☐☐☐

個人が、相続、遺贈または個人からの贈与により取得するものは、所得税においては（　　　　）となる。

(1) 非課税所得　　(2) 譲渡所得　　(3) 雑所得

[2019年9月試験(46)]

3 所得税の計算方法

■ 所得税の課税方法

問題1

◯✕

☐☐☐

所得税において源泉分離課税の対象となる所得については、他の所得金額と合計せず、分離して税額を計算し、確定申告によりその税額を納める。

[2021年5月試験(16)]

問題2

◯✕

☐☐☐

所得税において、土地・建物の譲渡に係る譲渡は、分離課税の対象となる。

[予想問題]

解答3

正解 ✕

所得税において、交通機関を利用して通勤している給与所得者に対して支払われる**通勤手当**は、月額 15 万円を限度に非課税となります。

テキスト p.191

解答4

正解 ◯

生活用動産（衣服・家具・自転車など）**の譲渡**による所得は譲渡所得としては扱われず、非課税となります。ただし、1 個または 1 組の価額が 30 万円を超える貴金属・美術工芸品などは譲渡**所得**として扱われます。

テキスト p.191

解答5

正解 **1**

個人が、相続、遺贈または個人からの贈与により取得するものは、**相続税**または**贈与税**の対象となります。したがって、所得税においては**非課税所得**となります。

テキスト p.191

解答1

正解 ✕

源泉分離課税の対象となる所得については、他の所得と分離して、所得を支払う者が支払の際に一定の税率で所得税を源泉徴収し、所得税の納税が完結します。したがって、**確定申告**は不要です。

テキスト p.194

解答2

正解 ◯

土地・建物の譲渡に係る譲渡は、**分離課税**の対象となります。なお、株式の譲渡に係る譲渡も、分離課税の対象となります。

テキスト p.194

4 各種所得の計算

利子所得

問題1
三択
□□□

日本国内において支払を受ける預貯金の利子は、原則として、所得税および復興特別所得税と住民税の合計で（ ① ）の税率による（ ② ）分離課税の対象となる。

(1) ① 10.21% ② 申告
(2) ① 20.315% ② 申告
(3) ① 20.315% ② 源泉

［2024年1月試験(48)］

問題2
三択
□□□

所得税において、国債や地方債などの特定公社債の利子は、原則として、（ ① ）課税の対象となるが、確定申告不要制度を選択すること（ ② ）。

(1) ① 申告分離 ② ができる
(2) ① 源泉分離 ② はできない
(3) ① 総合 ② ができる

［予想問題］

配当所得

問題3
三択
□□□

個人が2024年中に内国法人X社（上場会社）から株式の配当金（当該個人は発行済株式総数の3％以上を有する大口株主ではない）を受け、その配当の金額に対して所得税および復興特別所得税・住民税が源泉（特別）徴収される場合の税率は、合計（　　　）である。

(1) 10.147% (2) 20.315% (3) 20.42%

［2018年9月試験(46)］

解答1
正解 **3**

預貯金の利子は、原則として 20.315%（所得税 **15%**、復興特別所得税 **0.315%**、住民税 **5%**）が**源泉徴収**されて、課税関係が終了します。

テキスト p.195

解答2
正解 **1**

所得税において、**国債や地方債などの特定公社債の利子**は、申告分離課税の対象となりますが、**確定申告不要制度**を選択することもできます。なお、税率は 20.315%（所得税 15%、復興特別所得税 0.315%、住民税 5%）です。

テキスト p.195

解答3
正解 **2**

配当所得が**源泉徴収**される場合の税率は、**所得税 15%**、**復興特別所得税 0.315%**、**住民税 5%** の合計 **20.315%** となります。

フムフム…

配当所得は次の式で求められます。
配当所得＝収入金額－株式等を取得するための負債利子

テキスト p.196

問題4
○×
□□□

　個人の株主（発行済株式総数の3％以上を有する大口株主を除く）が受ける上場株式等に係る配当等は、その金額の多寡にかかわらず、所得税の確定申告不要制度を選択することができる。

[2017年9月試験(16)]

■ 不動産所得

問題5
三択
□□□

　所得税において、事業的規模で行われている賃貸マンションの貸付による所得は、（　　　）となる。

(1)　不動産所得　　(2)　事業所得　　(3)　雑所得

[2023年1月試験(46)]

問題6
○×
□□□

　不動産の賃貸に伴い受け取った敷金のうち、不動産の貸付期間が終了した際に賃借人に返還を要するものは、受け取った年分の不動産所得の金額の計算上、総収入金額には算入しない。

[2019年5月試験(17)]

■ 事業所得

問題7
○×
□□□

　所得税における事業所得の金額は、「（その年中の事業所得に係る総収入金額−必要経費）× 1/2」の算式により計算される。

[2018年5月試験(16)]

問題8
○×
□□□

　物品販売業を営む個人事業主の事業所得の金額の計算において、商品の売上原価は、「年初（期首）棚卸高＋年間仕入高−年末（期末）棚卸高」の算式により求められる。　　[2020年9月試験(18)]

解答4

正解 ○

上場株式等の配当所得は、その金額にかかわらず**申告不要**とすることができます。

テキスト p.196

解答5

正解 1

所得税において、賃貸マンションの貸付による所得は、事業的規模（貸家で5棟、アパートで10室以上）で行われている場合でも、事業所得ではなく、不動産**所得**となります。なお、事業的規模で行われていない場合も不動産所得となります。

テキスト p.197

解答6

正解 ○

敷金や保証金などのうち、賃借人などに**返還が必要なもの**は**収入には**含めません。ただし、返還を要しないことが確定したものは収入金額に含めます。

テキスト p.197

解答7

正解 ✕

事業所得の金額は、「**収入金額−必要経費**（−青色申告特別控除）」の算式により計算されます。

テキスト p.198

解答8

正解 ○

商品の売上原価は、下記の式で求められます。
　　　商品の売上原価
　　　＝年初（期首）棚卸高＋年間仕入高−年末（期末）棚卸高

テキスト p.198

不動産所得や事業所得の必要経費

問題9
三択
☐☐☐

固定資産のうち、（　　　）は減価償却の対象とされない資産である。

(1) ソフトウエア　　(2) 土地　　(3) 建物

[2022年9月試験(46)]

問題10
三択
☐☐☐

所得税において、2024年中に取得した建物（鉱業用減価償却資産等を除く）に係る減価償却の方法は、（　　　）である。

(1) 定額法　　(2) 定率法　　(3) 低価法

[2023年5月試験(46)(改)]

問題11
○×
☐☐☐

所得税における事業所得の金額の計算上、使用可能期間が1年未満または取得価額が10万円未満の減価償却資産については、その取得価額に相当する金額を、業務の用に供した日の属する年分の必要経費に算入することができる。　[2017年9月試験(17)(改)]

給与所得

問題12
○×
☐☐☐

所得税において、その年中の給与等の収入金額が65万円以下である場合、給与所得の金額は0（ゼロ）となる。

[2017年5月試験(17)]

解答9

正解 **2**

土地は**時の経過により価値が減少しない**ので、減価償却資産ではありません。なお、**ソフトウエア**は減価償却資産（無形固定資産）に該当するため、減価償却の対象となります。

 テキスト p.199

解答10

正解 **1**

1998年4月1日以後に取得した**建物**の減価償却方法は**定額法**です。定率法を用いることはできません。

 フムフム…

> 定額法は、毎年同額を減価償却する方法です。

 テキスト p.199,200

解答11

正解 **○**

減価償却資産のうち、使用可能期間が**1年未満**または取得価額が**10万円未満**のものについては、その取得価額の全額を業務の用に供した日の属する年分の必要経費に算入することができます。

 テキスト p.201

解答12

正解 **×**

給与所得控除額の最低金額は **55万円**です。したがって、収入金額が55**万円以下**の場合に、給与所得の金額が**0**となります。

 テキスト p.201

■ 退職所得

問題13
三択
□ □ □

給与所得者が34年9カ月間勤務した会社を定年退職し、退職金3,000万円の支給を受けた場合、退職所得の金額の計算上、退職所得控除額は（　　　）となる。

(1)　800万円＋70万円×（35年－20年）＝1,850万円
(2)　800万円＋40万円×（35年－20年）＝1,400万円
(3)　800万円＋70万円×（34年－20年）＝1,780万円

[2023年1月試験(47)㊹]

問題14
○×
□ □ □

退職手当等の支払を受ける個人がその支払を受ける時までに「退職所得の受給に関する申告書」を提出した場合、その支払われる退職手当等の金額に20.42％の税率を乗じた金額に相当する所得税および復興特別所得税が源泉徴収される。

[2021年1月試験(16)]

■ 譲渡所得

問題15
○×
□ □ □

個人が賃貸アパートの敷地および建物を売却したことにより生じた所得は、原則として不動産所得となる。　[2024年1月試験(17)㊹]

問題16
三択
□ □ □

土地・建物等の譲渡に係る所得については、（　①　）における所有期間が（　②　）を超えるものは長期譲渡所得に区分され、（　②　）以下であるものは短期譲渡所得に区分される。

(1)　①譲渡した日の属する年の1月1日　　②10年
(2)　①譲渡した日の属する年の1月1日　　②　5年
(3)　①譲渡契約の締結日　　　　　　　　②　3年

[2019年1月試験(55)]

解答13
正解 **1**

勤続年数 20 年超の場合の退職所得控除額の求め方は次のとおりです。このとき、勤続年数の 1 年未満の端数は切り上げます。
退職所得控除額＝800万円＋70万円×（勤続年数－20年）
　　　　　　　＝800万円＋70万円×（35年－20年）
　　　　　　　＝**1,850万円**

フムフム…

> なお、勤続年数20年以下の場合の退職所得控除額の求め方は次のとおりとなります。
> 　退職所得控除額＝40万円×勤続年数
> 　※80万円に満たない場合は80万円

テキスト

p.202

解答14
正解 **×**

退職手当等の支払を受けた個人が「**退職所得の受給に関する申告書**」を**提出しない場合**、退職手当等の金額につき **20.42％**の税率による源泉徴収が行われ、後に**確定申告**をすることで税金の還付が受けられます。なお、「退職所得の受給に関する申告書」を提出した場合は、勤続年数に応じた適正な税額が源泉徴収されるため、確定申告の必要はありません。

テキスト

p.203

解答15
正解 **×**

個人が土地や建物を売却したことにより生じた所得は、原則として**譲渡所得**として扱われます。

テキスト

p.204

解答16
正解 **2**

土地・建物等の譲渡に係る譲渡所得の計算において、**譲渡年の 1 月 1 日**における所有期間が **5 年超**のものは**長期譲渡所得**に区分され、**5 年以下**のものは**短期譲渡所得**に区分されます。

> なお、それぞれの区分で税率が異なり、短期譲渡所得では 39.63％、長期譲渡所得では 20.315％で、いずれも申告分離課税となります。

テキスト

p.204

■ 一時所得

問題17
問題17

三択

□ □ □

所得税において、ふるさと納税の謝礼として地方公共団体から受ける返礼品に係る経済的利益は、（　　　）として総合課税の対象となる。

(1) 一時所得　　(2) 配当所得　　(3) 雑所得

[2023年9月試験(47)]

問題18

○×

□ □ □

所得税における一時所得に係る総収入金額が400万円で、その収入を得るために支出した金額が200万円である場合、一時所得の金額のうち総所得金額に算入される金額は、75万円である。

[2024年1月試験(16)]

■ 雑所得

問題19

三択

□ □ □

所得税において、老齢基礎年金や老齢厚生年金を受け取ったことによる所得は、（　　　）となる。

(1) 雑所得　　(2) 一時所得　　(3) 非課税所得

[2022年5月試験(46)]

問題20

三択

□ □ □

所得税において、為替予約を締結していない外貨定期預金を満期時に円貨で払い戻した結果生じた為替差益は、（　　　）として総合課税の対象となる。

(1) 利子所得　　(2) 一時所得　　(3) 雑所得

[2024年1月試験(47)]

解答17

正解 **1**

ふるさと納税の謝礼として受け取る**返礼品**は、**一時所得**として総合課税の対象となります。

テキスト p.206

解答18

正解 **○**

一時所得の金額は、次のように算出します。

一時所得の金額=収入金額-支出金額-特別控除額（最高**50万円**）

一時所得の金額= 400万円- 200万円- **50万円**

= 150万円

また、総所得金額に算入される金額は、一時所得の金額の**2分の**1となります。

∴総所得金額に算入される金額= 150万円×1／2

= **75万円**

テキスト p.207

解答19

正解 **1**

老齢基礎年金や**老齢厚生年金**を受け取ったことによる所得は、雑所得として総合課税の対象となります。

テキスト p.208

解答20

正解 **3**

所得税において、為替予約を締結していない外貨定期預金の満期による為替差益は、**雑所得**として総合課税の対象となります。

テキスト p.208

5 損益通算

■ 損益通算できる損失

問題1
三択
□□□

　所得税において、（　　　）、事業所得、山林所得、譲渡所得の金額の計算上生じた損失の金額は、一定の場合を除き、他の所得の金額と損益通算することができる。

(1)　一時所得　　(2)　不動産所得　　(3)　雑所得

［2023 年 5 月試験(47)］

■ 損益通算できない損失

問題2
○×
□□□

　土地を譲渡したことによる譲渡損失の金額は、原則として他の各種所得の金額と損益通算することができない。　　［予想問題］

問題3
○×
□□□

　上場株式を譲渡したことによる譲渡所得の金額の計算上生じた損失の金額は、確定申告をすることにより、不動産所得や事業所得などの他の所得金額と損益通算することができる。

［2022 年 9 月試験(17)］

問題4
三択
□□□

　Aさんの 2024 年分の各種所得の金額が下記の〈資料〉のとおりであった場合、損益通算後の総所得金額は、（　　　）となる。なお、各種所得の金額に付されている「▲」は、その所得に損失が生じていることを表すものとする。

〈資料〉A さんの 2024 年分の各種所得の金額

不動産所得の金額	800 万円
事業所得の金額（株式等に係るものを除く]	▲ 100 万円
雑所得の金額	▲ 50 万円

(1)　650 万円　　(2)　700 万円　　(3)　750 万円

［2021 年 5 月試験(47)⊗］

解答1
正解 **2**

他の各種所得と損益通算できるのは、不動産**所得**（一部は不可）・事業**所得**・山林**所得**・譲渡**所得**（一部は不可）の４つの所得で生じた損失です。

テキスト p.211

解答2
正解 ◯

土地や建物を譲渡したことにより生じた損失については、原則として他の所得の金額と損益通算することは**できません**。

テキスト p.211

解答3
正解 ✕

上場株式を譲渡したことによる譲渡所得の金額の計算上生じた損失の金額は、他の所得金額と損益通算することができません。なお、申告分離課税を選択した配当所得とは損益通算ができます。

テキスト p.211

解答4
正解 **2**

他の所得の金額と損益通算が可能なのは、不動産所得・事業所得・山林所得・譲渡所得の所得で生じた損失です。したがって、雑所得の損失50万円は**損益通算できません**。

損益通算後の総所得金額＝800万円（不動産所得）－100万円（事業所得）

＝ **700万円**

フムフム…

他の所得と損益通算できる所得の種類はしっかり覚えておきましょう。

テキスト p.211

問題5
三択
☐☐☐

下記の〈資料〉において、所得税における不動産所得の金額の計算上生じた損失の金額のうち、他の所得の金額と損益通算が可能な金額は、（　　　）である。

〈資料〉不動産所得に関する資料

総収入金額	200万円
必要経費	400万円
	（不動産所得を生ずべき土地等を取得するために要した負債の利子の額50万円を含む）

(1) 150万円　　(2) 200万円　　(3) 400万円

[2023年1月試験(48)]

6　所得控除

■ 医療費控除

問題1
三択
☐☐☐

納税者Aさんが、受診した人間ドックの結果から重大な疾病が発見され、引き続きその疾病の治療のために入院した場合、Aさんが支払った費用等のうち、（　　　）は、所得税の医療費控除の対象にならない。

(1) 受診した人間ドックの費用
(2) 入院の際の洗面具等の購入費用
(3) 入院時に病院に支払った食事代

[2017年1月試験(48)]

問題2
○×
☐☐☐

医師等による診療等を受けるために直接必要な費用のうち、電車やバスなどの公共交通機関による通院費で通常必要なものは、所得税の医療費控除の対象となる。

[2021年3月試験(18)]

問題3
○×
☐☐☐

夫が生計を一にする妻に係る医療費を支払った場合、妻の合計所得金額が48万円を超えるときは、その支払った医療費は夫に係る所得税の医療費控除の対象とならない。

[2021年9月試験(18)]

解答5
正解 **1**

不動産所得の損失は、損益通算の対象となりますが、土地等を取得するために要した負債の利子は、損益通算の**対象外**となります。

損益通算可能額＝総収入金額－必要経費

（土地取得のための**負債利子を**除く）

＝200万円－（400万円－50**万円**）

＝▲150万円

テキスト p.211

解答1
正解 **2**

入院時に病院等の医療機関に支払った**食事代**は医療費控除の**対象になります**が、洗面具や衣服などの**日用品の購入費用**は対象外です。人間ドックその他の健康診断料については、原則として医療費控除の対象外ですが、重大な疾患が発見され、治療を開始した場合は、その健康診断料は医療費控除の対象となります。

テキスト p.217

解答2
正解 **○**

電車やバス等の**公共交通機関による通院費**は、**医療費控除の対象**となります。なお、自家用車による通院に伴うガソリン代や駐車料金代は対象外です。

テキスト p.217

解答3
正解 **✕**

納税者本人が、自己又は自己と生計を一にする配偶者やその他の親族のために支払った医療費は医療費控除の対象となります。配偶者やその他の親族などの合計所得金額についての制限は**ありません**。

テキスト p.217

○× ☐☐☐

給与所得者は、年末調整により、所得税の医療費控除の適用
を受けることができる。　　　　　　　　　[2022年1月試験⒇]

三択 ☐☐☐

所得税において、医療費控除（特定一般用医薬品等購入費を
支払った場合の医療費控除の特例を除く）の控除額は、その年
中に支払った医療費の金額（保険金等により補填される部分の
金額を除く）の合計額から、その年分の総所得金額等の合計額
の（　①　）相当額または（　②　）のいずれか低いほうの金
額を控除して算出される。

(1)　① 5％　　② 88,000円
(2)　① 5％　　② 100,000円
(3)　① 10％　② 100,000円　　　　　　[2021年5月試験⒅]

○× ☐☐☐

セルフメディケーション税制（医療費控除の特例）に係るス
イッチOTC医薬品の購入費（特定一般用医薬品等購入費）を支
払った場合、所定の要件を満たせば、通常の医療費控除との選
択により、最高10万円の医療費控除の適用を受けることができ
る。　　　　　　　　　　　　　　　　　[2018年9月試験⒆]

■ 社会保険料控除

○× ☐☐☐

夫が生計を一にする妻の負担すべき国民年金の保険料を支払
った場合、その支払った金額は、夫に係る所得税の社会保険料
控除の対象となる。　　　　　　　　　　[2023年1月試験⒄]

解答4

正解 ✕

給与所得者が**医療費控除**の適用を受ける場合は、**確定申告**が必要になります。その他、寄附金控除、雑損控除等について適用を受ける場合も確定申告が必要です。

テキスト p.217

解答5

正解 2

医療費控除の控除額は、その年中に支払った医療費の金額（保険金等により補填される部分の金額を除く）の合計額から、「総所得金額等の合計額×5％」か、「10万円」のいずれか低いほうの金額を控除して算出されます。

フムフム…

なお、医療費控除の限度額は200万円です。

テキスト p.218

解答6

正解 ✕

セルフメディケーション税制の控除限度額は88,000円です。

なお、セルフメディケーション税制は、一般の医療費控除とは併用できません。

テキスト p.218

解答7

正解 ○

夫が自己と**生計を一にする妻その他の親族（子など）**の負担すべき社会保険料を支払った場合には、その支払った金額の全額が夫の社会保険料控除の対象になります。

テキスト p.219

問題8　　国民年金基金の掛金は、その全額が（　　　）として、その
三択　支払った年の所得控除の対象となる。

☐☐☐

(1)　小規模企業共済等掛金控除
(2)　生命保険料控除
(3)　社会保険料控除　　　　　　　　　　　　　　　　　［2018 年 5 月試験48]

■ 小規模企業共済等掛金控除

問題9　　所得税において、確定拠出年金の個人型年金の掛金で、加入
三択　者本人が支払ったものは、（　　　）の対象となる。

☐☐☐

(1)　生命保険料控除
(2)　社会保険料控除
(3)　小規模企業共済等掛金控除　　　　　　　　　　　［2023 年 1 月試験49]

問題10　　夫が生計を一にする妻に係る確定拠出年金の個人型年金の掛
○✕　金を負担した場合、その負担した掛金は、夫に係る所得税の小
☐☐☐　規模企業共済等掛金控除の対象となる。　　　　　　［2022 年 1 月試験17]

■ 寄附金控除（ふるさと納税）

問題11　　「ふるさと納税ワンストップ特例制度」の適用を受けるために
○✕　は、同一年中の寄附金の額の合計額が 5 万円以下でなければな
☐☐☐　らない。　　　　　　　　　　　　　　　　　　　　［2021 年 9 月試験20]

■ 配偶者控除

問題12　　所得税において、納税者の合計所得金額が 1,000 万円を超えて
○✕　いる場合、配偶者の合計所得金額の多寡にかかわらず、配偶者
☐☐☐　控除の適用を受けることはできない。　　　　　　　［2022 年 5 月試験19]

解答8

正解 **3**

国民年金基金の掛金は、全額が社会保険料控除の対象となります。

p.219

解答9

正解 **3**

確定拠出年金の個人型年金で、加入者が拠出した掛金は、全額が小規模企業共済等掛金控除の対象となります。

p.220

解答10

正解 **✕**

確定拠出年金（個人型）の掛金は、**小規模企業等掛金控除の対象**であり、**本人の負担した掛金のみ**控除できます。したがって、夫が妻の掛金を負担した場合であっても、夫に係る所得税の小規模企業共済等掛金控除の**対象とはなりません。**

p.220

解答11

正解 **✕**

「**ふるさと納税ワンストップ特例制度**」を利用するには、同一年中の寄附先が**5自治体**までである必要があります。同一年中の**寄附金額の合計に**制限はありません。

p.220

解答12

正解 **〇**

所得税において、納税者の合計所得金額が1,000**万円**を超えている場合、納税者本人は配偶者控除の適用を受けることは**できません。**

p.221

問題13

○×

☐☐☐

所得税において、生計を一にする配偶者の合計所得金額が48万円を超える場合、配偶者控除の適用を受けることはできない。

［2023年5月試験(19)］

問題14

○×

☐☐☐

納税者の配偶者が青色事業専従者として給与の支払を受けている場合、その配偶者は所得税における控除対象配偶者とならない。

［2016年5月試験(19)］

■ 扶養控除

問題15

○×

☐☐☐

所得税において、納税者の2024年分の合計所得金額が1,000万円を超えている場合、2024年末時点の年齢が16歳以上の扶養親族を有していても、扶養控除の適用を受けることはできない。

［2022年9月試験(18)改］

問題16

○×

☐☐☐

所得税において、その年の12月31日時点の年齢が16歳未満である扶養親族は、扶養控除の対象となる控除対象扶養親族に該当しない。

［2024年1月試験(19)］

問題17

三択

☐☐☐

所得税において、控除対象扶養親族のうち、その年の12月31日時点の年齢が16歳以上19歳未満である扶養親族に係る扶養控除の額は、扶養親族1人につき（　　　）である。

(1) 38万円　　(2) 48万円　　(3) 63万円

［2023年5月試験(48)］

問題18

三択

☐☐☐

所得税において、控除対象扶養親族のうち、その年の12月31日時点の年齢が19歳以上23歳未満である特定扶養親族に係る扶養控除の額は、1人につき（　　　）である。

(1) 38万円　　(2) 48万円　　(3) 63万円

［2022年5月試験(48)］

解答13

正解 ◯

年間の合計所得金額が 48 万円を超える配偶者は、控除対象配偶者とはならないため、納税者本人が**配偶者控除**の適用を受けることは**できません**。

テキスト p.221

解答14

正解 ◯

青色事業専従者として**青色事業専従者給与**の支払を受ける配偶者は、控除対象配偶者とは**なりません**。

テキスト p.221

解答15

正解 ✕

扶養控除の適用を受ける要件として、納税者本人の**合計所得金額の制限はありません**。したがって、合計所得金額が 1,000 万円を超えている場合でも 16 歳以上の扶養親族を有していれば適用を受けることができます。

テキスト p.222,223

解答16

正解 ◯

その年の 12 月 31 日時点の年齢が **16 歳未満**である扶養親族は控除対象扶養親族に該当しません。

テキスト p.223

解答17

正解 1

扶養控除の額は、扶養親族の年齢、同居の有無によって異なります。年末において年齢が **16 歳以上 19 歳未満**である扶養親族に係る扶養控除の額は、1 人につき 38 万円です。

テキスト p.223

解答18

正解 3

特定扶養親族とは、その年の 12 月 31 日時点の年齢が **19 歳以上 23 歳未満**である控除対象扶養親族のことをいいます。特定扶養親族に係る扶養控除の額は、1 人につき 63 万円です。

テキスト p.223

問題19 ○×

所得税法上、控除対象扶養親族のうち、その年の 12 月 31 日現在の年齢が 70 歳以上の者は、老人扶養親族に該当する。

[2021 年 9 月試験(19)]

基礎控除

問題20 三択

所得税において、納税者の合計所得金額が 2,400 万円以下である場合、基礎控除の額は、（　　　）である。

(1) 38 万円　　(2) 48 万円　　(3) 63 万円

[2022 年 9 月試験(50)]

その他の所得控除

問題21 三択

所得税において、所定の要件を満たす子を有し、現に婚姻をしていない者がひとり親控除の適用を受けるためには、納税者本人の合計所得金額が（　　　）以下でなければならない。

(1) 200 万円　　(2) 350 万円　　(3) 500 万円

[2023 年 9 月試験(48)]

7　納付税額の計算

問題1 三択

所得税において総合課税の対象となる所得に係る税率は、原則として課税標準が大きくなるに応じて税率が高くなる（　　　）となっている。

(1) 累進税率　　(2) 比例税率　　(3) 制限税率

[2013 年 5 月試験(46)]

解答19
正解 ◯

老人扶養親族とは、扶養親族のうち、**その年の12月31日現在**の年齢が **70歳以上**の者をいいます。老人扶養親族に係る扶養控除額は1人につき**48万円**です。また、同居老親等に当たる場合の扶養控除額は1人につき**58万円**です。

 p.223

解答20
正解 **2**

所得税における基礎控除の額は、納税者本人の合計所得金額が2,400万円以下である場合、**48万円**となります。

 p.223

解答21
正解 **3**

現に婚姻をしていない者に生計を一にする子がおり、その子の総所得金額等が**48万円以下**で納税者の合計所得金額が**500万円以下**の場合、ひとり親控除を適用することができます。

なお、控除額は、子1人あたり一律 35 万円です。

 p.224

解答1
正解 **1**

税金を計算する際の算定基準である**課税標準が大きくなるにつれて課税額が高くなる**税率を、（超過）累進税率といいます。

p.227

問題2

〔三択〕

□ □ □

　課税総所得金額 250 万円に対する所得税額（復興特別所得税額を含まない）は、下記の〈資料〉を使用して算出すると、（　　　　）である。

〈資料〉所得税の速算表（一部抜粋）

課税総所得金額	税率	控除額
195 万円以下	5 %	0 円
195 万円超 330 万円以下	10%	97,500 円

(1)　97,500 円　　(2)　152,500 円　　(3)　250,000 円

[2020 年 9 月試験(46)]

8　税額控除

■ 配当控除

問題1

〔○×〕

□ □ □

　所得税において、上場株式の配当に係る配当所得について申告分離課税を選択した場合、配当控除の適用を受けることができない。

[2024 年 1 月試験(20)]

問題2

〔○×〕

□ □ □

　上場不動産投資信託（J-REIT）の分配金は配当所得となり、所得税の配当控除の対象となる。

[2022 年 1 月試験(19)]

解答2
正解 **2**

課税総所得金額 250 万円に対する所得税額（復興特別所得税額を含まない）を、速算表を使って算出します。

所得税額＝課税総所得金額×税率－控除額
　　　　＝ 250 万円× 10% － 97,500 円
　　　　＝ **152,500 円**

テキスト p.227

解答1
正解 ○

上場株式等の配当所得について**申告分離課税**を選択した場合、**配当控除の適用は受けることができません**。なお、**総合課税**を選択すれば**配当控除の適用を受けることができます**。

テキスト p.229

解答2
正解 ×

上場不動産投資信託（J-REIT）の分配金は配当**所得**となり、株式の配当金と同様に扱われます。ただし、総合課税を選択した場合であっても、**配当控除の適用を受けることはできません**。

テキスト p.229

■ 住宅借入金等特別控除（住宅ローン控除）

問題3
三択
□□□

　所得税の住宅借入金等特別控除の適用を受けるためには、原則として、取得等した家屋の床面積が、（　①　）以上で、かつ、その（　②　）以上に相当する部分が専ら自己の居住の用に供されるものでなければならない。

(1)　①50㎡　　②2分の1
(2)　①60㎡　　②2分の1
(3)　①60㎡　　②3分の2
［2020年1月試験(49)］

問題4
○×
□□□

　住宅ローンを利用してマンションを取得し、所得税の住宅借入金等特別控除の適用を受ける場合、借入金の償還期間は、20年以上でなければならない。
［2023年5月試験(20)］

問題5
○×
□□□

　住宅ローンを利用して住宅を新築した個人が、所得税の住宅借入金等特別控除の適用を受けるためには、当該住宅を新築した日から1カ月以内に自己の居住の用に供さなければならない。
［2023年1月試験(19)］

問題6
三択
□□□

　所得税における住宅借入金等特別控除は、適用を受けようとする者の合計所得金額が（　）を超える年分は、適用を受けることができない。

(1)　1,000万円　　(2)　2,000万円　　(3)　3,000万円
［2019年1月試験(50)］

問題7
○×
□□□

　年末調整の対象となる給与所得者が所得税の住宅借入金等特別控除の適用を受ける場合、初めて適用を受ける年分については確定申告をする必要があるが、その翌年以降の年分については年末調整によることができる。
［2015年9月試験(20)］

解答3
正解 **1**

　住宅借入金等特別控除の適用を受けるためには、家屋の床面積は、原則として **50㎡以上**で、その面積の **2分の1以上**が**居住の用に供される**必要があります。なお、2024年12月31日までに確認を受けた新築住宅であり、適用を受ける年の合計所得金額が **1,000万円以下**の場合は、**40㎡以上**から適用を受けることができます。

 テキスト p.230

解答4
正解 **×**

　住宅借入金等特別控除（住宅ローン控除）の適用を受けるためには、借入金の償還期間が **10年以上**必要です。

 テキスト p.230

解答5
正解 **×**

　住宅借入金等特別控除の適用を受けるためには、認定住宅の新築等から **6カ月以内**に居住する必要があります。

 テキスト p.230

解答6
正解 **2**

　住宅借入金等特別控除の適用を受けるためには、その年の合計所得金額が **2,000万円以下**である必要があります。

 テキスト p.230

解答7
正解 **○**

　給与所得者が住宅借入金等特別控除の適用を受ける場合は、**その年分**は**確定申告**をする必要がありますが、**翌年以降は年末調整のみ**で税額控除を受けることができます。

 テキスト p.230

9 申告と納付

■ 確定申告

問題1
三択
□□□

所得税の確定申告をしなければならない者は、原則として、所得が生じた年の翌年の（ ① ）から（ ② ）までの間に、納税地の所轄税務署長に対して確定申告書を提出しなければならない。

(1) ① 2月1日　　② 3月15日
(2) ① 2月16日　　② 3月15日
(3) ① 2月16日　　② 3月31日

[2023年5月試験(49)]

■ 給与所得者の申告

問題2
三択
□□□

給与所得者のうち、（　　　）は、所得税の確定申告をする必要がある。

(1) 給与の年間収入金額が1,000万円を超える者
(2) 給与所得および退職所得以外の所得の金額の合計額が20万円を超える者
(3) 生命保険料控除の適用を受けようとする者

[2021年1月試験50改]

問題3
三択
□□□

年末調整の対象となる給与所得者は、所定の手続により、年末調整で所得税の（　　　）の適用を受けることができる。

(1) 雑損控除
(2) 寄附金控除
(3) 小規模企業共済等掛金控除

[2024年1月試験50]

解答1
正解 2

確定申告の期間は、所得が生じた年の翌年の2月16日から3月15日までです。

所得税の確定申告書は、提出時の住所地を所轄する税務署長に提出します。

テキスト p.234

解答2
正解 2

給与所得者のうち、給与所得や退職所得以外の所得金額の合計額が20万円を超える者は、確定申告が必要です。
【確定申告をしなければならない給与所得者】
① 給与の年間収入金額が2,000万円を超える者
② 給与所得や退職所得以外の所得金額の合計額が20万円を超える者
③ 2カ所以上から給与の支払を受けている者で一定の要件を満たす者
など

テキスト p.234,235

解答3
正解 3

給与所得者は、所得控除のうち、**雑損控除・医療費控除・寄附金控除**については年末調整で控除されません。本問において年末調整で控除の適用を受けることができるのは、**小規模企業共済等掛金控除**となります。

テキスト p.235

■ 準確定申告

問題4
三択

□□□ 確定申告を要する納税者Aさんが2024年8月20日に死亡した。Aさんの相続人は、同日にAさんの相続の開始があったことを知ったため、2024年分のAさんの所得について（　　　）までにAさんの死亡当時の納税地の所轄税務署長に対して所得税の準確定申告書を提出しなければならない。

(1)　2024 年 11 月 20 日
(2)　2024 年 12 月 20 日
(3)　2025 年 1 月 20 日　　　　　　　　　　［2019 年 9 月試験50㉔］

10　青色申告

■ 青色申告の要件

問題1
○×

□□□ 所得税において、不動産所得、事業所得または山林所得を生ずべき業務を行う者は、納税地の所轄税務署長の承認を受けることにより青色申告書を提出することができる。

［2023 年 1 月試験⑳］

問題2
三択

□□□ その年の1月16日以後に新たに事業所得を生ずべき業務を開始した納税者が、その年分から所得税の青色申告の承認を受けようとする場合、原則として、その業務を開始した日から（　　　）以内に、青色申告承認申請書を納税地の所轄税務署長に提出しなければならない。

(1)　2カ月　　(2)　3カ月　　(3)　6カ月　　　　［2022 年 5 月試験50］

解答4

正解 **2**

　確定申告を要する納税者が年の中途で死亡した場合、その相続人は、相続の開始があったことを知った日の翌日から**4カ月以内**に、死亡した者の分の申告と納税をしなければなりません。本問の場合、相続人は、2024年8月20日の4カ月後である**2024年12月20日**までに、所得税の準確定申告書を提出しなければなりません。

p.235

解答1

正解 **○**

　不動産所得・事業所得・山林所得のいずれかの所得がある者は、納税地の所轄税務署長の承認を受けることにより、**青色申告書**を提出することができます。青色申告を行うことで、青色事業専従者給与の必要経費の算入、青色申告特別控除、純損失の繰越控除等の特典を受けることができます。

p.236

解答2

正解 **1**

　1月16日以後に新たに事業所得を生ずべき業務を開始した納税者が、その年分から所得税の青色申告の承認を受けようとする場合は、業務開始日から**2カ月以内**に、青色申告承認申請書を納税地の所轄税務署長に提出する必要があります。なお、**1月16日以前**に業務を開始した事業者が青色申告を行う場合は、青色申告をしようとする年の**3月15日**までに申請書を提出する必要があります。

p.236

■ 青色申告の特典

問題3

三択

□ □ □

　事業所得または（　①　）を生ずべき事業を営む青色申告者が、正規の簿記の原則に従い取引を記録した帳簿を備え、貸借対照表、損益計算書を添付した確定申告書を、e-Tax を用いて提出期限までに提出するなどの要件を満たす場合、最高（　②　）の青色申告特別控除の適用を受けることができる。

(1)　① 譲渡所得　　　② 10 万円
(2)　① 譲渡所得　　　② 65 万円
(3)　① 不動産所得　　② 65 万円　　　　　　[2017 年 5 月試験50㊈]

問題4

三択

□ □ □

　所得税において、青色申告者に損益通算してもなお控除しきれない損失の金額（純損失の金額）が生じた場合、その損失の金額を翌年以後最長で（　　　　）繰り越して、翌年以後の所得金額から控除することができる。

(1)　3 年間　　(2)　5 年間　　(3)　7 年間　　　[2023 年 5 月試験50]

解答3
正解 **3**

事業所得または**不動産所得**を生ずべき事業を営む青色申告者が、その取引の内容を正規の簿記の原則により記帳し、それに基づいて作成した貸借対照表等を添付した確定申告書を法定申告期限内に提出した場合、**青色申告特別控除**の控除額は原則として **55 万円**です。ただし、**e-Tax** を使用してこれらの書類を提出した場合、控除額は **65 万円**となります。

 なお、山林所得に係る控除額は、10万円となります。

テキスト p.237

解答4
正解 **1**

青色申告の特典として、純損失の金額は翌年以後最長で **3 年間**繰り越して、翌年以後の所得金額から控除することができます。

テキスト p.237

問題1　次の設例に基づいて、下記の各問に答えなさい。

［2023年5月試験・個人　第3問］

----------《 設　例 》----------

　会社員のAさんは、妻Bさん、長女Cさんおよび二女Dさんとの4人家族である。Aさんは、2024年中に「ふるさと納税」の制度を初めて利用し、10の地方自治体に計8万円の寄附を行っている。

〈Aさんとその家族に関する資料〉

Aさん（48歳）　　：会社員

妻Bさん（45歳）　：2024年中に、パートタイマーとして給与収入90万円を受け取っている。

長女Cさん（17歳）：高校生。2024年中の収入はない。

二女Dさん（13歳）：中学生。2024年中の収入はない。

〈Aさんの2024年分の収入等に関する資料〉

(1)　給与収入の金額：780万円

(2)　一時払変額個人年金保険（10年確定年金）の解約返戻金

　　　契約年月　　　　　　　　　　　　：2016年4月

　　　契約者（＝保険料負担者）・被保険者　：Aさん

　　　死亡保険金受取人　　　　　　　　：妻Bさん

　　　解約返戻金額　　　　　　　　　　：330万円

　　　正味払込保険料　　　　　　　　　：300万円

(3)　上場株式の譲渡損失の金額（証券会社を通じて譲渡したもの）：10万円

※妻Bさん、長女Cさんおよび二女Dさんは、Aさんと同居し、生計を一にしている。

※Aさんとその家族は、いずれも障害者および特別障害者には該当しない。

※Aさんとその家族の年齢は、いずれも2024年12月31日現在のものである。

※上記以外の条件は考慮せず、各問に従うこと。

《問1》 Aさんの2024年分の所得税における総所得金額は、次のうちどれか。
(1) 592万円
(2) 612万円
(3) 622万円

〈資料〉給与所得控除額

給与収入金額		給与所得控除額
万円超	万円以下	
～	180	収入金額×40%－10万円（55万円に満たない場合は、55万円）
180 ～	360	収入金額×30%＋8万円
360 ～	660	収入金額×20%＋44万円
660 ～	850	収入金額×10%＋110万円
850 ～		195万円

《問2》 Aさんの2024年分の所得税における所得控除に関する次の記述のうち、最も不適切なものはどれか。
(1) 「Aさんが適用を受けることができる配偶者控除の額は、38万円です」
(2) 「Aさんが適用を受けることができる扶養控除の額は、76万円です」
(3) 「Aさんが適用を受けることができる基礎控除の額は、48万円です」

《問3》 Aさんの2024年分の所得税の確定申告に関する次の記述のうち、最も適切なものはどれか。
(1) 「Aさんは、所得税の確定申告をすることで、上場株式の譲渡損失の金額を前年に繰り戻し、前年分の所得に対する所得税額の還付を受けることが

できます」

(2) 「Aさんは、総所得金額に算入される一時所得の金額が20万円を超えるため、所得税の確定申告をしなければなりません」

(3) 「Aさんは、ふるさと納税に係る寄附金控除について、年末調整では適用を受けることができませんので、所得税の確定申告が必要となります」

解答1 問1 **1**

Aさんの2024年分の所得税における総所得金額は、各種所得を合計して算出します。

(1) 給与所得の金額を求めます。

給与所得の金額＝給与収入金額－給与所得控除額（速算表）
＝780万円－（780万円×10％＋110万円）
＝**592万円**

(2) 一時払変額個人年金保険の解約返戻金は、一時所得となります。一時所得の金額は次の式で求められます。

一時所得の金額＝解約返戻金－正味払込保険料－特別控除額30万円
＝330万円－300万円－30万円
＝0円

※一時所得の総収入金額から支出金額を引いた金額が50万円以下の時は、特別控除額はその金額までとなります。

(3) 譲渡損失の金額は**10万円**ですが、上場株式の譲渡損失は、他の所得と損益通算できないため、総所得金額の計算には含めません。

上記より、総所得金額は給与所得の**592万円**のみとなります。

 テキスト p.201,206,207,211

解答1 問2 **2**

(1) 適切。

〈配偶者控除の控除額〉

納税者本人の合計所得金額		控除対象配偶者	老人控除対象配偶者
	900万円以下	**38万円**	48万円
900万円超	950万円以下	26万円	32万円
950万円超	1,000万円以下	13万円	16万円

控除対象配偶者とは、合計所得金額が1,000万円以下である納税者本人と生計を一にする配偶者（合計所得金額が48万円以下）のことです。45歳の妻Bさんは、2024年中に、パートタイマーとして給与収入90万円を得ています。給与収入90万円から給与所得控除額55万円を差し引くと、給与所得は35万円となり、合計所得金額が**48万円以下**になります。したがって、妻Bさんは控除対象配偶者となり、配偶者控除の額は**38万円**となります。

(2) 不適切。

〈扶養控除の控除額〉

区　分		控除額
一般の控除対象扶養親族（16 歳以上）		**38 万円**
特定扶養親族（19 歳以上 23 歳未満※1）		**63 万円**
老人扶養親族 （70 歳以上※1）	同居老親等以外の者	48 万円
	同居老親等※2	58 万円

※1　その年の 12 月 31 日現在の年齢

※2　納税者本人又は配偶者の父母・祖父母など

　　17 歳の長女Cさんは 2024 年中の収入がなく、年間の合計所得金額が **48 万円以下** であるため控除対象扶養親族の要件を満たし、一般の控除対象扶養親族として、**38 万円** が控除されます。

　　13 歳の二女Dさんは、扶養控除の対象外です。

(3)　適切。所得税における基礎控除の額は、納税者本人の合計所得金額に応じて次の表のとおりとなります。Aさんの合計所得金額は **2,400 万円以下** ですから、適用を受けることができる基礎控除の額は **48 万円** です。

〈基礎控除の控除額〉

納税者本人の合計所得金額	控除額
2,400 万円以下	**48 万円**
2,400 万円超　2,450 万円以下	32 万円
2,450 万円超　2,500 万円以下	16 万円
2,500 万円超	0 円

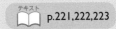

テキスト
p.221,222,223

【解答1 問3】　**3**

(1)　不適切。**上場株式の譲渡損失** の金額について、繰り戻し還付は **できません**。

(2)　不適切。会社員で給与所得以外の所得が 20 万円を超える場合には、確定申告が必要ですが、問 1 の解説のとおり、総所得全額に算入される一時所得はありませんので確定申告の必要はありません。

(3)　適切。ふるさと納税には、**ワンストップ特例制度** があり、5 つまでの自治体までなら確定申告なしで寄附金控除が適用できます。Aさんは 10 の自治体に寄附しているため、確定申告が必要です。

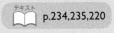

テキスト
p.234,235,220

　次の設例に基づいて、下記の各問に答えなさい。

----------《 設　例 》----------

　　会社役員のAさんは、妻Bさんおよび長女Cさんとの 3 人暮らしである。Aさんは、2024 年 8 月から老齢基礎年金を受給している。なお、不動産所得の金額の前の「▲」は赤字であることを表している。

　　また、Aさんは、2024 年中にAさん自身に係る入院・手術・通院に係る医療費を支払ったため、医療費控除の適用を検討している。

〈Aさんとその家族に関する資料〉

Aさん（65 歳）　　　：会社役員

妻Bさん（60 歳）　　：2024 年中に、パートタイマーとして給与収入 100 万円を得ている。

長女Cさん（25 歳）：大学院生。2024 年中の収入はない。

〈Aさんの 2024 年分の収入等に関する資料〉

(1)　給与収入の金額　　　　：1,000 万円

(2)　老齢基礎年金の年金額：35 万円

(3)　不動産所得の金額　　：▲ 100 万円（注）

（注）：土地等の取得に係る負債の利子はない

※妻Bさんおよび長女Cさんは、Aさんと同居し、生計を一にしている。

※Aさんとその家族は、いずれも障害者および特別障害者には該当しない。

※Aさんとその家族の年齢は、いずれも 2024 年 12 月 31 日現在のものである。

※上記以外の条件は考慮せず、各問に従うこと。

《問 1 》　Aさんの 2024 年分の所得税における総所得金額は、次のうちどれか。

(1)　705 万円

(2)　740 万円

(3)　840 万円

〈資料〉給与所得控除額

給与収入金額		給与所得控除額
万円超	万円以下	
〜	180	収入金額 × 40% − 10 万円 $\left(\begin{smallmatrix}55\,万円に満たない\\場合は、55\,万円\end{smallmatrix}\right)$
180 〜	360	収入金額 × 30% + 8 万円
360 〜	660	収入金額 × 20% + 44 万円
660 〜	850	収入金額 × 10% + 110 万円
850 〜		195 万円

《問2》 Aさんの 2024 年分の所得税における所得控除に関する以下の文章の空欄①〜③に入る数値の組合せとして、次のうち最も適切なものはどれか。

i）「妻Bさんの合計所得金額は（　①　）万円以下であるため、Aさんは配偶者控除の適用を受けることができます。Aさんが適用を受けることができる配偶者控除の控除額は、（　②　）万円です」

ii）「Aさんが適用を受けることができる長女Cさんに係る扶養控除の控除額は、（　③　）万円です」

(1)　① 38　　② 48　　③ 63

(2)　① 48　　② 38　　③ 38

(3)　① 103　② 48　　③ 38

〈資料〉配偶者控除額の金額

居住者の合計所得金額		一般の控除対象配偶者	老人控除対象配偶者
万円超	万円以下		
〜	900	38 万円	48 万円
900 〜	950	26 万円	32 万円
950 〜	1,000	13 万円	16 万円

《問3》 Aさんの 2024 年分の所得税における医療費控除に関する次の記述のうち、最も適切なものはどれか。

(1)　「Aさんが 2024 年中に支払った医療費の金額の合計額が 20 万円を超えていない場合、医療費控除額は算出されません」

(2)　「生命保険契約から支払われた入院給付金や健康保険から支給を受けた高

額療養費がある場合は、支払った医療費の総額からそれらの金額を控除する必要があります」

⑶ 「Aさんは、2024年中に支払った医療費の領収書を勤務先に提出することで、年末調整において医療費控除の適用を受けることができます」

解答2 問1 　**1**

　Aさんの2024年分の所得税における総所得金額は、各種所得を合計して算出します。
⑴ 給与所得の金額を求めます。
　　　給与所得の金額＝給与収入金額－給与所得控除額（速算表）
　　　　　　　　　　＝1,000万円－195万円
　　　　　　　　　　＝**805万円**
⑵ 老齢基礎年金の年金額は雑所得となります。公的年金に係る雑所得の金額は、次の式で求められます。
　　　公的年金等に係る雑所得の金額＝年金収入－公的年金等控除額
　　65歳以上で、公的年金等に係る雑収入以外の合計所得金額が1,000万円以下の者の公的年金等控除額は110万円となります。したがって、
　　　公的年金に係る雑所得の金額＝35万円－110万円
　　　　　　　　　　　　　　　　＝▲75万円　∴**0円**
⑶ 最後に、不動産所得の損失は、損益通算の対象となります。
　　　　　　　　　　　　　　　　＝**▲100万円**
　　上記より、Aさんの2024年分の所得税における総所得金額は、次のとおりとなります。
　　805万円＋0円－100万円＝**705万円**

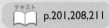

テキスト
p.201,208,211

解答2 問2 　**2**

ⅰ）「妻Bさんの合計所得金額は（① 48）万円以下であるため、Aさんは配偶者控除の適用を受けることができます。Aさんが適用を受けることができる配偶者控除の控除額は、（② 38）万円です」
ⅱ）「Aさんが適用を受けることができる長女Cさんに係る扶養控除の控除額は、（③ 38）万円です」
〈解説〉
　妻Bさんの合計所得金額は45万円（給与収入100万円－給与所得控除55万円）であり、合計所得金額が48万円（給与収入103万円－給与所得控除55万円）以下となるため、Aさんの控除対象配偶者に該当します。Aさんの合計所得金額は問1で求めたとおり**705万円**であり、**900万円以下**に該当するため、Aさんの配偶者控除（一般の控除対象配偶者）の額は38万円となります。また、長女Cさん（25歳）は収入がないため扶養対象親族に該当し、扶養控除の額は38万円となります。

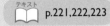

テキスト
p.221,222,223

解答2 問3　　**2**

(1) 不適切。医療費控除の控除額は次のように算出されます。

医療費控除の金額（200 万円限度）＝実際に支払った医療費の合計額－10 万円※

※総所得金額等が 200 万円未満の人は、10 万円ではなく、総所得金額等の 5 ％の金額になります

したがって、Aさんについて、支払った医療費の合計額が 10 万円を超えていない場合、医療費控除額は算出されません。

(2) 適切。医療費控除の計算において、実際に支払った医療費の合計額を求める際、生命保険契約などの入院給付金や、健康保険などの高額療養費・家族療養費・出産育児一時金など、保険金などで補てんされる金額は差し引かれます。

(3) 不適切。**医療費控除**は勤務先の年末調整によって適用を受けることはできず、納税者本人が**確定申告**をする必要があります。原則として、申告書は翌年 **2 月 16 日**から **3 月 15 日**までの間にAさんの**住所地を所轄する税務署長**に提出します。

テキスト
p.218,217

［2023 年 1 月試験・保険　第 4 問⑭］

《 設　例 》

　個人事業主であるＡさんは、開業後直ちに青色申告承認申請書と青色事業専従者給与に関する届出書を所轄税務署長に対して提出している青色申告者である。Ａさんは、2024 年中に終身保険の解約返戻金を受け取っている。

〈Ａさんとその家族に関する資料〉

Ａさん（50 歳）　　　：個人事業主（青色申告者）

妻Ｂさん（47 歳）　　：Ａさんの事業に専ら従事し、2024 年中に、青色事業専従者として給与収入 80 万円を得ている。

長女Ｃさん（21 歳）：大学生。2024 年中に、塾講師のアルバイトとして給与収入 90 万円を得ている。

二女Ｄさん（17 歳）：高校生。2024 年中の収入はない。

〈Ａさんの 2024 年分の収入等に関する資料〉

(1)　事業所得の金額　　　　　　　　　　：450 万円（青色申告特別控除後）

(2)　終身保険の解約返戻金

　　契約年月　　　　　　　　　　　　：2012 年 5 月

　　契約者（＝保険料負担者）・被保険者：Ａさん

　　死亡保険金受取人　　　　　　　　：妻Ｂさん

　　解約返戻金額　　　　　　　　　　：240 万円

　　正味払込保険料　　　　　　　　　：270 万円

※妻Ｂさん、長女Ｃさんおよび二女Ｄさんは、Ａさんと同居し、生計を一にしている。

※Ａさんとその家族は、いずれも障害者および特別障害者には該当しない。

※Ａさんとその家族の年齢は、いずれも 2024 年 12 月 31 日現在のものである。

※上記以外の条件は考慮せず、各問に従うこと。

《**問1**》 所得税における青色申告制度に関する以下の文章の空欄①～③に入る数値の組合せとして、次のうち最も適切なものはどれか。

> i ）「事業所得の金額の計算上、青色申告特別控除として最高（ ① ）万円を控除することができます。（ ① ）万円の青色申告特別控除の適用を受けるためには、事業所得に係る取引を正規の簿記の原則に従い記帳し、その記帳に基づいて作成した貸借対照表、損益計算書その他の計算明細書を添付した確定申告書を法定申告期限内に提出することに加えて、e-Tax による申告（電子申告）または電子帳簿保存を行う必要があります。なお、確定申告書を法定申告期限後に提出した場合、青色申告特別控除額は最高（ ② ）万円となります」
>
> ii ）「青色申告者が受けられる税務上の特典として、青色申告特別控除のほかに、青色事業専従者給与の必要経費算入、純損失の（ ③ ）年間の繰越控除、純損失の繰戻還付、棚卸資産の評価について低価法を選択することができることなどが挙げられます」

(1) ① 55　② 10　③ 7
(2) ① 65　② 55　③ 7
(3) ① 65　② 10　③ 3

《**問2**》 Aさんの 2024 年分の所得税における所得控除に関する次の記述のうち、最も不適切なものはどれか。
(1) 「妻Bさんは青色事業専従者として給与の支払を受けているため、Aさんは、配偶者控除の適用を受けることができません」
(2) 「長女Cさんは、特定扶養親族に該当するため、Aさんは、長女Cさんについて 63 万円の扶養控除の適用を受けることができます」
(3) 「二女Dさんは、控除対象扶養親族に該当しないため、Aさんは、二女Dさんについて扶養控除の適用を受けることができません」

《**問3**》 Aさんの 2024 年分の所得税における総所得金額は、次のうちどれか。
(1) 420 万円　(2) 450 万円　(3) 690 万円

解答3 問1 　3

ⅰ）「事業所得の金額の計算上、青色申告特別控除として最高（① 65）万円を控除することができます。（① 65）万円の青色申告特別控除の適用を受けるためには、事業所得に係る取引を正規の簿記の原則に従い記帳し、その記帳に基づいて作成した貸借対照表、損益計算書その他の計算明細書を添付した確定申告書を法定申告期限内に提出することに加えて、e-Tax による申告（電子申告）または電子帳簿保存を行う必要があります。なお、確定申告書を法定申告期限後に提出した場合、青色申告特別控除額は最高（② 10）万円となります」

ⅱ）「青色申告者が受けられる税務上の特典として、青色申告特別控除のほかに、青色事業専従者給与の必要経費算入、純損失の（③ 3）年間の繰越控除、純損失の繰戻還付、棚卸資産の評価について低価法を選択することができることなどが挙げられます」

〈解説〉

ⅰ）e-Tax による申告を行わず、確定申告書を法定申告期限内に提出した場合は最高 55 万円の控除となります。

テキスト
p.236,237

解答3 問2 　3

(1) 適切。配偶者が青色事業専従者として給与の支払を受けている場合、配偶者の合計所得金額にかかわらず、**配偶者控除**の適用を受けることが**できません**。

(2) 適切。**19 歳以上 23 歳未満**で合計所得金額が **48 万円以下**（長女Ｃさんの給与所得：90 万円－55 万円＝35 万円）の扶養親族は特定扶養親族に該当するため、**63 万円**の扶養控除の適用を受けることができます。

(3) 不適切。**16 歳以上**で合計所得金額が **48 万円以下**（二女Ｄさんの所得：０円）の扶養親族は一般の控除対象扶養親族に該当するため、Ａさんは **38 万円**の扶養控除の適用を受けることができます。

〈解説〉

(2)(3) 扶養控除は、合計所得金額が 48 万円以下の扶養親族に適用されます。

区　　分		控除額
16 歳以上（一般の控除対象扶養親族）		38 万円
19 歳以上 23 歳未満（特定扶養親族）		63 万円
23 歳以上 70 歳未満（一般の控除対象扶養親族）		38 万円
70 歳以上 （老人扶養親族）	同居老親等以外の者	48 万円
	同居老親等	58 万円

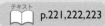
テキスト
p.221,222,223

解答3 問3 　2

Ａさんの 2024 年分の所得税における総所得金額は、各種所得を合計して算出します。

(1) 事業所得は、青色申告特別控除後の **450 万円**が課税対象となります。

(2) 終身保険の解約返戻金は一時所得となります。一時所得の金額は次の式で求められます。

一時所得の金額＝解約返戻金－正味払込保険料－特別控除額50万円
　　　　　　　＝240万円－270万円
　　　　　　　＝▲30万円

※一時所得の特別控除額は最大50万円ですが、総収入金額から支出金額を引いた金額がマイナスの場合は控除される金額はありません。

　一時所得の損失は、他の所得と損益通算できないため、総所得金額の計算には含めません。

上記より、総所得金額は、事業所得の**450万円**のみとなります。

 p.198,206,207,211

　　　次の設例に基づいて、下記の各問に答えなさい。

［2023年5月・9月試験・保険　第4問］

《　設　例　》

　　会社員のAさんは、妻Bさん、長女Cさんとの3人家族である。Aさんは、2024年中に一時払変額個人年金保険（10年確定年金）の解約返戻金を受け取っている。

〈Aさんとその家族に関する資料〉

Aさん（50歳）　　　：会社員

妻Bさん（45歳）　　：パートタイマー。2024年中に給与収入100万円を得ている。

長女Cさん（17歳）：高校生。2024年中の収入はない。

〈Aさんの2024年分の収入等に関する資料〉

(1)　給与収入の金額　　　　　　　　　：650万円

(2)　一時払変額個人年金保険（10年確定年金）の解約返戻金

契約年月　　　　　　　　　　　　：2016年6月

契約者（＝保険料負担者）・被保険者　：Aさん

死亡保険金受取人　　　　　　　　：妻Bさん

解約返戻金額　　　　　　　　　　：440万円

正味払込保険料　　　　　　　　　：400万円

〈Aさんが2024年中に支払った生命保険の保険料に関する資料〉

(1)　終身保険（特約付加なし）

契約年月　　　　　　　　　　　　：2014年5月

契約者（＝保険料負担者）・被保険者：Aさん

年間正味払込保険料　　　　　　　：12万円（全額が一般の生命保険料控除の対象）

(2)　終身がん保険（死亡保障なし）

契約年月　　　　　　　　　　　　：2024年6月

契約者（＝保険料負担者）・被保険者：Aさん

年間正味払込保険料　　　　　　　：9万円（全額が介護医療保険料控除の対象）

※妻Bさんおよび長女Cさんは、Aさんと同居し、生計を一にしている。

※Aさんとその家族は、いずれも障害者および特別障害者には該当しない。

※Aさんとその家族の年齢は、いずれも2024年12月31日現在のものである。

※上記以外の条件は考慮せず、各問に従うこと。

《問1》 Aさんの2024年分の所得税における生命保険料控除の控除額は、次のうちどれか。

(1) 4万円   (2) 8万円   (3) 10万円

《問2》 Aさんの2024年分の所得税の課税に関する次の記述のうち、最も適切なものはどれか。

(1) 「Aさんが受け取った一時払変額個人年金保険の解約返戻金は、源泉分離課税の対象となります」

(2) 「Aさんが適用を受けることができる配偶者控除の額は、38万円です」

(3) 「Aさんが適用を受けることができる扶養控除の額は、63万円です」

解答4 問1　**2**

　2012年1月1日以後の契約における生命保険料控除は、**一般の生命保険料、介護医療保険料、個人年金保険料**に区分し、それぞれの区分の控除の適用限度額はそれぞれの区分の年間払込保険料が8万円以上の場合、**所得税**で40,000円、各区分の合計で12万円となります。なお、**住民税**で28,000円となります。

　　4万円（一般の生命保険料控除）＋4万円（介護医療保険料控除）＝**8万円**

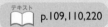 p.109,110,220

解答4 問2　**2**

(1)　不適切。一時払変額個人年金保険の解約返戻金は、原則、**一時所得**として総合課税の対象となります。

(2)　適切。Aさんの合計所得金額が900万円以下で、配偶者の合計所得金額が**48万円以下**（妻Bさんの給与所得：100万円−55万円＝45万円）の場合、**38万円**の配偶者控除の適用を受けることができます。

(3)　不適切。16歳以上の扶養親族の合計所得金額が**48万円以下**（長女Cの所得：0円）の場合、一般の控除対象扶養親族に該当し、**38万円**の扶養控除の適用を受けることができます。長女Cさんは17歳であるため、一般の控除対象扶養親族に該当し、Aさんは38万円の扶養控除の適用を受けることができます。

〈解説〉

(2)　配偶者控除の控除額

控除を受ける納税者 本人の合計所得金	控除額	
	一般の控除対象配偶者	老人控除対象配偶者
900万円以下	**38万円**	48万円
900万円超　　950万円以下	26万円	32万円
950万円超　1,000万円以下	13万円	16万円

(3)　扶養控除の控除額

区分		控除額
一般の控除対象扶養親族（16歳以上）		**38万円**
特定扶養親族（19歳以上23歳未満）		**63万円**
老人扶養親族 （70歳以上）	同居老親等以外の者	48万円
	同居老親等	**58万円**

 p.206,221,222,223

問題1　佐野さんの2024年分の収入は、下記〈資料〉のとおりである。〈資料〉の空欄 (ア) と (イ) にあてはまる所得の種類の組み合わせとして最も適切なものはどれか。　　　　　　　　[2023年1月試験⑾]

□ □ □

〈資料〉

所得区分	収入等の内容	備考
(ア)	剰余金の分配20万円	上場株式等の利益剰余金に係る分配である。
(イ)	受取保険金100万円	保険期間20年の一時払養老保険の満期保険金 (契約者・保険料負担者は佐野さん)。一時金で受け取っている。

(1) (ア) 利子所得　　(イ) 一時所得

(2) (ア) 配当所得　　(イ) 雑所得

(3) (ア) 配当所得　　(イ) 一時所得

問題2　飲食店を営む個人事業主の天野さんは、2024年11月に器具を購入し、事業の用に供している。天野さんの2024年分の所得税における事業所得の金額の計算上、必要経費に算入すべき減価償却費の金額として、正しいものはどれか。なお、器具の取得価額は90万円、2024年中の事業供用月数は2カ月、耐用年数は5年とする。また、天野さんは個人事業を開業して以来、器具についての減価償却方法を選択したことはない。　　[2022年5月試験⑾改]

□ □ □

〈耐用年数表 (抜粋)〉

法定耐用年数	定額法の償却率	定率法の償却率
5年	0.200	0.400

〈減価償却費の計算方法〉

取得価額×償却率×事業供用月数÷12カ月

(1) 30,000円　　(2) 60,000円　　(3) 180,000円

解答1

正解 **3**

法人から株主や出資者が受ける剰余金や利益の配当、剰余金の分配などは**配当所得**です。
一時払養老保険の満期保険金は、契約から5年を超えて受け取る場合は、**一時所得**です。

なお、一時払養老保険等で保険期間等が5年以下および保険期間等が5年
超で5年以内に解約された場合は、金融類似商品として20.315%の源泉分離
課税が適用されます。

テキスト
p.196,206

解答2

正解 **1**

時間の経過とともに価値が目減りする資産について、減じた価値を事業所得等の必要経費
として処理することを**減価償却**といいます。償却方法を選択しなかった場合の法定償却方法
は**定額法**です。2024年の事業の用に供した期間は11〜12月の**2カ月間**です。

$$減価償却費＝取得価額×耐用年数に応じた償却率×\frac{事業の用に供した月数}{12カ月}$$

$$＝90万円×0.200×\frac{2カ月}{12カ月}$$

$$＝\underline{30,000円}$$

テキスト
p.199,200

　会社員の飯田さんは、2024年中に勤務先を定年退職した。飯田さんの退職に係るデータが下記〈資料〉のとおりである場合、飯田さんの所得税に係る退職所得の金額として、正しいものはどれか。

[2022年5月試験(12)]

〈資料〉

[飯田さんの退職に係るデータ]

・支給された退職一時金：1,800万円

・勤続期間：23年4カ月

　※1年に満たない月は1年に切り上げて退職所得控除額を計算する。

・勤務した会社で役員であったことはない。

・退職は障害者になったことに基因するものではない。

・2023年以前に受け取った退職金はない。

・「退職所得の受給に関する申告書」は適切に提出されている。

[参考：退職所得控除額の求め方]

勤続年数	退職所得控除額
20年以下	40万円×勤続年数(80万円に満たない場合には、80万円)
20年超	800万円＋70万円×(勤続年数－20年)

⑴　360万円　　⑵　395万円　　⑶　720万円

解答3

正解 **1**

退職所得の計算は次のとおりです。

$$退職所得 = (収入金額 - 退職所得控除額) \times \frac{1}{2}$$

なお、退職所得控除額を求める際、勤続年数の1年未満の端数は、1年に切り上げるため、勤続年数は24年として計算します。したがって、

退職所得控除額＝800万円＋70万円×(勤続年数－20年)

＝800万円＋70万円×(24年－20年)

＝**1,080万円**

$$退職所得 = (退職金 - 退職所得控除額) \times \frac{1}{2}$$

$$= (1,800万円 - 1,080万円) \times \frac{1}{2}$$

＝**360万円**

〈退職所得控除額〉

勤続年数	退職所得控除額
20年以下	40万円×勤続年数(最低80万円)
20年超	800万円＋70万円×(勤続年数－20年)

テキスト
p.202

4
章

タックスプランニング

実技

　大津さん（66歳）の2024年分の収入は下記〈資料〉のとおりである。大津さんの2024年分の所得税における総所得金額として、正しいものはどれか。なお、記載のない事項については一切考慮しないものとする。

[2023年9月試験(11)改]

〈資料〉

内容	金額
アルバイト収入	200万円
老齢基礎年金	78万円

※アルバイト収入は給与所得控除額を控除する前の金額である。
※老齢基礎年金は公的年金等控除額を控除する前の金額である。

〈給与所得控除額の速算表〉

給与等の収入金額	給与所得控除額
162.5万円 以下	55万円
162.5万円 超　180万円 以下	収入金額×40％－10万円
180万円 超　360万円 以下	収入金額×30％＋8万円
360万円 超　660万円 以下	収入金額×20％＋44万円
660万円 超　850万円 以下	収入金額×10％＋110万円
850万円 超	195万円（上限）

〈公的年金等控除額の速算表〉

納税者区分	公的年金等の収入金額（A）	公的年金等控除額 公的年金等に係る雑所得以外の所得に係る合計所得金額 1,000万円 以下
65歳未満の者	130万円 以下	60万円
	130万円 超　410万円 以下	（A）×25％＋27.5万円
	410万円 超　770万円 以下	（A）×15％＋68.5万円
	770万円 超　1,000万円 以下	（A）×5％＋145.5万円
	1,000万円 超	195.5万円

65歳以上の者	330万円 以下	110万円
	330万円 超　410万円 以下	（A）×25％＋27.5万円
	410万円 超　770万円 以下	（A）×15％＋68.5万円
	770万円 超 1,000万円 以下	（A）× 5 ％＋145.5万円
	1,000万円 超	195.5万円

(1)　132万円　　(2)　150万円　　(3)　200万円

解答4

正解　**1**

大津さん（66歳）の2024年分の所得税における総所得金額：132万円
給与所得の金額＝アルバイト収入－給与所得控除額
　　　　　　　＝200万円－（200万円×30％＋ 8万円）
　　　　　　　＝132万円
雑所得の金額　＝老齢基礎年金の年金額－公的年金等控除額（65歳以上の者）
　　　　　　　＝78万円－110万円
　　　　　　　＝▲32万円　∴ 0円
上記より、総所得金額は給与所得の **132万円** のみとなります。

 テキスト
p.201,208,211

問題5
□ □ □ 　杉山さんは2024年中に勤務先を退職し、個人事業主として美容室を始めた。杉山さんの2024年分の各種所得の金額が下記〈資料〉のとおりである場合、杉山さんの2024年分の所得税における総所得金額として正しいものはどれか。なお、杉山さんの2024年中の所得は〈資料〉に記載されている所得以外にはないものとする。

[2022年9月試験⑿改]

〈資料〉

```
［杉山さんの2024年分の所得の金額］
事業所得の金額　　　360万円
給与所得の金額　　　200万円
退職所得の金額　　　100万円
```

(1)　660万円　　　(2)　560万円　　　(3)　460万円

問題6
□ □ □ 　会社員の大垣さんの2024年分の所得等が下記〈資料〉のとおりである場合、大垣さんが2024年分の所得税の確定申告をする際に、給与所得と損益通算できる損失の金額として、正しいものはどれか。なお、▲が付された所得の金額は、その所得に損失が発生していることを意味するものとする。

[2022年1月試験⑿改]

〈資料〉

所得または損失の種類	所得金額	備考
給与所得	800万円	勤務先からの給与であり、年末調整は済んでいる。
不動産所得	▲200万円	収入金額：300万円　必要経費：500万円 ＊必要経費の中には、土地等の取得に要した借入金の利子が50万円ある。
雑所得	▲10万円	副業で行っている執筆活動に係る損失

(1)　▲200万円　　　(2)　▲160万円　　　(3)　▲150万円

解答5

正解 **2**

退職所得の金額は、**分離課税の対象**であるため総所得金額に算入しません。
したがって、事業所得と給与所得の金額を合算します。

  総所得金額＝事業所得の金額＋給与所得の金額
     ＝360 万円＋200 万円
     ＝**560 万円**

テキスト
p.203

解答6

正解 **3**

 他の所得の金額と損益通算が可能な損失は、**不動産所得・事業所得・山林所得・譲渡所得**
で生じた損失です。したがって、**雑所得の損失は損益通算できません。**なお、不動産所得に
おいて、土地等を取得するために要した**負債の利子**50 万円は、**損益通算の対象外**となります。

  不動産所得における損益通算可能額＝300 万円－（500 万円－50 万円）
           ＝**▲150 万円**

テキスト
p.211

□□□ 下記〈資料〉に基づき、目黒昭雄さんの 2024 年分の所得税を計算する際の所得控除に関する次の記述のうち、最も適切なものはどれか。

[2023 年 5 月試験(11)⑳]

〈資料〉

氏名	続柄	年齢	2024 年分の所得等	備考
目黒　昭雄	本人（世帯主）	50 歳	給与所得 620 万円	会社員
聡美	妻	48 歳	給与所得 100 万円	パート
幸一	長男	21 歳	所得なし	大学生
浩二	二男	14 歳	所得なし	中学生

※ 2024 年 12 月 31 日時点のデータである。

※家族は全員、昭雄さんと同居し、生計を一にしている。

※障害者または特別障害者に該当する者はいない。

(1) 妻の聡美さんは控除対象配偶者となり、昭雄さんは 38 万円を控除することができる。

(2) 長男の幸一さんは特定扶養親族となり、昭雄さんは 63 万円を控除することができる。

(3) 二男の浩二さんは一般の扶養親族となり、昭雄さんは 38 万円を控除することができる。

正解 **2**

(1) **不適切**。控除対象配偶者とは、合計所得金額が **1,000 万円以下**である納税者本人と生計を一にする配偶者（合計所得金額が **48 万円**[※]**以下**）です。
　　妻の聡美さんの給与所得金額は 100 万円ですから、控除対象配偶者ではありません。したがって、昭雄さんは **38 万円**を控除することができません。
　　※年収 103 万円－給与所得控除額 55 万円＝48 万円

(2) **適切**。長男の幸一さんは 21 歳で所得がないため、特定扶養親族です。昭雄さんは **63 万円**を控除することができます。

(3) **不適切**。一般の扶養親族は **16 歳以上**が対象です。二男の浩二さんは 14 歳であるため、一般の扶養親族ではありません。したがって、昭雄さんは **38 万円**を控除することができません。

〈扶養控除の控除額〉

区　　　分		控除額
16 歳以上（一般の控除対象扶養親族）		38 **万円**
19 歳以上 23 歳未満[※1]（特定扶養親族）		63 **万円**
23 歳以上 70 歳未満（一般の控除対象扶養親族）		38 **万円**
70 歳以上 （老人扶養親族）	同居老親等以外の者	48 **万円**
	同居老親等[※2]	58 **万円**

※1　その年の 12 月 31 日現在の年齢
※2　納税者本人又は配偶者の父母・祖父母など

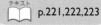
テキスト
p.221,222,223

問題8
□ □ □

落合さんは、個人でアパートの賃貸をしている青色申告者である。落合さんの2024年分の所得および所得控除が下記〈資料〉のとおりである場合、落合さんの2024年分の所得税額として、正しいものはどれか。なお、落合さんに〈資料〉以外の所得はなく、復興特別所得税や税額控除、源泉徴収税額、予定納税、および定額減税等については一切考慮しないこととする。［2023年1月試験⑫改］

〈資料〉

［2024年分の所得］

不動産所得の金額　580万円

※必要経費や青色申告特別控除額を控除した後の金額である。

［2024年分の所得控除］

所得控除の合計額　130万円

〈所得税の速算表〉

課税される所得金額		税率	控除額
1,000円から	1,949,000円まで	5％	0円
1,950,000円から	3,299,000円まで	10％	97,500円
3,300,000円から	6,949,000円まで	20％	427,500円
6,950,000円から	8,999,000円まで	23％	636,000円
9,000,000円から	17,999,000円まで	33％	1,536,000円
18,000,000円から	39,999,000円まで	40％	2,796,000円
	40,000,000円以上	45％	4,796,000円

（注）課税される所得金額の1,000円未満の端数は切捨て

(1)　900,000円　　(2)　732,500円　　(3)　472,500円

解答8

正解　3

　課税される所得金額は、不動産所得 580 万円から所得控除 130 万円を引いた 450 万円となります。〈所得税の速算表〉より、税率は 20%、控除額は 427,500 円となります。

　上記から、所得税額の計算は次のように求められます。

　所得税額＝課税される所得金額×税率－控除額

　　　　　＝（総所得金額－所得控除）×税率－控除額

　　　　　＝（450 万円）×20%－427,500 円

　　　　　＝**472,500 円**

テキスト
p.227

問題9 所得税の青色申告特別控除に関する次の記述の空欄（ア）～（ウ）にあてはまる語句の組み合わせとして、最も適切なものはどれか。

［2024年1月試験⑿］

・不動産所得または事業所得を生ずべき事業を営んでいる青色申告者で、これらの所得に係る取引を正規の簿記の原則（一般的には複式簿記）により記帳し、その記帳に基づいて作成した貸借対照表および（　ア　）を確定申告書に添付して法定申告期限内に提出している場合には、原則として、これらの所得を通じて最高（　イ　）を控除することができる。

・この（　イ　）の青色申告特別控除を受けることができる人が、所定の帳簿の電子帳簿保存または国税電子申告・納税システム（e-Tax）により電子申告を行っている場合には、最高（　ウ　）の青色申告特別控除が受けられる。

(1) （ア）損益計算書　　（イ）10万円　　（ウ）55万円

(2) （ア）損益計算書　　（イ）55万円　　（ウ）65万円

(3) （ア）収支内訳書　　（イ）55万円　　（ウ）65万円

正解 **2**

　青色申告者が、所定の様式に沿って作成した**貸借対照表**および**損益計算書**を確定申告書に添付して法定期限内に提出した場合、最高 **55 万円**を控除することができます（この控除を「**青色申告特別控除**」といいます）。また、これらの申告を e-Tax により行った場合は、**65 万円**まで控除することができます。

テキスト
p.236,237

5章

不動産

「借地借家法」「建築基準法」といった、各種法律の内容について押さえておくことが重要です。

さらに、不動産の譲渡に係る税金についての問題も頻出です。

不動産の譲渡は特例も多いため、それぞれの特例の違いについて、完璧にマスターしておきましょう。

5章 学科 不動産

1 不動産の登記制度

不動産の情報

問題1
○×
□ □ □
　　不動産の登記事項証明書は、対象不動産の所有者以外の者であっても、所定の手数料を納付して交付を請求することができる。
[2022年5月試験(21)]

問題2
○×
□ □ □
　　不動産の登記事項証明書の交付請求は、インターネットを利用してオンラインで行うことができる。
[予想問題]

不動産登記記録の構成

問題3
○×
□ □ □
　　土地の登記記録の表題部には、所有権に関する事項が記録される。
[2021年9月試験(21)]

問題4
三択
□ □ □
　　不動産の登記記録において、所有権に関する登記事項は（　①　）に記録され、抵当権に関する登記事項は（　②　）に記録される。

(1)　① 権利部（甲区）　　② 権利部（乙区）
(2)　① 権利部（甲区）　　② 表題部
(3)　① 権利部（乙区）　　② 権利部（甲区）
[2019年1月試験(51)]

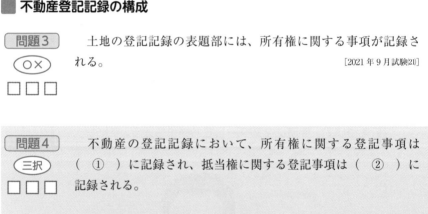

解答1

正解 ○

不動産の登記事項証明書は、登記事項を広く社会に公示するという性質上、当該不動産の所有者に限らず手数料を納付すれば誰でも**交付請求できます**。

テキスト
p.241

解答2

正解 ○

登記事項証明書は、**オンライン**で交付請求することができます。ただし、**受取りは郵送または窓口**で行う必要があります。

テキスト
p.241

解答3

正解 ×

表題部には、土地・建物に関する**概要**が記録されています。

表題部	土地	所在、地目、地積など
	建物	所在、家屋番号、床面積など

テキスト
p.242

解答4

正解 1

不動産の登記記録では、権利部の甲区に「**所有権**に関する事項」が記載され、乙区に「**それ以外の権利**に関する事項」（**抵当権**など）が記載されます。

権利部	甲区	所有**権**に関する事項（所有権の保存・移転、差押等）
	乙区	所有権**以外**の権利に関する事項（**抵当権**、**賃借権**等）

テキスト
p.242

区分建物に係る登記に記載される区分建物の床面積は、壁その他の区画の内側線で囲まれた部分の水平投影面積（内法面積）により算出される。

○×

□□□

[2016年5月試験⑵]

■ 不動産登記の効力

問題6

三択

□□□

土地の売買において、所有権の移転が発生したものの、登記申請に必要な書類が提出できないなどの手続上の要件が備わっていない場合、仮登記をすることができる。この仮登記をすることで、その後に行う本登記の順位は（　①　）、所有権の移転を第三者に対抗すること（　②　）。

(1)　① 保全され　　　　　　② ができる
(2)　① 保全されるが　　　　② はできない
(3)　① 保全されないが　　　② はできる

[2019年5月試験⑸]

問題7

○×

□□□

不動産登記には公信力が認められていないため、登記記録上の権利者が真実の権利者と異なっている場合に、登記記録を信じて不動産を購入した者は、原則として、その不動産に対する権利の取得について法的に保護されない。

[2023年5月試験⑵]

解答5

正解 ○

登記に記載される区分建物の床面積は、**水平投影面積**（内法面積）によって算出されます。なお、一般に、マンションなどの区分所有建物の物件情報に表示されている専有面積は**壁芯面積**（壁の中心線の内側の面積）であるため、内法面積で表示されている登記上の専有面積とは一致しません。

 テキスト p.242

解答6

正解 2

仮登記を行うと**本登記の順位**は保全されますが、所有権の移転を第三者に**対抗すること**はできません。

フムフム…

仮登記は、土地の所有権が移転したものの、登記申請に必要な書類が提出できないときなどに行います。

 テキスト p.244

解答7

正解 ○

不動産登記には**公信力が認められていない**ため、真実の権利関係と登記の記載とが異なっているときは、仮にその記載を信用して取引を行っても**法的に保護**されません。したがって、登記簿の記載より真実の権利関係が優先されることになります。

 テキスト p.245

2 土地の価格と鑑定評価

■ 土地の価格

問題1

○×

□□□

国土交通省の土地鑑定委員会が公示する公示価格は、毎年1月1日を価格判定の基準日としている。 ［2017年1月試験㉑］

問題2

三択

□□□

都道府県地価調査の基準地の標準価格は、毎年（ ① ）を価格判定の基準日として調査され、都道府県知事により毎年（ ② ）頃に公表される。

(1) ①1月1日 ②3月

(2) ①1月1日 ②9月

(3) ①7月1日 ②9月 ［2019年9月試験㉛］

解答1

正解 ○

　公示価格は、毎年1月1日を価格判定の基準日としています。なお、他の価格については下表を参照してください。

	公示価格	基準地標準価格	相続税評価額（路線価）	固定資産税評価額
目　的	一般の土地取引の指標	公示価格の補完	相続税、贈与税等の課税のため	固定資産税、都市計画税、不動産取得税等の課税のめ
決定機関	国土交通省	都道府県	国税庁	市町村
評価時点	毎年1月1日	毎年7月1日	毎年1月1日	基準年度の前年の1月1日（3年に一度評価替え）
公表日	3月下旬	9月下旬	7月初旬	3月1日（基準年度は4月1日）
価格水準	－	100%	公示価格の80%程度	公示価格の70%程度

テキスト p.247

解答2

正解 3

　基準地標準価格は公示価格の補完のための価格であり、**7月1日**を基準日とし、**9月下旬頃**に公表されます。

　公示価格は、地価公示法に基づき、国土交通省の土地鑑定委員会が公表します。

テキスト p.247

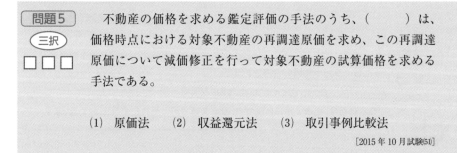

問題3 三択 □□□

相続税路線価は、地価公示の公示価格の（　①　）を価格水準の目安として設定されており、（　②　）のホームページで閲覧可能な路線価図で確認することができる。

(1)　①70%　　②国土交通省
(2)　①80%　　②国税庁
(3)　①90%　　②国税庁

[2023年5月試験(51)]

問題4 三択 □□□

宅地に係る固定資産税評価額は、原則として、（　①　）ごとの基準年度において評価替えが行われ、前年の地価公示法による公示価格等の（　②　）を目途として評定される。

(1)　①3年　　②70%
(2)　①3年　　②80%
(3)　①5年　　②80%

[2024年1月試験(51)]

■ 不動産の鑑定評価

問題5 三択 □□□

不動産の価格を求める鑑定評価の手法のうち、（　　　）は、価格時点における対象不動産の再調達原価を求め、この再調達原価について減価修正を行って対象不動産の試算価格を求める手法である。

(1)　原価法　　(2)　収益還元法　　(3)　取引事例比較法

[2015年10月試験(51)]

解答3
正解 **2**

相続税路線価は、相続税や贈与税を算定する際の土地等の評価額の基準となる価格であり、地価公示法による公示価格の **80%** を価格水準の目安として設定されます。国税庁ホームページの路線価図で確認可能です。

テキスト p.247

解答4
正解 **1**

土地および家屋に係る**固定資産税評価額**は **3年** ごとの基準年度に評価替え（評価額の見直し）を行い、毎年 **1月1日** 現在の評価額を固定資産課税台帳に登録します。また、価額については前年の公示価格等の **70%** を目途とします。

テキスト p.247

解答5
正解 **1**

対象不動産の**再調達価格**（購入価格）を求め、不動産の減価修正を行って価格を計算する手法を、原価法といいます。なお、**収益還元法**は、対象不動産が将来的に生み出すと期待される純収益の現在価値の総和をもとに不動産価格を算出する手法で、**取引事例比較法**は対象不動産と条件が似ている取引事例と比較して不動産価格を算出する手法です。

テキスト p.248

3 不動産の取引

■ 宅地建物取引業

問題1
○×
□□□
　アパートやマンションの所有者が、当該建物を賃貸して家賃収入を得るためには、宅地建物取引業の免許を取得しなければならない。

[2023年5月試験22]

■ 媒介契約

問題2
三択
□□□

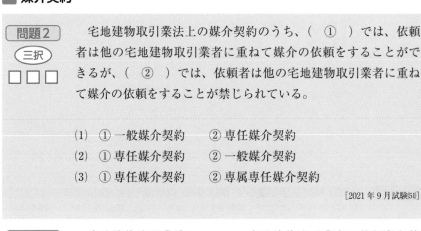

　宅地建物取引業法上の媒介契約のうち、（　①　）では、依頼者は他の宅地建物取引業者に重ねて媒介の依頼をすることができるが、（　②　）では、依頼者は他の宅地建物取引業者に重ねて媒介の依頼をすることが禁じられている。

(1)　① 一般媒介契約　　② 専任媒介契約
(2)　① 専任媒介契約　　② 一般媒介契約
(3)　① 専任媒介契約　　② 専属専任媒介契約

[2021年9月試験(51)]

問題3
三択
□□□

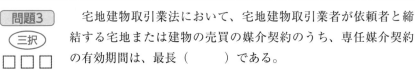

　宅地建物取引業法において、宅地建物取引業者が依頼者と締結する宅地または建物の売買の媒介契約のうち、専任媒介契約の有効期間は、最長（　　　　）である。

(1)　1カ月　　(2)　3カ月　　(3)　6カ月

[2023年1月試験(52)]

解答1

正解 ✕

　アパートやマンションの**所有者自ら**が行う貸借（貸しビルやアパート経営をする行為など）は、宅地建物取引業に**含まれない**ため、免許を取得する**必要はありません**。

テキスト
p.250

解答2

正解 **1**

　媒介契約のうち、**一般媒介契約**では、依頼者は他の宅地建物取引業者に重ねて媒介の依頼が**できます**が、**専任媒介契約・専属専任媒介契約**では他の宅地建物取引業者に重ねて媒介の依頼をすることは**禁止**されています。なお、一般媒介契約・専任媒介契約のどちらも、**自己発見取引**（依頼者が宅建業者を介さずに自ら取引相手を発見すること）は禁止されていません。

テキスト
p.251

解答3

正解 **2**

それぞれの媒介契約の特徴については次の表のとおりです。

	一般媒介契約	専任媒介契約	専属専任媒介契約
他の業者に重ねて依頼	できる	できない	できない
自己発見取引	できる	できる	できない
契約有効期間	自由	**3カ月**	**3カ月**
指定流通機構への登録	義務なし	契約締結日から7営業日以内	契約締結日から5営業日以内
報告義務	義務なし	**2週間**に1回以上	**1週間**に1回以上

テキスト
p.251

5
章

不動産

学科

■ 売買契約に関する留意事項

問題4
〇✕
□□□

不動産の売買契約において、買主が売主に解約手付を交付した場合、売主は、買主が契約の履行に着手するまでは、受領した解約手付を買主に返還することで、契約の解除をすることができる。 [2022年9月試験⑵]

問題5
〇✕
□□□

宅地建物取引業者は、自ら売主となる宅地または建物の売買契約の締結に際して、買主が宅地建物取引業者でない場合、売買代金の額の2割を超える額の手付金を受領することができない。 [2022年5月試験⑿]

問題6
〇✕
□□□

民法の規定によれば、不動産の売買契約において、売買の目的物の品質が契約の内容に適合しないことが判明し、買主が売主に対して契約不適合責任を追及できる場合、買主は、その不適合がある事実を知った時から2年以内に当該権利を行使しなければならない。 [2018年9月試験⑿改]

問題7
〇✕
□□□

住宅の品質確保の促進等に関する法律の規定によれば、新築住宅の売主が住宅の構造耐力上主要な部分の瑕疵担保責任を負う期間は、原則として、物件の引渡日から5年間とされている。 [2019年9月試験⑿]

4 借地借家法

■ 借地権

問題1
〇✕
□□□

借地借家法の規定によれば、借地権は、その登記がなくても、土地の上に借地権者が登記されている建物を所有するときは、これをもって第三者に対抗することができる。 [2016年9月試験⑵]

解答4

正解 ✕

不動産の売買契約において、買主が**契約の履行に着手する**までは、売主は手付金の倍額を買主に現実に提供することで**契約を**解除することができます。なお、買主が契約を解除する際には、手付金を放棄するだけで足ります。

 p.252

解答5

正解 ◯

売主が宅地建物取引業者である宅地建物の売買契約を締結する場合、買主が宅地建物取引業者でない場合の手付の額は、代金の額の2**割**を超えてはならないという制限があります。

 p.252

解答6

正解 ✕

契約不適合責任に基づく損害賠償を請求できるのは、買主が不適合を知った時から1**年以内**にその旨を**売主に通知**した場合です。

 p.253

解答7

正解 ✕

新築住宅の売主が瑕疵担保責任を負う期間は、原則として物件の引渡日から10**年間**です。

 p.253

解答1

正解 ◯

借地権は、土地を貸借する権利の登記がなくとも、**借地上の建物を借地権者の名義で登記**をしていれば、第三者に**対抗**することができます。

 p.255

5
章

不動産

学科

問題2

三択

☐☐☐

借地借家法に規定されている定期借地権のうち、いわゆる一般定期借地権では、借地上の建物は用途の制限がなく、存続期間を（　　　）以上として設定するものであり、その設定契約は公正証書による等書面、または電磁的記録により作成する。

(1) 20年　　(2) 30年　　(3) 50年　　　　　　［2020年9月試験52㊎］

問題3

三択

☐☐☐

借地借家法における定期借地権のうち、（　　　）は、居住の用に供する建物の所有を目的として設定することができない。

(1) 一般定期借地権

(2) 事業用定期借地権等

(3) 建物譲渡特約付借地権　　　　　　　　　　　［2022年9月試験53］

問題4

三択

☐☐☐

借地借家法において、事業用定期借地権等は、専ら事業の用に供する建物の所有を目的とし、存続期間を（　　　）として設定する借地権である。

(1) 10年以上20年未満

(2) 10年以上50年未満

(3) 50年以上　　　　　　　　　　　　　　　　［2022年1月試験52］

問題5

三択

☐☐☐

借地借家法上の定期借地権のうち、（　　　）の設定を目的とする契約は、公正証書によってしなければならない。

(1) 一般定期借地権

(2) 事業用定期借地権等

(3) 建物譲渡特約付借地権　　　　　　　　　　　［2021年9月試験52］

解答2
正解 **3**

定期借地権のうち、**一般定期借地権**の存続期間は 50 年以上として設定する必要があります。

テキスト
p.255

解答3
正解 **2**

借地借家法において、**事業用定期借地権等**は、専ら事業の用に供する建物の所有を目的とするものであり、**居住用建物の所有を目的として設定することはできません**。社員寮のような、事業と関係のある建物でも認められません。

テキスト
p.255

解答4
正解 **2**

借地借家法において、**事業用定期借地権等**は、専ら事業の用に供する建物の所有を目的とするもので、契約期間は、**10 年以上 50 年未満**と定められています。

テキスト
p.255

解答5
正解 **2**

定期借地権のうち、**事業用定期借地権等**の設定に関する契約は、公正証書にて行わなければなりません。

フムフム…

これに対し一般定期借地権の契約も、何らかの書面または電磁的記録で行う必要がありますが、公正証書である必要はありません。なお、建物譲渡特約付借地権の契約方式に制限はありません。

テキスト
p.255

■ 借家権

問題6

○×

□□□

借地借家法において、定期建物賃貸借契約（定期借家契約）では、貸主に正当の事由があると認められる場合でなければ、貸主は、借主からの契約の更新の請求を拒むことができないとされている。

[2022年5月試験23]

問題7

○×

□□□

定期建物賃貸借契約（定期借家契約）の締結は、口頭により行ってもよいとされている。

[予想問題]

問題8

三択

□□□

借地借家法の規定によれば、建物の賃貸借契約（定期建物賃貸借契約を除く）において、（　　　）未満の期間を賃貸借期間として定めた場合、期間の定めがない賃貸借とみなされる。

(1)　1年　　(2)　1年6カ月　　(3)　2年　　[2019年1月試験52]

問題9

○×

□□□

借地借家法において、定期建物賃貸借契約（定期借家契約）では、契約当事者の合意があっても、存続期間を1年未満とすることはできない。

[2022年9月試験22]

問題10

○×

□□□

借地借家法上、定期建物賃貸借契約（定期借家契約）を締結するためには、建物の賃貸人は、あらかじめ、建物の賃借人に対し、建物の賃貸借は契約の更新がなく、期間の満了により当該建物の賃貸借は終了することについて、その旨を記載した書面を交付または電磁的方法により提供して説明しなければならない。

[2021年9月試験22㊎]

解答6

正解 ✕

借地借家法において、定期建物賃貸借契約（定期借家契約）は**更新できません**。したがって、貸主からも借主からも更新の請求は認められません（貸主と借主の**双方が合意すれば再契約は可能**です）。

テキスト p.256

解答7

正解 ✕

定期建物賃貸借契約は、公正証書等の**書面**（または電磁的記録）**によって行う**必要があります。口頭によって行うことはできません。

テキスト p.256

解答8

正解 **1**

建物の賃貸借契約（定期建物賃貸借契約を除く）において、**1年未満**の期間を契約で定めた場合、**期間の定めがない賃貸借**とみなされます。

テキスト p.256

解答9

正解 ✕

定期建物賃貸借契約においては、**1年未満**の存続期間で契約を結ぶことができます。

テキスト p.256

解答10

正解 ◯

定期建物賃貸借契約（定期借家契約）を締結するには、賃貸人はあらかじめ、賃借人に対し、**契約の更新がなく**、**期間の満了時に賃貸借契約が終了する**旨を**書面**または電磁的方法により説明しなければなりません。なお、この説明がなされなかった場合、契約の更新がない旨の定めは無効となります（更新のある普通借家契約とみなされます）。

テキスト p.256

問題11　借地借家法によれば、定期建物賃貸借契約（定期借家契約）の賃貸借期間が1年以上である場合、賃貸人は、原則として、期間満了の1年前から（　　　）前までの間に、賃借人に対して期間満了により契約が終了する旨の通知をしなければ、その終了を賃借人に対抗することができない。

三択

□□□

(1)　1カ月　　(2)　3カ月　　(3)　6カ月　　［2023年5月試験52］

5　都市計画法

■都市計画区域等

問題1　都市計画法において、市街化区域は、既に市街地を形成している区域およびおおむね10年以内に優先的かつ計画的に市街化を図るべき区域とされている。　　　　　　　　［2023年1月試験22］

○×

□□□

問題2　都市計画法によれば、市街化調整区域は、（　　　）とされている。

三択

□□□

(1)　既に市街地を形成している区域
(2)　市街化を抑制すべき区域
(3)　優先的かつ計画的に市街化を図るべき区域

［2024年1月試験52］

■用途地域

問題3　都市計画法によれば、市街化区域については、用途地域を定めるものとし、市街化調整区域については、原則として用途地域を定めないものとされている。　　　　　　　　　　　［2023年9月試験23］

○×

□□□

解答11
正解 **3**

借地借家法において、定期建物賃貸借契約（定期借家契約）の貸主は、期間満了の**1年前**から**6カ月前**までの間に、借主に対して期間満了により契約が終了する旨の通知をしなければ、その終了を借主に対抗することができません。

 テキスト p.256

解答1
正解 ○

都市計画法において、市街化区域とは**既に市街地を形成している区域**およびおおむね10年以内に優先的かつ計画的に市街化を図るべき区域とされています。

 テキスト p.259

解答2
正解 **2**

都市計画法において市街化調整区域は、環境などを保全するために、**市街化を抑制すべき区域**とされています。

 テキスト p.259

解答3
正解 ○

都市計画法の規定では、**市街化区域**については用途地域を**定め**、**市街化調整区域**では原則として用途地域を**定めない**ものとされています。なお、用途地域は住居系8つ、商業系2つ、工業系3つの合計13**種類**存在します。

 テキスト p.259

■ 開発許可制度

問題4
三択
□□□

都市計画法の規定によれば、市街化区域内において行う開発行為で、その規模が（　　）以上である場合、原則として都道府県知事等の許可を受けなければならない。

(1)　200㎡　　(2)　400㎡　　(3)　1,000㎡　　　　[2019年1月試験53]

6　建築基準法

■ 用途制限

問題1
○×
□□□

建築基準法の規定によれば、住宅は、工業地域内および準工業地域内においても建築することができる。　　　[2019年5月試験23]

問題2
三択
□□□

建築基準法上、第一種低層住居専用地域内においては、原則として、（　　）を建築することができない。

(1)　共同住宅　　(2)　ホテル　　(3)　老人ホーム

[2021年1月試験51]

問題3
○×
□□□

建築基準法において、建築物の敷地が2つの異なる用途地域にわたる場合、その全部について、敷地の過半の属する用途地域の建築物の用途に関する規定が適用される。　　[2021年5月試験23]

解答4

正解 3

市街化区域では、1,000㎡以上の開発行為を行う場合は、原則として、都道府県知事等の許可が必要になります。

> なお、市街化調整区域における開発行為は、原則として、規模にかかわらず都道府県知事等の許可が必要です。

テキスト p.259

解答1

正解 ○

住宅が建築不可なのは、**工業専用地域**のみです。したがって、工業地域内、準工業地域内においては建築可能です。

テキスト p.260

解答2

正解 2

建築基準法上、原則として、第一種低層住居専用地域内にホテルを建築することはできません。共同住宅や老人ホームは、**工業専用地域を除くすべての用途地域**で建築できます。

テキスト p.260

解答3

正解 ○

建築物の敷地が2つの異なる用途地域にまたがる場合、その全部について、敷地の**過半の属する**（面積の**大きい**ほうの）用途地域に関する規定が適用されます。

テキスト p.261

■ 道路に関する制限

問題4
三択
□ □ □
建築基準法上、都市計画区域および準都市計画区域内において、建築物の敷地は、原則として、幅員（ ① ）以上の道路に（ ② ）以上接していなければならない。

(1)　①4m　　②1m
(2)　①4m　　②2m
(3)　①6m　　②3m

[2021年9月試験53]

問題5
三択
□ □ □
都市計画区域内にある幅員4m未満の道で、建築基準法第42条第2項により道路とみなされるものについては、原則として、その中心線からの水平距離で（ ① ）後退した線がその道路の境界線とみなされ、当該境界線と道路の間の敷地部分は建蔽率や容積率を算定する際の敷地面積に算入（ ② ）。

(1)　①2m　　②することができる
(2)　①2m　　②することができない
(3)　①4m　　②することができない

[2024年1月試験53]

■ 建物の建築に関する制限

問題6
○×
□ □ □
建築基準法において、建築物が防火地域および準防火地域にわたる場合、原則として、その全部について防火地域内の建築物に関する規定が適用される。

[2022年9月試験23]

問題7
三択
□ □ □
200㎡の敷地に建築面積100㎡、延べ面積150㎡の2階建ての住宅を建築した場合、当該建物の建蔽率は（　　　）である。

(1)　50%　　(2)　75%　　(3)　100%

[2020年1月試験53]

解答4

正解 2

建築基準法において、建築物の敷地は、原則として、建築基準法上の道路（幅員4m以上の道路）に、2m以上接しなければならないとされています。

テキスト p.261

解答5

正解 2

都市計画区域内にある幅員4m未満の道路は、原則としてその中心線から2m後退した線がその道路の境界線とみなされます。この後退部分（セットバックといいます）は、建蔽率や容積率を算定する際の敷地面積に算入することが**できません**。

 なお、セットバック部分における建物の建築や塀の設置などは認められません。

テキスト p.262

解答6

正解 ○

建築物の敷地が防火地域および準防火地域にわたる場合、その全部について**防火地域内の建築物に関する規定が適用**されます。

テキスト p.263

解答7

正解 1

建蔽率の求め方は次のとおりです。
建蔽率＝**建築面積÷敷地面積**×100%
したがって、
建蔽率＝100㎡÷200㎡×100
　　　＝**50%**
なお、本問において延べ面積150㎡は不必要な数値です。

テキスト p.263,264

○×

建築基準法の規定によれば、建蔽率の限度が80％の近隣商業地域内で、かつ、防火地域内にある耐火建築物については、建蔽率に関する制限の規定は適用されない。　　　　　[2019年1月試験23]

問題9
○×

建築基準法上、容積率とは、建築物の建築面積の敷地面積に対する割合をいう。　　　　　[2021年9月試験23]

問題10
三択

幅員6mの市道に12m接する200㎡の敷地に、建築面積が120㎡、延べ面積が180㎡の2階建ての住宅を建築する場合、この住宅の容積率は、（　　　　）となる。

(1) 60％　　(2) 66％　　(3) 90％　　　　　[2020年9月試験54]

問題11
○×

都市計画区域内の防火地域内に耐火建築物を建築する場合、建築基準法による建蔽率と容積率の双方の制限について緩和を受けることができる。　　　　　[2016年9月試験24]

問題12
三択

建築基準法によれば、第一種低層住居専用地域内の建築物の高さは、原則として（　　　　）のうち当該地域に関する都市計画において定められた建築物の高さの限度を超えてはならないとされている。

(1) 10mまたは12m

(2) 10mまたは20m

(3) 12mまたは15m　　　　　[2023年5月試験53]

解答8

正解 ○

建蔽率の限度が80%の地域内（近隣商業地域である必要はありません）で、かつ、**防火地域内**にある**耐火建築物**については、建蔽率に関する制限の規定は適用されません。

建蔽率の制限の緩和については、次の表のとおりとなります。

Ⅰ 特定行政庁が指定する角地等	＋10%
Ⅱ 防火地域内にある耐火建築物等	＋10%
Ⅲ 準防火地域内にある耐火建築物または準耐火建築物等	＋10%
Ⅰ＋Ⅱ または Ⅰ＋Ⅲ	＋20%
指定建蔽率が80%の地域内で防火地域内にある耐火建築物等	制限なし（100%）

テキスト p.264

解答9

正解 ✕

設問は、建蔽**率**についての説明です。なお、容積率とは、建物の延べ面積（延べ床面積）の敷地面積に対する割合をいい、延べ面積を敷地面積で除して（割り算）求めます。

テキスト p.263,265

解答10

正解 3

容積率の求め方は次のとおりです。
　　容積率＝延べ面積÷敷地面積×100%
　　　　　＝180㎡÷200㎡×100
　　　　　＝<u>90%</u>
なお、本問において建築面積120㎡は不必要な数値です。

テキスト p.265

解答11

正解 ✕

防火地域内に耐火建築物を建築する場合、**建蔽率**の制限の**緩和**を受けることはできますが、**容積率**の制限についての緩和を受けることはできません。

テキスト p.264,266

解答12

正解 1

建築基準法において、建築物の高さは、原則として10mまたは12mのうち、以下の地域に関する都市計画において定められた建築物の高さの限度を超えてはならないとされています。
・**第一種低層住居専用地域**
・**第二種低層住居専用地域**
・**田園住居地域**

テキスト p.267

問題13	建築基準法の規定によれば、日影規制（日影による高さの制限）

問題13
（○×）
□□□

建築基準法の規定によれば、日影規制（日影による高さの制限）は、商業地域内のすべての建築物について適用される。

[2017年1月試験25]

問題14
（○×）
□□□

建築基準法の規定によれば、第一種低層住居専用地域内の建築物には、原則として、北側斜線制限（同法第56条に規定する建築物の高さ制限）が適用される。

[2017年5月試験23]

7 農地法

問題1
（三択）
□□□

農地法によれば、農地を農地以外のものに転用する場合、原則として、（　①　）の許可を受けなければならないが、市街化区域内にある農地を農地以外のものに転用する場合、あらかじめ当該転用に係る届出書を（　②　）に提出すれば、（　①　）の許可を受ける必要はない。

(1)　①農林水産大臣　　②都道府県知事等
(2)　①農林水産大臣　　②農業委員会
(3)　①都道府県知事等　②農業委員会　　　　　[2024年1月試験54]

8 区分所有法

■ 専有部分と共用部分

問題1
（○×）
□□□

建物の区分所有等に関する法律の規定によれば、共用部分に対する各区分所有者の共有持分は、原則として、その有する戸数の総戸数に占める割合となる。

[2016年5月試験24]

問題2
（○×）
□□□

建物の区分所有等に関する法律の規定によれば、建物の共用部分の共有者は、この法律に別段の定めがある場合を除き、その有する専有部分と分離して共用部分の持分を処分できない。

[予想問題]

| 解答13 | 商業**地域**・**工業地域**・**工業専用地域**内では日影規制は**適用されません**。 |
| 正解 ✕ | |

テキスト p.267

| 解答14 | **北側斜線制限**は、第一種・第二種低層住居専用地域、田園住居地域、第一 |
| 正解 ◯ | 種・第二種中高層住居専用地域内の建築物に適用されます。 |

テキスト p.267

解答1	農地を農地以外のものに転用する場合、原則として都道府県知事等の許可
正解 3	が必要です。ただし、**市街化区域内**にある農地については、あらかじめ転用
	に係る届出書を農業委員会に**提出**すれば都道府県知事等の許可は不要となり
	ます。

フムフム…

なお、市街化区域内の農地を農地以外の土地に変更するために売却する場合でも、あらかじめ農業委員会に届出を行えば、都道府県知事の許可は不要となります。

テキスト p.271

| 解答1 | 共用部分における各区分所有者の共有持分は、所有する**専有部分**の床面積 |
| 正解 ✕ | の割合によります。 |

テキスト p.272

| 解答2 | 建物の共用部分の共有者は、原則として専有部分と**分離して**共用部分の持 |
| 正解 ◯ | 分を処分（売却等）することは**できません**。 |

テキスト p.272,273

○×

□ □ □

建物の区分所有等に関する法律の規定によれば、敷地利用権が数人で有する所有権その他の権利である場合には、規約に別段の定めがある場合を除き、区分所有者は、その有する専有部分とその専有部分に係る敷地利用権とを分離して処分することができる。

[予想問題]

■ 集会による決議

問題4

三択

□ □ □

建物の区分所有等に関する法律（区分所有法）において、規約の変更は、区分所有者および議決権の各（　　　）以上の多数による集会の決議によらなければならない。

(1)　2分の1　　　(2)　3分の2　　　(3)　4分の3

[2022年5月試験53]

問題5

三択

□ □ □

建物の区分所有等に関する法律の規定によれば、管理組合の法人化にあたっては、区分所有者および議決権の各（　　　）以上の多数による集会の決議が必要である。

(1)　2分の1　　　(2)　3分の2　　　(3)　4分の3　　　[予想問題]

問題6

三択

□ □ □

建物の区分所有等に関する法律（区分所有法）によれば、集会においては、区分所有者および議決権の各（　　　）以上の多数により、区分所有建物を取り壊し、その敷地上に新たに建物を建築する旨の決議（建替え決議）をすることができる。

(1)　3分の2　　　(2)　4分の3　　　(3)　5分の4

[2023年1月試験53]

解答3

正解 ✕

原則として、専有部分と敷地利用権を**分離して処分**することは**できません。**

解答4

正解 3

区分所有法によれば、規約の変更には、区分所有者および議決権の**4分の3以上**の多数による集会の決議が必要になります。

解答5

正解 3

区分所有建物の管理組合を法人化するためには、区分所有者および議決権の**各4分の3以上**の多数による集会の決議が必要です。

解答6

正解 3

区分所有法によれば、**建替え決議**には区分所有者および議決権の**各5分の4以上**の賛成が必要とされています。

フムフム…

なお、共用部分の一部が滅失した際の復旧など、一般的事項に該当する決議については、区分所有者および議決権の各過半数の賛成が必要です。

9 不動産の取得と税金

■ 不動産取得税

問題1
○×

不動産取得税は、相続人が不動産を相続により取得した場合には課されない。 [2022年1月試験㉕]

問題2
三択

不動産取得税の課税標準は、原則として（　　　）である。

(1) 公示価格
(2) 固定資産税課税台帳に登録された価格
(3) 通常の取引価額 [2017年9月試験㊙]

問題3
○×

新築の戸建て住宅の取得に対する不動産取得税の課税標準の算定上、「不動産取得税の課税標準の特例」の適用を受けることにより、固定資産税評価額から最高で1,500万円を控除することができる。 [2019年5月試験㉕]

■ 登録免許税

問題4
○×

相続による不動産の取得に起因して所有権移転登記を行う場合は、登録免許税は課されない。 [2016年5月試験㉕]

■ 消費税

問題5
○×

建物の譲渡や貸付は、原則として消費税が課されない。
[予想問題]

解答1

正解 ○

不動産取得税は、土地や家屋の購入、贈与、家屋の建築、等価交換などで不動産を取得したときに課されます（有償・無償の別、登記の有無にかかわらず課税されます）。なお、**相続により取得した場合は課税されません。**

 テキスト p.275

解答2

正解 2

不動産取得税の課税標準は、**固定資産税課税台帳に登録された価格**（固定資産税評価額）を用います。なお、登録免許税の課税標準も同様です。

 テキスト p.276

解答3

正解 ✕

新築住居の取得に対して「**不動産取得税の課税標準の特例**」を適用した場合に、固定資産税評価額から控除される額は1,200万円です（認定長期優良住宅では1,300万円です）。

 テキスト p.276

解答4

正解 ✕

相続により不動産を取得した場合でも、原則として**登録免許税**は課されます。相続による取得で非課税となるのは不動産取得税です。

 テキスト p.276

解答5

正解 ✕

建物の譲渡は、原則として**消費税が課されます**。貸付においては、住宅であれば原則として**非課税**となりますが（1カ月未満の短期を除く）、それ以外の用途で貸し付ける場合は、消費税が課されます。

テキスト p.277

10 不動産の保有と税金

■ 固定資産税と都市計画税

問題1
○×

土地・家屋の固定資産税は、毎年4月1日現在における土地・家屋の所有者に対して課される。 [予想問題]

□ □ □

問題2
三択

固定資産税における小規模住宅用地（住宅用地で住宅1戸につき200㎡以下の部分）の課税標準については、当該住宅用地に係る固定資産税の課税標準となるべき価格の（　　）の額とする特例がある。

□ □ □

(1) 2分の1　　(2) 4分の1　　(3) 6分の1

[2022年9月試験55]

問題3
○×

「住宅用地に対する固定資産税の課税標準の特例」は、自己の居住用家屋の敷地である宅地にのみ適用されるため、賃貸アパートの敷地である宅地については適用されない。

□ □ □

[2021年9月試験24]

問題4
○×

都市計画税は、都市計画区域のうち、原則として、市街化区域内に所在する土地・家屋の所有者に対して課される。

□ □ □

[2014年5月試験24]

解答1

正解 ✕

固定資産税は、毎年1月1日現在における土地・建物の所有者に対して課されます。

テキスト
p.279

解答2

正解 3

住宅用地の課税標準額（特例）は次のとおりです。

	小規模住宅用地 （200㎡以内）	その他の住宅用地 （200㎡超）
固定資産税	課税標準の**6分の1**の額	課税標準の3分の1の額
都市計画税	課税標準の3分の1の額	課税標準の3分の2の額

テキスト
p.279

解答3

正解 ✕

「住宅用地に対する固定資産税の課税標準の特例」は、自己の居住用家屋の敷地である宅地のみならず、**賃貸アパートの敷地である宅地についても適用されます**。

テキスト
p.279

解答4

正解 ◯

都市計画税は、都市計画区域のうち、原則として**市街化区域内**に所在する土地・家屋の所有者に対して課税されます。

テキスト
p.279

11 不動産の譲渡と税金

■ 譲渡所得

問題1
三択
□□□
所得税額の計算において、個人が土地を譲渡したことによる譲渡所得が長期譲渡所得に区分されるためには、土地を譲渡した年の1月1日における所有期間が（　　　）を超えていなければならない。

(1)　5年　　(2)　10年　　(3)　20年　　　　　　［2024年1月試験55］

問題2
○×
□□□
Aさんが、取得日が2019年10月1日の土地を譲渡する場合、その譲渡日が2024年1月1日以降であれば、当該譲渡は、所得税における長期譲渡所得に区分される。　　　［2021年1月試験25⑳］

問題3
三択
□□□
個人が土地を譲渡したことによる譲渡所得の金額の計算において、譲渡した土地の取得費が不明である場合、当該収入金額の（　　　）相当額を取得費とすることができる。

(1)　5％　　(2)　10％　　(3)　15％　　　　　　［2022年1月試験46］

問題4
○×
□□□
個人が土地を譲渡するために、その土地の上にある老朽化した建物を取り壊した場合の取壊し費用は、所得税における譲渡所得の金額の計算上、譲渡費用となる。　　　［2017年9月試験25］

■ 居住用財産を譲渡した場合の3,000万円の特別控除

問題5
○×
□□□
「居住用財産を譲渡した場合の3,000万円の特別控除」の適用が受けられるのは、譲渡した日の属する年の1月1日において、所有期間が5年を超える居住用財産を譲渡した場合に限られる。
　　　［2022年5月試験25］

解答1

正解 **1**

　土地を譲渡したことによる譲渡所得は、譲渡した年の1月1日における所有期間が**5年超**であれば長期譲渡所得、**5年以下**であれば短期譲渡所得に区分されます。

解答2

正解 **✕**

　譲渡した土地や建物の所有期間が、**譲渡年（2024年）の1月1日現在で5年を超えるかどうか**により、長期か短期かに区分されます。取得日が2019年10月1日の場合、2024年1月1日時点の所有期間は4年3カ月であり、**5年を超えません**。したがって、短期譲渡所得に区分されます。

解答3

正解 **1**

　譲渡した土地・建物の取得費が不明である場合、譲渡収入金額の5％を概算取得費として適用することができます。

フムフム…

> なお、実際の取得費が譲渡収入金額の5％に満たない場合でも、概算取得費を用いることができます。

解答4

正解 **〇**

　資産を譲渡するために直接かかった費用は、譲渡費用として収入金額より差し引くことができます。**仲介手数料、建物の取壊し費用、印紙税**などが**譲渡費用**に該当します。

解答5

正解 **✕**

　「居住用財産を譲渡した場合の3,000万円の特別控除」の特例は、**所有期間の長短に関係なく**譲渡所得から最高**3,000万円**まで控除できます。

三択

□ □ □

自己が居住していた家屋を譲渡する場合、その家屋に自己が居住しなくなった日から（ ① ）を経過する日の属する年の（ ② ）までの譲渡でなければ、「居住用財産を譲渡した場合の3,000万円の特別控除」の適用を受けることができない。

(1) ① 1 年　　② 12 月 31 日
(2) ① 3 年　　② 3 月 15 日
(3) ① 3 年　　② 12 月 31 日　　　　　　　　　　　[2021 年 1 月試験54]

問題7

○×

□ □ □

「居住用財産を譲渡した場合の3,000万円の特別控除」は、自己が居住していた家屋を配偶者や子に譲渡した場合には、適用を受けることができない。　　　　　　　　　　　　　　　　[2022 年 9 月試験24]

■ 居住用財産を譲渡した場合の長期譲渡所得の課税の特例

問題8

三択

□ □ □

居住用財産を譲渡した場合の長期譲渡所得の課税の特例（軽減税率の特例）は、譲渡した日の属する年の（ ① ）において、土地等または建物等の所有期間が（ ② ）を超えていなければ適用を受けることができない。

(1) ① 1 月 1 日　　② 10 年
(2) ① 1 月 1 日　　② 5 年
(3) ① 3 月 15 日　　② 5 年　　　　　　　　　　　[2016 年 5 月試験54]

解答6

正解 **3**

「居住用財産を譲渡した場合の 3,000 万円の特別控除」の特例の適用を受けるには、適用を受けようとする住居に住まなくなった日から **3 年**を経過する日の属する年の **12 月 31 日**までに譲渡する必要があります。

原則として、適用を受けようとしている年の前年・前々年に本特例を利用していないことも、要件のひとつです。

テキスト
p.281,282

解答7

正解 **○**

「居住用財産を譲渡した場合の 3,000 万円の特別控除」の特例の適用を受けるには、売手と買手が**配偶者、直系血族、生計を一にする親族など特別な関係でない**ことが要件のひとつになっています。

テキスト
p.281,282

解答8

正解 **1**

「居住用財産を譲渡した場合の長期譲渡所得の課税の特例（軽減税率の特例）」の適用を受けるためには、譲渡した年の **1 月 1 日**において所有期間が **10 年**を超えていなければなりません。

なお、この特例は「居住用財産を譲渡した場合の3,000万円の特別控除」と併用して適用を受けることができます。

テキスト
p.282

問題9
三択
□□□

個人が自宅の土地および建物を譲渡し、「居住用財産を譲渡した場合の長期譲渡所得の課税の特例」（軽減税率の特例）の適用を受けた場合、当該譲渡に係る課税長期譲渡所得金額のうち、（　①　）以下の部分については、所得税および復興特別所得税（　②　）、住民税4％の税率で課税される。

(1) ① 6,000万円　　② 10.21％
(2) ① 1億円　　② 10.21％
(3) ① 1億円　　② 15.315％

[2022年5月試験54]

被相続人の居住用財産（空き家）に係る譲渡所得の3,000万円特別控除

問題10
三択
□□□

被相続人の居住用家屋およびその敷地を相続により取得した被相続人の長男が、当該家屋およびその敷地を譲渡し、「被相続人の居住用財産（空き家）に係る譲渡所得の特別控除の特例」の適用を受けた場合、譲渡所得の金額の計算上、最高（　　　　）を控除することができる。

(1) 2,000万円　　(2) 3,000万円　　(3) 5,000万円

[2021年9月試験55]

問題11
○×
□□□

個人が相続により取得した被相続人の居住用家屋およびその敷地を譲渡し、「被相続人の居住用財産（空き家）に係る譲渡所得の特別控除の特例」の適用を受けるためには、譲渡資産の譲渡対価の額が6,000万円以下であることなどの要件を満たす必要がある。

[2023年5月試験24]

問題12
○×
□□□

「被相続人の居住用財産（空き家）に係る譲渡所得の特別控除の特例」の適用を受けるためには、相続税の申告期限までに当該譲渡を行わなければならない。

[2018年5月試験24]

解答9
正解 **1**

「居住用財産を譲渡した場合の長期譲渡所得の課税の特例（軽減税率の特例）」の適用を受けた場合、課税長期譲渡所得金額の **6,000万円以下**の部分については、所得税および復興特別所得税 10.21%、住民税4%の軽減税率が適用されます（**6,000万円超**の部分については、所得税および復興特別所得税 15.315%、住民税5%の税率が原則どおり適用）。

テキスト p.282

5
章

不動産

学科

解答10
正解 **2**

「被相続人の居住用財産（空き家）に係る譲渡所得の特別控除の特例」の適用を受けた場合、譲渡所得の金額の計算上、最高 **3,000万円**を控除することができます。

フムフム…

なお、相続した空き家を譲渡した相続人が3人以上いる場合、控除額は1人当たり2,000万円となります。

テキスト p.283

解答11
正解 **×**

この特例を受けるためには、譲渡価額が **1億円以下**である必要があります。
●譲渡する際の主な要件
・1981 **年5月31日**以前に建築された建物であること
・区分所有建築物でないこと
・相続開始日から3年を経過する年の 12 月 31 日までに譲渡すること
・譲渡価額が **1億円以下**

テキスト p.283

解答12
正解 **×**

この特例を受けるためには、**相続開始から3年**を経過する年の 12 月 31 日までに譲渡する必要があります。相続税の申告期限までではありません。

テキスト p.283

■ 特定の居住用財産の買換えの場合の長期譲渡所得の課税の特例

問題13

三択

□□□

　　個人が自宅の土地および建物を譲渡し、「特定の居住用財産の買換えの場合の長期譲渡所得の課税の特例」の適用を受けるためには、譲渡した年の1月1日において譲渡資産の所有期間が（　①　）を超えていることや、譲渡資産の譲渡対価の額が（　②　）以下であることなどの要件を満たす必要がある。

(1)　① 5年　　②1億円
(2)　① 5年　　②1億6,000万円
(3)　①10年　　②1億円

［2023年5月試験55］

問題14

三択

□□□

　　個人が自宅の土地および建物を譲渡し、「特定の居住用財産の買換えの場合の長期譲渡所得の課税の特例」の適用を受ける場合、譲渡資産の取得費を（　①　）、また取得日を（　②　）。

(1)　① 引継ぎ　　　② 引き継がない
(2)　① 引き継がず　② 引き継ぐ
(3)　① 引継ぎ　　　② 引き継ぐ

［予想問題］

12　不動産の有効活用

■ 不動産の有効活用

問題1

○×

□□□

　　土地の有効活用方式のうち、一般に、土地所有者が土地の全部または一部を拠出し、デベロッパーが建設資金を負担してマンション等を建設し、それぞれの出資比率に応じて土地や建物に係る権利を取得する方式を、建設協力金方式という。

［2022年9月試験25］

解答13

正解 3

特定のマイホーム（居住用財産）を売却して別のマイホームに買い換えたときは、一定の要件のもと、譲渡益に対する課税を将来に繰り延べることができます。一定の要件には、譲渡年の1月1日において売却するマイホームの所有期間が **10年超** であり、居住期間が10年以上、売却代金が **1億円以下** であることなどがあります。

テキスト p.284

解答14

正解 1

「特定の居住用財産の買換えの場合の長期譲渡所得の課税の特例」の適用を受ける場合、買換え資産は譲渡資産の**取得費**を**引き継ぎます**が、**取得日**は**引き継ぎません。**

テキスト p.284

解答1

正解 ✕

設問は等価交換方式の説明となっています。**建設協力金方式**とは、土地所有者が入居予定の事業会社（テナント）から**建設資金を借り受けて**、事業会社の要望に沿った店舗等を建設し、その店舗等を事業会社に賃貸する手法のことです。

テキスト p.287

問題2

三択

□□□

土地の有効活用において、一般に、土地所有者が入居予定の事業会社から建設資金を借り受けて、事業会社の要望に沿った店舗等を建設し、その店舗等を事業会社に賃貸する手法を、（　　）という。

(1) 等価交換方式
(2) 建設協力金方式
(3) 事業用定期借地権方式

［2022年5月試験(55)］

問題3

○×

□□□

事業受託方式は、受託者であるデベロッパー等に建物の建築計画や資金調達および完成後の管理運営までのすべてを任せる手法である。

［予想問題］

不動産投資の採算指標

問題4

三択

□□□

投資総額1億2,000万円で購入した賃貸用不動産の年間収入の合計額が1,050万円、年間費用の合計額が300万円である場合、この投資の純利回り（NOI利回り）は、（　　）である。

(1) 2.50%　(2) 6.25%　(3) 8.75%

［2023年1月試験(55)］

解答2

正解 **2**

建設協力金方式に関しては、問題1の解説のとおりとなります。なお、**事業用定期借地権方式**とは、土地を借地人に賃貸して地代を受け取る手法です。

建設協力金方式は、建物の建設資金の借り入れが不要というメリットがあります。一方、テナントが撤退する際、更地で返還する必要がないため、撤退後の使途が限定されるといったデメリットがあります。

テキスト
p.287

解答3

正解 **×**

事業受託方式において、資金調達は**土地所有者**が行わなければなりません。

テキスト
p.287

解答4

正解 **2**

純利回り（NOI 利回り）の計算は次のように行います。

・投資総額（購入金額）　　　　　　：1億 2,000 万円（= 12,000 万円）
・賃貸用不動産の年間収入の合計額：1,050 万円
・年間費用の合計額　　　　　　　　：300 万円

・純利回り（NOI 利回り）$= \dfrac{年間収入 - 費用}{投資総額} \times 100$

$= \dfrac{1,050\,万円 - 300\,万円}{12,000\,万円} \times 100$

$= \underline{6.25\%}$

テキスト
p.289

問題1

次の設例に基づいて、下記の各問に答えなさい。

[2022年5月試験 第4問]

《 設 例 》

　Aさん（50歳）は、1年前に父親の相続により甲土地（500㎡）を取得している。甲土地は父親の存命中から月極駐車場として賃貸しているが、その収益性は低く、Aさんは、甲土地を有効活用できないか考えている。

　そのような折、知人の不動産会社の社長から「大手ドラッグストアのX社が、新規出店にあたり、最寄駅から徒歩5分にある甲土地に興味を示している。X社は建設協力金方式を希望しているが、契約形態は事業用定期借地権方式でもよいと言っている。一方、駅周辺では再開発が進んでおり、居住用建物について相応の需要が見込まれるため、甲土地で賃貸マンション経営をしてもよいのではないか」とアドバイスを受けた。

〈甲土地の概要〉

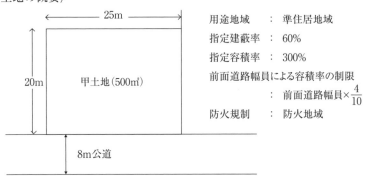

用途地域　　　：　準住居地域
指定建蔽率　　：　60%
指定容積率　　：　300%
前面道路幅員による容積率の制限
　　　　　：　前面道路幅員×$\frac{4}{10}$
防火規制　　　：　防火地域

・指定建蔽率および指定容積率とは、それぞれ都市計画において定められた数値である。
・特定行政庁が都道府県都市計画審議会の議を経て指定する区域ではない。

※上記以外の条件は考慮せず、各問に従うこと。

《**問1**》 甲土地に耐火建築物を建築する場合の①建蔽率の上限となる建築面積と②容積率の上限となる延べ面積の組合せとして、次のうち最も適切なものはどれか。

(1) ① 300㎡　　② 1,500㎡

(2) ① 350㎡　　② 1,500㎡

(3) ① 350㎡　　② 1,600㎡

《**問2**》 甲土地の有効活用に関する次の記述のうち、最も適切なものはどれか。

(1) 「建設協力金方式は、AさんがX社から建設資金を借り受けて、X社の要望に沿った店舗を建設し、その建物をX社に賃貸する方式です。契約期間満了後は、借主であるX社が建物を撤去し、甲土地は更地で返還されます」

(2) 「事業用定期借地権方式は、X社が甲土地を一定期間賃借し、X社が甲土地上に店舗を建設する方式です。甲土地を手放すことなく、安定した地代収入を得ることができます」

(3) 「自己建設方式は、Aさんがマンション等の建設資金の調達や建設工事の発注、建物の管理・運営を自ら行う方式です。Aさん自らが貸主となって所有するマンションの賃貸を行うためには、あらかじめ宅地建物取引業の免許を取得する必要があります」

《**問3**》 甲土地の有効活用に関する以下の文章の空欄①～③に入る語句の組合せとして、次のうち最も適切なものはどれか。

> ⅰ）「Aさんが甲土地に賃貸マンションを建築した場合、相続税の課税価格の計算上、甲土地は（　①　）として評価されます。また、甲土地が貸付事業用宅地等に該当すれば、『小規模宅地等についての相続税の課税価格の計算の特例』の適用を受けることができます。貸付事業用宅地等は、200㎡までの部分について（　②　）の減額が受けられます」

ⅱ）「Ａさんが甲土地に賃貸マンションを建築した場合、甲土地に係る固
定資産税の課税標準を、住宅1戸につき200㎡までの部分（小規模住宅
用地）について課税標準となるべき価格の（　③　）の額とする特例
の適用を受けることができます」

(1)　① 貸家建付地　　②50%　　③6分の1
(2)　① 貸家建付地　　②80%　　③3分の1
(3)　① 貸宅地　　　　②50%　　③3分の1

解答1 問1　2

①建築物の建築面積の上限は、**建蔽率**を用いて求めます。**防火地域内**に**耐火建築物**等を建
築する場合、または**準防火地域内**に**耐火建築物・準耐火建築物**等を建築する場合には、建蔽
率の制限が**10%緩和**されます。

　　建蔽率の上限となる建築面積＝敷地面積×建蔽率
　　　　　　　　　　　　　　　　＝500㎡×（60%＋10%）
　　　　　　　　　　　　　　　　＝**350㎡**

②建築物の延べ面積の上限は、**容積率**を用いて求めます。前面道路の幅員が**12ｍ未満**の
場合、「**指定容積率**」と「**前面道路の幅員×法定乗数**」のいずれか小さい数値を容積率とし
て敷地面積に乗じて求めます。

　　8ｍ（前面道路幅員）$\times \dfrac{4}{10}$（法定乗数）$= \dfrac{32}{10} \Rightarrow 320\% > 300\%$（指定容積率）

したがって、小さいほうである300%を容積率の上限として計算します。

　　容積率の上限となる延べ面積＝敷地面積×容積率
　　　　　　　　　　　　　　　　＝500㎡×300%
　　　　　　　　　　　　　　　　＝**1,500㎡**

 p.263,264,265,266

解答1 問2　2

(1)　不適切。**建設協力金方式**の場合、契約期間満了後は、Ｘ社が建物を撤去しないため、**更
地で返還されることはありません**。土地所有者であるＡさんが建物を建設する際、テナン
トであるＸ社が差し入れた建設協力金を建設費の支払いに充当します。そのため、Ａさん
は**借入れすることなく**、土地・建物の所有権を持つことになります。

(2)　適切。**事業用定期借地権方式**とは、Ｘ社が甲土地を契約で一定期間賃借し、Ｘ社が資金
調達をして建物を建設する手法のことです。土地の所有権者はＡさんであり、建物の**所有
権者はＸ社**となります。

(3)　不適切。Ａさん自らが貸主となって所有するマンションの賃貸を行う場合では、宅地建

物取引業にあたらないため、免許をあらかじめ取得する必要は**ありません**。

テキスト p.287,250

解答1 問3 **1**

ⅰ）「Aさんが甲土地に賃貸マンションを建築した場合、相続税の課税価格の計算上、甲土地は（① **貸家建付地**）として評価されます。また、甲土地が貸付事業用宅地等に該当すれば、『小規模宅地等についての相続税の課税価格の計算の特例』の適用を受けることができます。貸付事業用宅地等は、200㎡までの部分について（② **50%**）の減額が受けられます」

ⅱ）「Aさんが甲土地に賃貸マンションを建築した場合、甲土地に係る固定資産税の課税標準を、住宅1戸につき200㎡までの部分（小規模住宅用地）について課税標準となるべき価格の（③ **6分の1**）の額とする特例の適用を受けることができます」

〈解説〉

所有する土地に建築した家屋を他に貸し付けている場合の土地を**貸家建付地**といいます。なお、②について、詳しくは6章で扱います。

〈「小規模宅地等についての相続税の課税価格の計算の特例」における限度面積と減額割合〉

宅地の区分		限度面積	減額割合
居住用	特定居住用宅地	330㎡	80%
事業用	特定事業用宅地	400㎡	80%
	特定同族会社事業用宅地		
貸付事業用宅地（貸付用不動産の宅地）		200㎡	50%

〈住宅用地の課税標準額（特例）〉

	小規模住宅用地 （200㎡以内）	その他の住宅用地 （200㎡超）
固定資産税	課税標準の**6分の1**の額	課税標準の3分の1の額
都市計画税	課税標準の3分の1の額	課税標準の3分の2の額

テキスト p.288,339,279

問題2 次の設例に基づいて、下記の各問に答えなさい。

□□□

［2022年1月試験　第4問］

───────────《設　例》───────────

　Aさん（50歳）は、5年前に父親の相続によりX市内にある甲土地（900㎡）を取得している。甲土地は、父親の代からアスファルト敷きの月極駐車場として賃貸しているが、その収益性は高くない。

　Aさんは、先日、地元の不動産会社の社長から「自己建設方式による賃貸マンションの建築を検討してみませんか。甲土地は、最寄駅から徒歩5分の好立地にあり、相応の需要が見込めます」との提案を受けた。

〈甲土地の概要〉

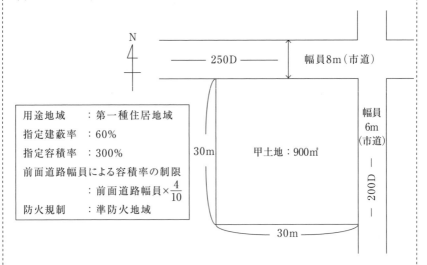

用途地域	：第一種住居地域
指定建蔽率	：60%
指定容積率	：300%
前面道路幅員による容積率の制限	：前面道路幅員×$\frac{4}{10}$
防火規制	：準防火地域

・甲土地は、建蔽率の緩和について特定行政庁が指定する角地である。
・指定建蔽率および指定容積率とは、それぞれ都市計画において定められた数値である。
・特定行政庁が都道府県都市計画審議会の議を経て指定する区域ではない。

※上記以外の条件は考慮せず、各問に従うこと。

《問1》 甲土地に賃貸マンション（耐火建築物）を建築する場合の①建蔽率の上限となる建築面積と②容積率の上限となる延べ面積の組合せとして、次のうち最も適切なものはどれか。
(1) ① 630㎡　　② 2,700㎡
(2) ① 720㎡　　② 2,700㎡
(3) ① 720㎡　　② 2,880㎡

《問2》 甲土地に関する以下の文章の空欄①～③に入る語句または数値の組合せとして、次のうち最も適切なものはどれか。

> i）「甲土地の面する道路に付された『250 D』『200 D』の数値は、1 ㎡当たりの価額を（　①　）単位で表示した相続税路線価です。数値の後に表示されている『D』の記号（アルファベット）は、借地権割合が（　②　）％であることを示しています」
>
> ii）「Aさんが甲土地に賃貸マンションを建築した場合、相続税額の計算上、甲土地は貸家建付地として評価されます。貸家建付地の価額は、『自用地価額×（　③　）』の算式により評価されます」

(1) ① 千円　　② 70　　③ 借地権割合×賃貸割合
(2) ① 万円　　② 70　　③（ 1 －借地権割合×賃貸割合）
(3) ① 千円　　② 60　　③（ 1 －借地権割合×借家権割合×賃貸割合）

《問3》 甲土地の有効活用等に関する次の記述のうち、最も適切なものはどれか。
(1) 「自己建設方式とは、Aさんが所有する土地の上に、事業者が建設資金を負担してマンション等を建設し、完成した建物の住戸等をAさんと事業者がそれぞれの出資割合に応じて取得する手法です」
(2) 「Aさんが甲土地に賃貸マンションを建築した場合、甲土地に係る固定資産税の課税標準を、住宅1戸につき200㎡までの部分（小規模住宅用地）について課税標準となるべき価格の2分の1の額とする特例の適用を受けることができます」
(3) 「Aさんが金融機関から融資を受けて賃貸マンションを建築した場合、Aさんの相続における相続税額の計算上、当該借入金の残高は債務控除の対象となります」

①建築物の建築面積の上限は、**建蔽率**を用いて求めます。**防火地域内**に**耐火建築物**等を建築する場合または**準防火地域内**に**耐火建築物・準耐火建築物**等を建築する場合に建蔽率は**10%**緩和されます。さらに、甲土地は、特定行政庁が指定する**角地**であるため、建蔽率は**10%**緩和されます。

建蔽率の上限となる建築面積＝敷地面積×建蔽率
＝900㎡×（60%＋10%＋10%）
＝**720㎡**

②建築物の延べ面積の上限は、**容積率**を用いて求めます。前面道路の幅員が**12ｍ未満の場合**、「**指定容積率**」と「**前面道路の幅員×法定乗数**」のいずれか小さい数値を容積率として敷地面積に乗じて求めます。また、甲土地は２つの公道に接していますが、このうち幅員の広い**8ｍ**の道路を計算に用います。

8ｍ（幅員が広いほう）× $\frac{4}{10}$（法定乗数）＝ $\frac{32}{10}$ ⇒ 320%＞300%（指定容積率）

したがって、低いほうである300%を容積率の上限として計算します。

容積率の上限となる延べ面積＝敷地面積×容積率
＝900㎡×300%
＝**2,700㎡**

📖 テキスト p.263,264,265,266

ⅰ）「甲土地の面する道路に付された『250 D』『200 D』の数値は、１㎡当たりの価額を（① **千円**）単位で表示した相続税路線価です。数値の後に表示されている『D』の記号（アルファベット）は、借地権割合が（② **60**）%であることを示しています」

ⅱ）「Ａさんが甲土地に賃貸マンションを建築した場合、相続税額の計算上、甲土地は貸家建付地として評価されます。貸家建付地の価額は、『自用地価額×（③ **（1－借地権割合×借家権割合×賃貸割合）**）』の算式により評価されます」

〈解説〉

ⅰ）路線価は、路線（道路）に面する標準的な宅地の１㎡当たりの価額（**千円**単位で表示）のことです。借地権割合はアルファベットで表示（A＝90%、B＝80%、C＝70%、D＝60%、E＝50%、F＝40%、G＝30%）されます。

本問の場合、路線に『250 D』『200 D』と付されているため、「１㎡当たり250千円・200千円、借地権割合が**60%**」であることを示しています。

ⅱ）所有する土地に建築した家屋を他に貸し付けている場合の土地を**貸家建付地**といいます。

貸家建付地の相続税評価額
＝自用地価額－自用地価額×借地権割合×借家権割合×賃貸割合
＝自用地価額×（1－借地権割合×借家権割合×賃貸割合）

なお、路線価および貸家建付地について、詳しくは6章で扱います。

📖 テキスト p.336,338

解答2 問3 **3**

(1) 不適切。設問は**等価交換方式**の説明になっています。なお、自己建設方式とは、土地の所有者が土地・建物の活用方法や資金調達の方法などの一切を自ら行う手法のことです。

(2) 不適切。「住宅用地に対する固定資産税の課税標準の特例」は、住宅1戸につき200㎡までの部分（小規模住宅用地）について課税標準となるべき価格の**6分の1**の額とすることができるというものです。なお、自己の居住用家屋の敷地である宅地のみならず、賃貸アパートの敷地である宅地についても適用できます。

(3) 適切。将来Aさんが死亡して相続が行われるとき、その相続における相続税額の計算上、遺産総額から差し引くことができる債務は、被相続人が死亡したときにあった債務で確実と認められるものであるため、当該借入金の残高は債務控除の対象となります。

　なお、債務控除について、詳しくは6章で扱います。

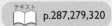 テキスト p.287,279,320

5 章

不動産

実技

　　　次の設例に基づいて、下記の各問に答えなさい。

--------《 設　例 》--------

　Aさん（53歳）は、13年前に父親の相続により取得した自宅（建物およびその敷地である甲土地）に居住している。Aさんは、自宅の設備が古くなってきたことや老後の生活のことも考え、自宅を売却し、駅前のマンションを購入して転居することを検討している。

　先日、Aさんが知り合いの不動産会社の社長に相談したところ、「甲土地のある駅周辺は再開発が進んでおり、居住用建物について相応の需要が見込まれる。自宅を売却するのもよいと思うが、甲土地で賃貸マンション経営をすることも検討してみてはどうか」とアドバイスを受けた。

〈甲土地の概要〉

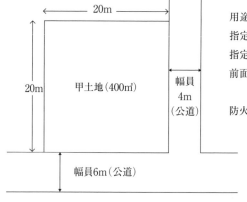

用途地域　　　　：　近隣商業地域
指定建蔽率　　　：　80%
指定容積率　　　：　300%
前面道路幅員による容積率の制限
　　　　　　　　：　前面道路幅員 $\times \dfrac{6}{10}$
防火規制　　　　：　準防火地域

・甲土地は、建蔽率の緩和について特定行政庁が指定する角地である。
・指定建蔽率および指定容積率とは、それぞれ都市計画において定められた数値である。
・特定行政庁が都道府県都市計画審議会の議を経て指定する区域ではない。

※上記以外の条件は考慮せず、各問に従うこと。

《**問1**》 甲土地に賃貸マンション（耐火建築物）を建築する場合の①建蔽率の上限となる建築面積と②容積率の上限となる延べ面積の組合せとして、次のうち最も適切なものはどれか。

(1) ① 360㎡　　② 960㎡

(2) ① 400㎡　　② 960㎡

(3) ① 400㎡　　② 1,200㎡

《**問2**》 自宅（建物およびその敷地である甲土地）の譲渡に関する以下の文章の空欄①～③に入る語句の組合せとして、次のうち最も適切なものはどれか。

> 「Aさんが駅前のマンションに転居し、その後、居住していない現在の自宅を譲渡した場合に、Aさんが『居住用財産を譲渡した場合の3,000万円の特別控除の特例』の適用を受けるためには、Aさんが居住しなくなった日から（　①　）を経過する日の属する年の12月31日までに現在の自宅を譲渡すること等の要件を満たす必要があります。また、『居住用財産を譲渡した場合の長期譲渡所得の課税の特例』（軽減税率の特例）の適用を受ける場合、現在の自宅の譲渡に係る課税長期譲渡所得金額のうち、（　②　）以下の部分については、所得税および復興特別所得税（　③　）、住民税4％の税率で課税されます」

(1) ① 3年　　② 6,000万円　　③ 10.21％

(2) ① 3年　　② 1億円　　③ 15.315％

(3) ① 5年　　② 1億円　　③ 10.21％

《**問3**》 自己建設方式による甲土地の有効活用に関する次の記述のうち、最も適切なものはどれか。

(1) 「自己建設方式は、Aさんがマンション等の建築資金の調達や建築工事の発注、建物の管理・運営を自ら行う方式です。Aさん自らが貸主となって所有するマンションの賃貸を行うためには、あらかじめ宅地建物取引業の免許を取得する必要があります」

(2) 「Aさんが甲土地に賃貸マンションを建築した場合、相続税の課税価格の計算上、甲土地は貸家建付地として評価されます」

(3) 「Aさんが甲土地に賃貸マンションを建築した場合、甲土地に係る固定資

産税の課税標準を、住宅１戸につき 200㎡までの部分（小規模住宅用地）について課税標準となるべき価格の２分の１の額とする特例の適用を受けることができます」

解答3 問1 **3**

①建築物の建築面積の上限は、**建蔽率**を用いて求めます。**防火地域内**に**耐火建築物**等を建築する場合または**準防火地域内**に**耐火建築物・準耐火建築物**等を建築する場合に建蔽率は**10％緩和**されます。さらに、甲土地は、特定行政庁が指定する**角地**であるため、建蔽率は**10％緩和**されます。

建蔽率の上限となる建築面積＝敷地面積×建蔽率
　　　　　　　　　　　　　＝400㎡×（80％＋10％＋10％）
　　　　　　　　　　　　　＝**400㎡**

②建築物の延べ面積の上限は、**容積率**を用いて求めます。前面道路の幅員が**12ｍ未満**の場合、「**指定容積率**」と「**前面道路の幅員×法定乗数**」のいずれか小さい数値を容積率として敷地面積に乗じて求めます。なお、甲土地は２つの公道に接していますが、このうち幅員の広い６ｍの道路を計算に用います。

$$6ｍ（幅員が広いほう）×\frac{6}{10}（法定乗数）＝\frac{36}{10} ⇒ 360％＞300％ （指定容積率）$$

したがって、低いほうである300％を容積率の上限として計算します。
容積率の上限となる延べ面積＝敷地面積×容積率
　　　　　　　　　　　　　＝400㎡×300％
　　　　　　　　　　　　　＝**1,200㎡**

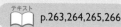
テキスト
p.263,264,265,266

解答3 問2 **1**

「Aさんが駅前のマンションに転居し、その後、居住していない現在の自宅を譲渡した場合に、Aさんが『居住用財産を譲渡した場合の3,000万円の特別控除の特例』の適用を受けるためには、Aさんが居住しなくなった日から（① **3年**）を経過する日の属する年の12月31日までに現在の自宅を譲渡すること等の要件を満たす必要があります。また、『居住用財産を譲渡した場合の長期譲渡所得の課税の特例』（軽減税率の特例）の適用を受ける場合、現在の自宅の譲渡に係る課税長期譲渡所得金額のうち、（② **6,000万円**）以下の部分については、所得税および復興特別所得税（③ **10.21％**）、住民税４％の税率で課税されます」
〈解説〉

「居住用財産を譲渡した場合の長期譲渡所得の課税の特例」（軽減税率の特例）の適用を受けるには、譲渡した年の１月１日における所有期間が**10年超**など一定の要件があります。なお、**3,000万円の特別控除**との**併用は可能**です。

テキスト
p.281,282

[解答3 問3]　**2**

(1)　不適切。**自己建設方式**とは、土地の所有者が建築資金の調達、建設工事の発注、建物の管理・運営までの一切を自ら行う賃貸事業運営方式のことです。自己の物件の貸借には、宅地建物取引業の免許は**不要**です。

(2)　適切。Aさんが甲土地に賃貸マンションを建築した場合、甲土地は**貸家建付地**として評価されます。

(3)　不適切。固定資産税の課税標準を**6分の1**の額とする特例です。

 テキスト
p.287,250,288,279

[2021 年 1 月試験　第 4 問]

《 設　例 》

　　Aさん（58歳）は、2024年9月、父親が死亡し、アスファルト敷きの月極駐車場（甲土地）および実家（建物とその敷地である乙土地）を相続により取得した。父親が1人で暮らしていた実家の建物は、父親が亡くなったときのまま、空き家として放置している。

　　Aさんは、別の都市に自宅を保有し、居住しているため、実家に戻る予定はない。築45年の実家の建物は老朽化が激しく、管理にも手間がかかるため、Aさんは実家の建物を取り壊し、乙土地を売却するか、あるいは乙土地上に賃貸マンションを建築することを検討している。

〈甲土地および乙土地の概要〉

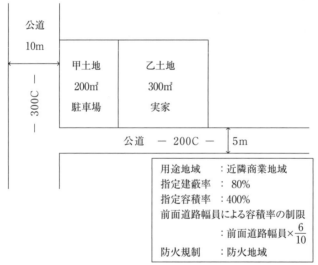

用途地域　　：近隣商業地域
指定建蔽率　：80%
指定容積率　：400%
前面道路幅員による容積率の制限
　　　　　　：前面道路幅員×$\frac{6}{10}$
防火規制　　：防火地域

・甲土地は、建蔽率の緩和について特定行政庁が指定する角地である。

・指定建蔽率および指定容積率とは、それぞれ都市計画において定められた数値である。

・特定行政庁が都道府県都市計画審議会の議を経て指定する区域ではない。

※上記以外の条件は考慮せず、各問に従うこと。

《問1》 乙土地に耐火建築物を建築する場合の①建蔽率の上限となる建築面積と②容積率の上限となる延べ面積の組合せとして、次のうち最も適切なものはどれか。

(1) ① 270㎡　　② 1,200㎡

(2) ① 300㎡　　② 1,200㎡

(3) ① 300㎡　　② 900㎡

《問2》 「被相続人の居住用財産（空き家）に係る譲渡所得の特別控除の特例」（以下、「本特例」という）に関する以下の文章の空欄①～③に入る語句または数値の組合せとして、次のうち最も適切なものはどれか。

> ⅰ）「被相続人の居住用家屋およびその敷地を取得した相続人が、本特例の適用を受けて、その家屋または敷地を譲渡した場合、最高（　①　）万円の特別控除の適用を受けることができます。本特例の対象となる家屋は、（　②　）年5月31日以前に建築されたもので、マンションなどの区分所有建物登記がされている建物は対象になりません」
>
> ⅱ）「本特例の適用を受けるためには、譲渡価額が（　③　）円以下であること、2027年12月31日までに行われる譲渡で相続開始日から同日以後3年を経過する日の属する年の12月31日までに譲渡することなど、所定の要件を満たす必要があります」

(1) ① 3,000　　② 1981（昭和56）　　③ 1億

(2) ① 3,000　　② 1991（平成3）　　③ 1億6,000万

(3) ① 1,000　　② 2001（平成13）　　③ 1億6,000万

《問3》 Aさんに対するアドバイスとして、次のうち最も不適切なものはどれか。

(1) 「等価交換方式とは、Aさんが所有する土地の上に、事業者が建設資金を負担してマンション等を建設し、完成した建物の住戸等をAさんと事業者がそれぞれの出資割合に応じて取得する手法です」

(2) 「甲土地と乙土地を一体とした土地に賃貸マンションを建築する場合、乙土地単独での有効活用に比べて、上限となる容積率が大きくなります」

(3) 「甲土地の前面道路（幅員10mの公道）の相続税路線価は、1㎡当たりの価額が300万円であることを示しています」

解答4 問1 3

　建築物の建築面積の上限は、**建蔽率**を用いて求めます。建蔽率の上限が**80%**とされている地域で**防火地域内に耐火建築物等を建てる場合、制限がなくなります**。したがって建蔽率は、**100%**になります。

　　　建蔽率の上限となる建築面積＝敷地面積×建蔽率
　　　　　　　　　　　　　　　　　＝300㎡×100%
　　　　　　　　　　　　　　　　　＝300㎡

　建築物の延べ面積の上限は、**容積率**を用いて求めます。前面道路の幅員が**12m未満の場合**、「**指定容積率**」と「**前面道路の幅員×法定乗数**」のいずれか**小さい数値**を容積率として敷地面積に乗じて求めます。

$$5\,\mathrm{m} \times \frac{6}{10} = \frac{30}{10} \Rightarrow 300\% < 400\%\ （指定容積率）$$

したがって、低いほうである300%を容積率の上限として計算します。

　　　容積率の上限となる延べ面積＝敷地面積×容積率
　　　　　　　　　　　　　　　　　＝300㎡×300%
　　　　　　　　　　　　　　　　　＝900㎡

テキスト p.263,264,265,266

解答4 問2 1

ⅰ）「被相続人の居住用家屋およびその敷地を取得した相続人が、本特例の適用を受けて、その家屋または敷地を譲渡した場合、最高（① **3,000**）万円の特別控除の適用を受けることができます。本特例の対象となる家屋は、（② **1981（昭和56）**）年5月31日以前に建築されたもので、マンションなどの区分所有建物登記がされている建物は対象になりません」

ⅱ）「本特例の適用を受けるためには、譲渡価額が（③ **1億**）円以下であること、2027年12月31日までに行われる譲渡で相続開始日から同日以後3年を経過する日の属する年の12月31日までに譲渡することなど、所定の要件を満たす必要があります」

〈解説〉

本特例の適用を受けるためには、次のような要件が必要です。

【相続した家屋の要件】
・相続開始の直前において被相続人が一人で居住していた
・1981**年**5月31日以前に建築された区分所有建築物以外の建物

【譲渡する際の要件】
・譲渡価額が1億**円**以下
・相続開始日から3年を経過する年の12月31日までに譲渡すること

テキスト p.283

解答4 問3 3

⑴　適切。**等価交換方式**の場合、建設資金の負担は事業者になります。完成した建物の住戸等をＡさんと事業者が出資割合に応じて取得します。

(2)　適切。甲土地と乙土地を一体とした土地の前面道路の幅員は 10 m です。法定乗数 10 分の 6 を乗じると 600％となり指定容積率 400％のほうが小さいため、上限となる容積率は 400％です。問 1 で求めたとおり、乙土地単独での土地活用の場合は 300％であるため、甲乙一体として土地活用したほうが上限となる容積率は大きくなります。

(3)　不適切。甲土地の前面道路（幅員 10 m の公道）の相続税路線価（300 C）は、1 ㎡当たりの路線価が **300 千円**（＝ 30 万円）を意味します。

　　なお、路線価について、詳しくは 6 章で扱います。

テキスト
p.287,265,266,336

問題1 □□□ 公的な土地評価に関する下表の空欄（ア）～（ウ）にあてはまる語句の組み合わせとして、最も適切なものはどれか。

［2022年1月試験(6)］

価格の種類	公示価格	相続税路線価	固定資産税評価額
所管	（ ア ）	＊＊＊	（ イ ）
評価割合	－	公示価格の（ ウ ）程度	公示価格の70％程度
実施目的	一般の土地取引の指標等	相続税等の財産評価の基礎	固定資産税等の課税標準の基礎

※問題作成の都合上、表の一部を空欄（＊＊＊）としている。

(1) （ア）総務省　　　　（イ）市町村（東京23区は東京都）　　（ウ）70％

(2) （ア）国土交通省　　（イ）市町村（東京23区は東京都）　　（ウ）80％

(3) （ア）国土交通省　　（イ）国税庁　　　　　　　　　　　　（ウ）90％

正解 **2**

公的な土地評価については次の表のとおりとなります。

価格の種類	公示価格	相続税路線価	固定資産税評価額
所管	（ア 国土交通省）	国税庁	（イ 市町村） （東京23区は 東京都）
評価割合	—	公示価格の（ウ 80%） 程度	公示価格の70% 程度
実施目的	一般の土地取引の 指標等	相続税等の 財産評価の基礎	固定資産税等の 課税標準の基礎

テキスト
p.247

5
章

不動産

実技

　　　　　下表は、宅地建物の売買・交換において、宅地建物取引業者と交わす媒介契約の種類とその概要についてまとめた表である。下表の空欄（ア）〜（ウ）にあてはまる語句または数値の組み合わせとして、最も適切なものはどれか。なお、自己発見取引とは、自ら発見した相手方と売買または交換の契約を締結する行為を指すものとする。

［2023 年 9 月試験(7)］

	一般媒介契約	専任媒介契約	専属専任媒介契約
複数業者への重複依頼	可	不可	不可
自己発見取引	可	（　イ　）	不可
依頼者への業務処理状況報告義務	（　ア　）	2 週間に 1 回以上	1 週間に 1 回以上
指定流通機構への登録義務	なし	媒介契約締結日の翌日から7 営業日以内	媒介契約締結日から（　ウ　）営業日以内

(1)　（ア）なし　　　　　　　（イ）可　　　　（ウ）5

(2)　（ア）3 週間に 1 回以上　（イ）不可　　　（ウ）5

(3)　（ア）3 週間に 1 回以上　（イ）可　　　　（ウ）3

解答2

正解 **1**

媒介契約については次の表のとおりです。

〈媒介契約の種類とその概要〉

	一般媒介契約	専任媒介契約	専属専任媒介契約
複数業者への重複依頼	可	不可	不可
自己発見取引	可	（イ 可）	不可
依頼者への業務処理状況報告義務	（ア なし）	2週間に1回以上	1週間に1回以上
指定流通機構への登録義務	なし	媒介契約締結日の翌日から7営業日以内	媒介契約締結日の翌日から（ウ 5）営業日以内

テキスト p.251

問題3 □□□　下表は、定期借地権についてまとめた表である。下表の空欄（ア）～（ウ）にあてはまる数値または語句の組み合わせとして、最も適切なものはどれか。

［2023年9月試験(6)⊛］

種類	一般定期借地権	（イ）定期借地権等	建物譲渡特約付借地権
借地借家法	第22条	第23条	第24条
存続期間	（ア）年以上	10年以上50年未満	30年以上
契約方式	公正証書等の書面、または電磁的記録	公正証書	指定なし
契約終了時の建物	原則として借地人は建物を取り壊して土地を返還する	原則として借地人は建物を取り壊して土地を返還する	（ウ）が建物を買い取る

(1)　（ア）30　　（イ）居住用　　（ウ）借地人

(2)　（ア）50　　（イ）事業用　　（ウ）土地所有者

(3)　（ア）50　　（イ）居住用　　（ウ）土地所有者

解答3

正解 **2**

定期借地権については次の表のとおりとなります。

種類	一般定期借地権	（イ 事業用）定期借地権等	建物譲渡特約付借地権
借地借家法	第22条	第23条	第24条
存続期間	（ア 50）年以上	10年以上50年未満	30年以上
契約方式	公正証書等の書面、または電磁的記録	公正証書	指定なし
契約終了時の建物	原則として借地人は建物を取り壊して土地を返還する	原則として借地人は建物を取り壊して土地を返還する	（ウ 土地所有者）が建物を買い取る

テキスト
p.255

5章

不動産

実技

問題4 借地借家法に基づく普通借家権に関する以下の記述の空欄（ア）〜（ウ）に入る語句の組み合わせとして、最も適切なものはどれか。

[2023年1月試験(6)]

存続期間	
期間の定めがある場合	契約で期間を定める場合、（　ア　）以上とする。（　ア　）未満の期間を定めた場合、期間の定めがないものとみなされる。
期間の定めがない場合	随時解約の申し入れをすることが可能である。 ・賃貸人からの解約の申し入れ 　申し入れの日から（　イ　）経過したときに契約は終了する。ただし、賃貸人からの解約の申し入れには正当事由を要する。 ・賃借人からの解約の申し入れ 　申し入れの日から（　ウ　）経過したときに契約は終了する。

(1) （ア）1年　　（イ）3カ月　　（ウ）1カ月
(2) （ア）1年　　（イ）6カ月　　（ウ）3カ月
(3) （ア）2年　　（イ）6カ月　　（ウ）3カ月

解答4

正解 **2**

借地借家法に基づく普通借家権については次の表のとおりとなります。

存続期間	
期間の定めがある場合	契約で期間を定める場合、（ア 1年）以上とする。（ア 1年）未満の期間を定めた場合、期間の定めがないものとみなされる。
期間の定めがない場合	随時解約の申し入れをすることが可能である。 ・賃貸人からの解約の申し入れ 　申し入れの日から（イ 6カ月）経過したときに契約は終了する。ただし、賃貸人からの解約の申し入れには正当事由を要する。 ・賃借人からの解約の申し入れ 　申し入れの日から（ウ 3カ月）経過したときに契約は終了する。

テキスト
 p.256

問題5 都市計画法に基づく都市計画区域に関する下表の空欄（ア）〜（ウ）にあてはまる数値または語句の組み合わせとして、最も適切なものはどれか。 [2024年1月試験(8)]

市街化区域	すでに市街地を形成している区域およびおおむね（ ア ）年以内に優先的かつ計画的に市街化を図るべき区域
市街化調整区域	市街化を（ イ ）すべき区域
非線引き区域	（ ウ ）の定められていない都市計画区域

(1) （ア）5 （イ）抑制 （ウ）用途地域
(2) （ア）10 （イ）抑制 （ウ）区域区分
(3) （ア）10 （イ）調整 （ウ）区域区分

問題6 建築基準法の用途制限に従い、下表の空欄（ア）、（イ）にあてはまる建築可能な建築物の組み合わせとして、最も適切なものはどれか。なお、記載のない条件については一切考慮しないこととする。 [2023年1月試験(7)]

用途地域	建築物の種類
第一種低層住居専用地域	（ ア ）、神社
工業地域	（ イ ）、自動車整備工場

(1) （ア）大学 （イ）病院
(2) （ア）中学校 （イ）診療所
(3) （ア）中学校 （イ）病院

解答5

正解 **2**

都市計画区域については次の表のとおりとなります。

市街化区域	すでに市街地を形成している区域およびおおむね（ア 10）年以内に優先的かつ計画的に市街化を図るべき区域
市街化調整区域	市街化を（イ 抑制）すべき区域
非線引き区域	（ウ 区域区分）の定められていない都市計画区域

 テキスト p.258,259

解答6

正解 **2**

用途制限については、次の表のとおりとなります。

〈建築基準法の用途制限〉

用途地域	建築物の種類
第一種低層住居専用地域	（ア 中学校）、神社、小学校など
工業地域	（イ 診療所）、自動車整備工場、共同住宅など

・小・中学校は工業地域および工業専用地域**以外**の用途地域に建築できます。

・診療所は**すべて**の用途地域に建築できます。

・**大学**や**病院**は、第一種・第二種低層住居専用地域、田園住居地域、工業地域および工業専用地域**以外**の用途地域に建築できます。

 テキスト p.260

　　建築基準法に従い、下記〈資料〉の土地に建築物を建築する場合、その土地に対する建築物の建築面積の最高限度として、正しいものはどれか。なお、記載のない条件については一切考慮しないこととする。

［2023 年 1 月試験(8)］

〈資料〉

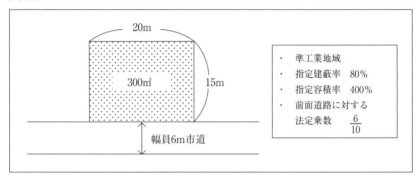

（1）　240㎡　　（2）　1,080㎡　　（3）　1,200㎡

　　建築基準法に従い、下記〈資料〉の土地に建築物を建築する場合の延べ面積（床面積の合計）の最高限度として、正しいものはどれか。なお、記載のない条件については一切考慮しないこととする。

［2022 年 9 月試験(6)］

〈資料〉

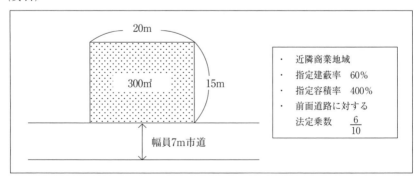

（1）　180㎡　　（2）　1,200㎡　　（3）　1,260㎡

解答7

正解 **1**

建築物の建築面積の最高限度については、**建蔽率**を用いて算出します。記載のない条件については一切考慮しないとあるので、指定建蔽率を80%として計算します。

建築面積＝敷地面積×指定建蔽率
　　　　＝300㎡×80%
　　　　＝**240㎡**

 テキスト p.263,264

5 章

不動産

実技

解答8

正解 **2**

建築物の延べ面積（床面積の合計）の最高限度については、**容積率**を用いて算出します。前面道路の幅員が12m未満の場合、「**指定容積率**」と「**前面道路の幅員×法定乗数**」のいずれか小さいほうの数値を容積率として敷地面積に乗じます。

$$幅員7m×\frac{6}{10}（法定乗数）=\frac{42}{10} ⇒ 420\% > 400\%（指定容積率）$$

したがって、低いほうである400%を容積率の上限として計算します。

延べ面積（床面積の合計）の最高限度＝面積×容積率
　　　　　　　　　　　　　　　　　＝300㎡×400%＝**1,200㎡**

 テキスト p.265,266

不動産の取得・保有に係る税金について、下表の空欄（ア）～（ウ）にあてはまる語句の組み合わせとして、最も適切なものはどれか。

[2022 年 9 月試験(7)]

税の種類	登録免許税	不動産取得税	固定資産税
課税主体	（ ア ）	＊＊＊	＊＊＊
納税義務者	登記を受ける者	不動産の取得者	毎年（ イ ）現在の固定資産の所有者
課税標準	＊＊＊	（ ウ ）	＊＊＊

※問題作成の都合上、一部を「＊＊＊」としている。

(1)（ア）国　　　（イ）4月1日　　（ウ）固定資産税評価額
(2)（ア）国　　　（イ）1月1日　　（ウ）固定資産税評価額
(3)（ア）都道府県　（イ）1月1日　　（ウ）相続税評価額

問題10 井上さんは、下記〈資料〉の物件の購入を検討している。この物件の購入金額（消費税を含んだ金額）として、正しいものはどれか。なお、〈資料〉に記載されている金額は消費税を除いた金額であり、消費税率は10％として計算すること。また、記載のない条件については一切考慮しないこととする。　　[2023 年 5 月試験(7)]

〈資料〉

建物
2,000万円

土地
3,000万円

(1)　5,200 万円
(2)　5,300 万円
(3)　5,500 万円

解答9

正解 **2**

不動産の取得・保有に係る税金については次の表のとおりとなります。

税の種類	登録免許税	不動産取得税	固定資産税
課税主体	（ア 国）	**都道府県**	**市町村** （東京23区は東京都）
納税義務者	登記を受ける者	不動産の取得者	毎年（イ 1月1日）現在の固定資産の所有者
課税標準	原則として固定資産税評価額（抵当権設定登記は債権金額）	（ウ 固定資産税評価額）	固定資産税評価額

 テキスト p.275,276,279

解答10

正解 **1**

購入金額（消費税を含んだ金額）を求めます。建物には消費税がかかりますが、**土地には消費税がかからない**ので注意しましょう。また、消費税率は**10%**として計算します。

建物：2,000万円×（1+0.1）＝2,200万円

土地：3,000万円

合計：2,200万円＋3,000万円＝**5,200万円**

 テキスト p.277

山田さんは、別荘として利用していた土地および建物を売却する予定である。売却に係る状況が下記〈資料〉のとおりである場合、所得税における次の記述の空欄（ア）、（イ）にあてはまる数値または語句の組み合わせとして、最も適切なものはどれか。

[2022 年 9 月試験(11)]

〈資料〉

・取得日：2014 年 1 月 10 日
・売却予定日：2024 年 9 月 30 日
・譲渡価額：3,000 万円
・購入価額：2,500 万円
・取得費：2,000 万円
・譲渡費用：200 万円
※特別控除額はないものとする。
※所得控除は考慮しないものとする。

　山田さんがこの土地および建物を売却した場合の譲渡所得の金額は（　ア　）万円となり、課税（　イ　）譲渡所得金額として扱われる。

(1)　（ア）300　　（イ）短期

(2)　（ア）800　　（イ）短期

(3)　（ア）800　　（イ）長期

解答11

正解 3

「山田さんがこの土地および建物を売却した場合の譲渡所得の金額は（ア 800）万円となり、課税（イ 長期）譲渡所得金額として扱われる。」

〈解説〉

（ア）　課税長期譲渡所得金額＝譲渡価格－（取得費＋譲渡費用）

$$＝3,000万円－（2,000万円＋200万円）$$

$$＝\textbf{800万円}$$

　　なお、購入価額と取得費は必ずしも一致せず、取得費は購入価額から建物の減価償却費を差し引いたものとなります。また、建物の取得費については、金額が不明な場合や、実際の取得費が譲渡価額の5％に満たない場合は、譲渡価額の5％を概算取得費として譲渡所得金額の計算に用いることができます。本問における概算取得費は「3,000万円×5％＝150万円」となり、実際の取得費である2,000万円より低い額となります。したがって、計算にあたっては実際の取得費である2,000万円を用います。

（イ）　土地・建物を譲渡した年の1月1日における所有期間

　　　・5年以下：短期譲渡所得

　　　・5年超　：長期譲渡所得

　　2014年1月10日〜2024年1月1日における所有期間は9年となり、5年を超えるため、長期譲渡所有の要件を満たします。

　　したがって、山田さんがこの土地および建物を売却した場合の譲渡所得の金額は、**長期**譲渡所得金額として扱われます。

テキスト
p.280,281

6章

相続・事業承継

「贈与」「相続」に関する問題が目白押しです！
特に相続税の計算はやや複雑ですが、しっかりとテキストを確認しつつ、着実に力を付けていきましょう。

1 贈与の基本

■ 贈与とは

問題1

○×

□□□

贈与は、当事者の一方が財産を無償で相手方に与える意思表示をすれば、相手方が受諾しなくても、その効力が生じる。

[2022年1月試験㉖]

■ 贈与の解除

問題2

○×

□□□

書面によらない贈与契約は、その履行前であれば、各当事者は契約の解除をすることができる。　　　[2023年5月試験㉖]

■ 贈与の種類

問題3

○×

□□□

定期贈与とは、贈与者が受贈者に対して定期的に財産を給付することを目的とする贈与をいい、贈与者または受贈者のいずれか一方が生存している限り、その効力を失うことはない。

[2024年1月試験㉖]

問題4

○×

□□□

住宅ローンが残っているマンションを贈与し、受贈者がそのローン残高を引き継ぐといったように、受贈者に一定の債務を負担させる贈与契約を、負担付贈与契約という。

[2018年5月試験㉖]

問題5

○×

□□□

死因贈与は、贈与者が財産を無償で与える意思を表示することのみで成立し、贈与者の死亡によって効力を生じる。

[2022年9月試験㉖]

解答1

正解 ✕

贈与契約は、当事者の一方が財産を無償で相手方に与える意思表示をし、**相手方**が**受諾**の意思表示をすることで成立します。

テキスト p.292

解答2

正解 ◯

書面によらない贈与契約の場合、**履行していない部分**の贈与は、各当事者が解除をすることができます。なお、**書面による場合**は履行していない部分についても**解除することができません**。

テキスト p.293

解答3

正解 ✕

定期贈与とは、定期的な財産の給付を目的とする贈与のことをいい、**贈与者**または**受贈者のいずれか一方の死亡により効力を失います**。

テキスト p.293

解答4

正解 ◯

負担付贈与とは、**受贈者に一定の債務を負わせる**ことを条件にした贈与のことをいいます。

テキスト p.293

解答5

正解 ✕

死因贈与は、贈与者と受贈者との間において「贈与者が死亡した時点で、事前に指定した財産を受贈者に贈与する」という贈与契約を結ぶことで成立し、贈与者の死亡により効力を生じます。贈与者の**一方的な意思表示のみでは成立しません**。

テキスト p.293

| 問題6 | 個人が死因贈与によって取得した財産は、課税の対象とならない財産を除き、（　　　）の課税対象となる。 |

三択

□□□

(1) 贈与税　　(2) 相続税　　(3) 所得税　　［2022年5月試験56］

2　贈与税の課税財産・非課税財産

■ 贈与税の課税財産

| 問題1 | 個人間において著しく低い価額の対価で財産の譲渡が行われた場合、原則として、その譲渡があった時の譲受財産の時価と支払った対価との差額に相当する金額について、贈与税の課税対象となる。 |

○×

□□□

［2022年9月試験27］

■ 贈与税の非課税財産

| 問題2 | 個人が法人からの贈与により取得した財産は、贈与税の課税対象とならない。 |

○×

□□□

［2022年1月試験27］

■ 相続開始の年の贈与財産

| 問題3 | 相続または遺贈によって財産を取得した者が、相続開始の年において被相続人から贈与により取得した財産の価額は、原則として相続税の課税価格に算入され、贈与税の課税価格には算入されない。 |

○×

□□□

［2017年1月試験27］

解答6
正解 **2**

死因贈与とは、贈与者が死亡することによって効力を生じる贈与契約をいいます。贈与者の**死亡**により効力が生じるため、取得した財産は、相続税の課税対象となります。

テキスト p.293

解答1
正解 **○**

いわゆる「**低額譲渡**」に関する記述です。低額譲渡の場合、次の式で算出される金額が贈与税の課税対象となります。

低額譲渡された財産の価額＝譲渡された財産の時価－譲渡価額

テキスト p.294

解答2
正解 **○**

個人が法人からの贈与により取得した財産については、雇用関係があれば**給与所得**、雇用関係がなければ**一時所得**として所得税が課されます。したがって、贈与税の課税対象とはなりません。

テキスト p.294

解答3
正解 **○**

相続または遺贈によって財産を取得した者が、**相続開始の年に**被相続人から贈与を受けて取得した財産は、相続税の課税対象となります。なお、相続または遺贈により財産を取得していない場合は、贈与税の課税価格に算入されます。

テキスト p.295

3 贈与税の計算

■ 暦年課税

問題1
○×
□ □ □
　贈与税は、その年4月1日から翌年3月31日までに受けた贈与財産の価額を合計して計算する。　　　　　　［2013年5月試験29］

問題2
○×
□ □ □
　子が同一年中に父と母のそれぞれから贈与を受けた場合、その年分の暦年課税による贈与税額の計算上、課税価格から控除する基礎控除額は、最高で220万円である。　　［2021年5月試験26］

■ 贈与税（暦年課税）の特例

問題3
三択
□ □ □
　贈与税の配偶者控除は、婚姻期間が（　①　）以上である配偶者から居住用不動産の贈与または居住用不動産を取得するための金銭の贈与を受け、所定の要件を満たす場合、贈与税の課税価格から基礎控除額のほかに最高（　②　）を控除することができる特例である。

(1)　① 10年　　② 2,500万円
(2)　① 20年　　② 2,500万円
(3)　① 20年　　② 2,000万円　　　　　　　［2023年1月試験56］

■ 相続時精算課税制度

問題4
三択
□ □ □
　相続時精算課税の適用を受けた場合、基礎控除額のほかに特定贈与者ごとに特別控除額として累計（　①　）までの贈与には贈与税が課されず、その額を超えた部分については一律（　②　）の税率により贈与税が課される。

(1)　① 2,000万円　　② 25％
(2)　① 2,000万円　　② 20％
(3)　① 2,500万円　　② 20％　　　　　　　［2022年9月試験56㉖］

解答1	贈与税（暦年課税）は、1月1日から12月31日までに贈与により取得
正解 ✕	した財産の価額をもとに算出されます。

テキスト p.296

解答2	贈与税の基礎控除額は**受贈者1人につき**最高110万円です。同一年中に
正解 ✕	複数の人から贈与を受けても、控除できるのは最高110万円となります。

テキスト p.296

解答3	贈与税の配偶者控除を適用した場合、通常の基礎控除（110万円）のほ
正解 3	かに2,000万円まで贈与税の課税価格から控除することができます。この
	特例を適用するには、対象配偶者との婚姻期間が**20年以上**あることなどの
	要件を満たす必要があります。

> なお、本特例を適用し、納税額がゼロになった場合でも、所定の事項を記載した申告書を提出する必要があります。また、本特例は同一の配偶者からの贈与に対しては、一生に一度しか適用できません。

テキスト p.297

解答4	**相続時精算課税制度**を適用した場合、基礎控除のほかに特定贈与者ごとに
正解 3	累計2,500万円までの贈与には贈与税が課されず、その額を超えた部分に
	ついては一律20％の税率で課税されます。

テキスト p.298

問題5 ○×

相続時精算課税制度の適用を受けた財産は、贈与者の相続に係る相続税の計算において、贈与時の価額によって相続税の課税価格に加算する。 [2014年1月試験29]

■ 直系尊属からの贈与の非課税制度

問題6 ○×

「直系尊属から教育資金の一括贈与を受けた場合の贈与税の非課税」は、贈与を受けた年の前年分の受贈者の所得税に係る合計所得金額が1,000万円を超える場合、適用を受けることができない。 [2022年5月試験26]

問題7 三択

「直系尊属から教育資金の一括贈与を受けた場合の贈与税の非課税」の適用を受けた場合、受贈者1人につき（ ① ）までは贈与税が非課税となるが、学校等以外の者に対して直接支払われる金銭については、（ ② ）が限度となる。

(1) ①1,000万円 ②500万円
(2) ①1,500万円 ②500万円
(3) ①1,500万円 ②1,000万円 [2021年9月試験57]

問題8 三択

「直系尊属から結婚・子育て資金の一括贈与を受けた場合の贈与税の非課税」の適用を受ける場合、贈与税が非課税となる金額は、受贈者1人につき最大（　　　）である。

(1) 1,000万円 (2) 1,500万円 (3) 2,000万円
[2022年9月試験57]

問題9 ○×

「直系尊属から住宅取得等資金の贈与を受けた場合の贈与税の非課税」は、受贈者の贈与を受けた年の年分の所得税に係る合計所得金額が2,000万円を超える場合、適用を受けることができない。 [2023年1月試験27]

解答5

正解 ◯

相続時精算課税制度の適用を受けた財産は、**贈与時**の時価で相続税の課税価格に加算します。

テキスト p.298

解答6

正解 ◯

受贈者は原則として **30 歳未満**であり、贈与を受けた年の前年分の所得税に係る合計所得金額が **1,000 万円以下**である場合に限り適用を受けることができます。

テキスト p.300

解答7

正解 **2**

「直系尊属から教育資金の一括贈与を受けた場合の贈与税の非課税」の特例を受けた場合、受贈者1人につき非課税限度額は **1,500 万円**ですが、学校等以外の者に対して支払われる金銭については、**500 万円**が限度額となります。

> なお、適用を受けるためには、贈与者が父母や祖父母などの直系尊属である必要があり、配偶者の父母などから贈与された場合では、本特例の適用を受けることはできません。

テキスト p.300

解答8

正解 **1**

直系尊属から結婚・子育て資金の一括贈与を受けた場合、受贈者1人につき **1,000 万円**（うち、結婚資金の場合は 300 万円まで）が非課税となります。

テキスト p.300

解答9

正解 ◯

「直系尊属から住宅取得等資金の贈与を受けた場合の贈与税の非課税」は、受贈者の贈与を受けた年の所得税に係る合計所得金額が **2,000 万円以下**であることなど、所定の要件を満たす必要があります。

テキスト p.300

問題10
○×
□□□

「直系尊属から住宅取得等資金の贈与を受けた場合の贈与税の非課税」は、相続時精算課税と併用して適用を受けることができる。

[2021年1月試験(27)]

4 贈与税の申告と納付

問題1
三択
□□□

贈与税の申告書は、原則として、贈与を受けた年の翌年の（ ① ）から3月15日までの間に、（ ② ）の住所地を所轄する税務署長に提出しなければならない。

(1) ①2月1日　　②受贈者
(2) ①2月1日　　②贈与者
(3) ①2月16日　　②贈与者

[2024年1月試験56]

問題2
○×
□□□

贈与税の納付については、納期限までに金銭で納付することを困難とする事由があるなど、所定の要件を満たせば、延納または物納によることが認められている。

[2019年1月試験(27)]

5 相続の基本

■ 子の種類

問題1
○×
□□□

民法において、養子の相続分は実子の相続分の2分の1と定められている。

[2013年9月試験(36)]

問題2
○×
□□□

特別養子縁組が成立した場合、養子となった者と実方の父母との親族関係は終了する。

[2023年5月試験(27)]

解答10
正解 ◯

「直系尊属から住宅取得等資金の贈与を受けた場合の贈与税の非課税」と、相続時精算課税制度は**併用**して適用**できます**。

テキスト p.300

解答1
正解 **1**

贈与税の申告が必要な場合、受贈者は、原則として、贈与を受けた年の翌年**2月1日**から**3月15日**までに、贈与税の申告書を受贈者の住所地を所轄する税務署長に提出することになっています。

テキスト p.302

解答2
正解 ✕

贈与税は、申告期限までに金銭で一括納付するのが原則ですが、一定要件の下で**延納**することが**認められて**います。しかし、**物納は認められていません**。

テキスト p.302

解答1
正解 ✕

養子であっても相続分は実子と変わりません。

テキスト p.304

解答2
正解 ◯

特別養子縁組が成立した場合、実方の父母との法律上の親族関係は**終了**します。なお、**普通養子縁組**においては、実方の父母との親族関係は**残ります**。

テキスト p.304

法定相続分

問題3
【三択】

下記の〈親族関係図〉において、Aさんの相続における母Dさんの法定相続分は、（　　　）である。

〈親族関係図〉

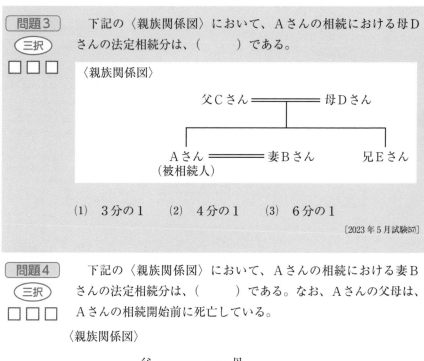

(1)　3分の1　　　(2)　4分の1　　　(3)　6分の1

[2023年5月試験57]

問題4
【三択】

下記の〈親族関係図〉において、Aさんの相続における妻Bさんの法定相続分は、（　　　）である。なお、Aさんの父母は、Aさんの相続開始前に死亡している。

〈親族関係図〉

(1)　2分の1　　　(2)　3分の2　　　(3)　4分の3

[2024年1月試験58]

被相続人Aさんには第1順位となる子がいません。相続人は、妻Bさんと第2順位となる直系尊属（父Cさんと母Dさん）の3人となります。この場合の法定相続分は、次のとおりとなります。

妻Bさん：$\dfrac{2}{3}$

父Cさん：$\dfrac{1}{3} \times \dfrac{1}{2} = \dfrac{1}{6}$

母Dさん：$\dfrac{1}{6}$（父Cさんと同様）

テキスト p.304,305

本問において、民法上の相続人は、配偶者の妻Bさん、姉Cさん、兄Dさんの3人です（Aさんには子がおらず、第2順位の父母も亡くなっているため）。したがって、法定相続分は次のとおりとなります。

妻Bさん：$\dfrac{3}{4}$

姉Cさん：$\dfrac{1}{4} \times \dfrac{1}{2} = \dfrac{1}{8}$

兄Dさん：$\dfrac{1}{8}$（姉Cさんと同様）

テキスト p.304,306

6
章

相続・事業承継

学科

■ 代襲相続

問題5
三択
□ □ □

　　　下記の〈親族関係図〉において、孫Bの法定相続分は（　　　　）である。

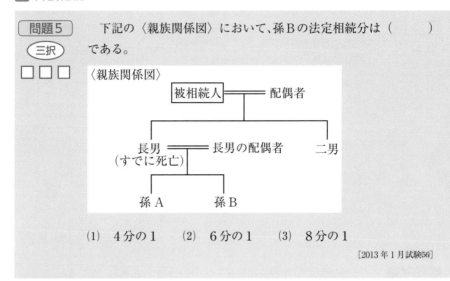

〈親族関係図〉

(1)　4分の1　　　(2)　6分の1　　　(3)　8分の1

[2013年1月試験56]

■ 相続の承認と放棄

問題6
○×
□ □ □

　　　相続人は、原則として、自己のために相続の開始があったことを知った時から3カ月以内に、相続について単純承認または限定承認をしなければ、相続の放棄をしたものとみなされる。

[2023年1月試験28]

問題7
○×
□ □ □

　　　相続人が複数人いる場合、相続の限定承認は、共同相続人の全員が共同して行わなければならない。　　　[2015年1月試験30]

解答5
正解 **3**

　本問における法定相続人には、配偶者、二男のほか、長男の代襲相続人として孫Ａさん、孫Ｂさんの２人が該当します。相続人の組み合わせが「配偶者と第１順位」である場合、法定相続分は次のとおりとなります。

　　配偶者：$\dfrac{1}{2}$

　　長男、二男：それぞれ $\dfrac{1}{2} \times \dfrac{1}{2} = \dfrac{1}{4}$

　本問では長男はすでに亡くなっているため、**代襲相続人**（孫Ａさん、孫Ｂさん）がさらに長男の**法定相続分**を**按分**します。

　　孫Ａさん、孫Ｂさん：それぞれ $\dfrac{1}{4} \times \dfrac{1}{2} = \dfrac{1}{8}$

テキスト
p.306,307

解答6
正解 **×**

　自己のために相続の開始があったことを知った時から**3カ月以内**に、相続について放棄または限定承認をしなければ、原則として単純承認をしたものとみなされます。

テキスト
p.308

解答7
正解 **○**

　相続の**限定承認**は、共同相続人の全員で行わなければなりません。ただし、共同相続人の中に相続を放棄した者がいる場合は、その者を除いた全員で行えばよいとされています。

テキスト
p.308

問題8
三択
□□□

相続人が相続の限定承認や相続の放棄をするには、原則として、自己のために相続の開始があったことを知った時からいずれも（　①　）以内に、（　②　）にその旨を申述しなければならない。

(1)　①3カ月　　②家庭裁判所
(2)　①3カ月　　②所轄税務署長
(3)　①6カ月　　②所轄税務署長　　　　　　　　　　　　　　［予想問題］

■ 遺産分割

問題9
○×
□□□

協議分割は、共同相続人全員の協議により遺産を分割する方法であり、その分割割合については、必ずしも法定相続分に従う必要はない。　　　　　　　　　　　　　　　　　　　　［2022年9月試験㉘］

■ 分割方法

問題10
○×
□□□

遺産分割において、共同相続人の1人または数人が、遺産の一部または全部を相続により取得し、他の共同相続人に対して生じた債務を金銭などの財産で負担する方法を代償分割という。
　　　　　　　　　　　　　　　　　　　　　　　　　　　［2019年1月試験㉘］

■ 遺言

問題11
○×
□□□

自筆証書遺言は、遺言者が、その全文、日付および氏名を自書し、これに押印して作成するものであるが、自筆証書に添付する財産目録については、自書によらずにパソコンで作成しても差し支えない。　　　　　　　　　　　　　　　　　［2022年1月試験㉘］

問題12
○×
□□□

自筆証書遺言書保管制度を利用して、法務局（遺言書保管所）に保管されている自筆証書遺言については、家庭裁判所による検認の手続を要しない。　　　　　　　　　　　　　　［2023年5月試験㉘］

解答8
正解 **1**

相続人が相続の限定承認および相続の放棄をするには、原則として、自己のために相続の開始があったことを知った時からいずれも**3カ月以内**に、家庭裁判所にその旨を申述する必要があります。

 限定承認は相続人全員で行う必要がありますが、相続の放棄は単独で行うことができます。

 テキスト p.308

解答9
正解 ◯

相続人**全員**が**合意すれば**、必ずしも**法定相続分どおりに相続財産を分割する必要はありません**。

 テキスト p.308

解答10
正解 ◯

相続人の1人または数人が、遺産の一部または全部を取得し、その者が金銭を支払う等して、他の相続人に対して生じた債務を自己の財産により負担する分割方法を、代償分割といいます。

 テキスト p.309

解答11
正解 ◯

自筆証書遺言に添付する**財産目録**については、例外的に、自書しなくても**パソコンで作成してもよい**とされています。ただし、財産目録の全頁に署名押印をしなければなりません。

 テキスト p.310

解答12
正解 ◯

自筆証書遺言を作成した者は、自筆証書遺言書保管制度を利用して、法務大臣の指定する法務局（遺言書保管所）に遺言書の保管を申請できます。**その場合は、家庭裁判所の検認が不要**となります。

 テキスト p.310

問題13 公正証書遺言は、証人2人以上の立会いのもと、遺言者が遺言の趣旨を公証人に口授し、公証人がそれを筆記して作成される遺言であり、相続開始後に（ ① ）における検認手続が（ ② ）である。

三択

□□□

(1) ① 公証役場　　② 必要
(2) ① 家庭裁判所　② 必要
(3) ① 家庭裁判所　② 不要　　　　　　　[2022年5月試験59]

問題14 公正証書遺言の作成においては、証人2人以上の立会いが必要であるが、遺言者の推定相続人はその証人となることができない。

○×

□□□　　　　　　　　　　　　　　　　　　　[2023年1月試験29]

■ 遺留分

問題15 法定相続人である被相続人の（　　　）は、遺留分権利者とはならない。

三択

□□□

(1) 父母　　(2) 兄弟姉妹　　(3) 養子　　[2023年1月試験57]

問題16 下記の〈親族関係図〉において、遺留分を算定するための財産の価額が2億4,000万円である場合、長女Eさんの遺留分の金額は、（　　　）となる。

三択

□□□

〈親族関係図〉

```
        Aさん ━━━━━━━ 妻Bさん
      （被相続人）
            │
   ┌────────┼────────────┐
 長男Cさん    二男Dさん      長女Eさん
```

(1) 1,000万円　　(2) 2,000万円　　(3) 4,000万円

[2023年5月試験58]

解答13
正解 **3**

公正証書遺言は、証人2人以上の立会いのもと、遺言者が遺言の趣旨を公証人に口授し、公証人がそれを筆記して作成される遺言であり、相続開始後の家庭裁判所における検認手続は**不要**です。

 公正証書遺言は、公証役場に保管されており、偽造や変造のリスクがないので、検認が不要となっています。

 テキスト p.310

解答14
正解 ○

公正証書遺言の作成にあたり、**推定相続人**および**受遺者**と、**これらの配偶者および直系血族**はその証人となることができません。

 テキスト p.310

解答15
正解 **2**

被相続人の兄弟姉妹は、法定相続人の資格は持ちますが、**遺留分権利者とはなりません**。

 テキスト p.311

解答16
正解 **2**

遺留分の求め方は次のとおりです。

・遺留分権利者：兄弟姉妹以外の相続人

・遺留分の割合：直系尊属のみが相続人であるケースは**3分の1**、配偶者または子がいるケースは**2分の1**

遺留分を算定するための財産の価額：2億4,000万円

遺留分の総額：2億4,000万円 × $\frac{1}{2}$ = 1億2,000万円

長女Eさんの遺留分：1億2,000万円 × $\frac{1}{2}$ × $\frac{1}{3}$ （法定相続分）

= **2,000万円**

 テキスト p.311

6
章

相続・事業承継

学科

成年後見制度

問題17

○×

□□□

成年後見制度には法定後見制度と任意後見制度があり、法定後見制度には「後見」「保佐」「補助」の３つがある。

［2017年9月試験(28)］

6 相続税の計算

税法上の法定相続人の扱い

問題1

○×

□□□

相続税の計算において、相続人が受け取った死亡保険金の非課税限度額を計算する際の法定相続人の数は、相続人のうち相続の放棄をした者がいる場合、その放棄をした者を含めた相続人の数とする。

［2018年9月試験(28)］

問題2

○×

□□□

相続税の基礎控除額の計算上、法定相続人の数に含める被相続人の普通養子の数は、被相続人に実子がいる場合、２人までである。

［予想問題］

第一段階　各人の相続税の課税価格の計算

問題3

三択

□□□

相続税の計算において、相続人が受け取った死亡保険金の非課税限度額は、「（　①　）×法定相続人の数」の算式により算出するが、相続人のうち相続の放棄をした者がいる場合、当該法定相続人の数は、相続を放棄した者を（　②　）人数とされる。

(1)　① 500万円　　② 含む
(2)　① 500万円　　② 含まない
(3)　① 600万円　　② 含む

［2018年5月試験(58)］

解答17

正解 ◯

成年後見制度には法定後見制度と任意後見制度があり、**法定後見制度**には、本人の判断能力の程度により**後見、保佐、補助**の3種類があります。

 テキスト p.312

解答1

正解 ◯

相続の**放棄**があった場合でも、相続税の計算においてはその**放棄した者を含めた数**で非課税限度額を計算します。なお、相続放棄した人が受け取る死亡保険金に非課税限度額は適用されません。

 テキスト p.317,319

6
章

相続・事業承継

学科

解答2

正解 ✕

被相続人に**実子がいる**場合、相続税の基礎控除の計算において、法定相続人の数に含めることができる普通養子の数は**1人**までです。なお、被相続人に**実子がいない**場合は、**2人**まで法定相続人の数に含めることができます。

 テキスト p.317

解答3

正解 **1**

相続人が取得した生命保険金および死亡退職金については、それぞれ「500万円×**法定相続人の数**」で計算した非課税金額を控除することができます。

また、相続税の計算における相続税法上の「法定相続人の数」は、**相続の放棄**があった場合でも、**なかったもの**として数に算入します。

 テキスト p.319

三択

□□□

相続税額の計算上、死亡退職金の非課税金額の規定による非課税限度額は、「（　　　）×法定相続人の数」の算式により算出される。

(1)　500万円　　　(2)　600万円　　　(3)　1,000万円

[2024年1月試験59]

問題5

三択

□□□

相続税を計算するときは、被相続人が残した債務（被相続人が死亡した時にあった債務で確実と認められるもの）を遺産総額から差し引くことができるが、（　　　）については、差し引くことができない。

(1)　銀行等からの借入金
(2)　墓地購入の未払代金
(3)　被相続人の所得税の未納分

[2018年1月試験59]

問題6

○×

□□□

相続人が負担した被相続人に係る香典返戻費用は、相続税の課税価格の計算上、葬式費用として控除することができる。

[2023年5月試験29]

問題7

○×

□□□

初七日や四十九日などの法会に要した費用は、相続税の課税価格の計算上、葬式費用として控除することができる。

[2019年9月試験28]

問題8

○×

□□□

2024年中に相続により財産を取得した者が、相続開始前3年以内に被相続人から暦年課税による贈与により取得した財産は、原則として、相続税の課税対象となる。

[2022年1月試験29改]

解答4

正解 **1**

死亡退職金の受取人が相続人である場合、死亡退職金には**非課税の適用**があります。

　　非課税限度額＝ **500万円**×法定相続人の数

なお、**死亡保険金**も、別枠として同じ非課税限度額の計算が適用されます。

テキスト p.319

解答5

正解 **2**

被相続人の**債務**や**葬式費用**などは、相続税の課税価格から控除することができますが、**墓地**や**仏壇**の**未払金**について控除することは**できません**。

これらが控除できないのは、相続税において非課税であるためです。

テキスト p.320

解答6

正解 **✕**

葬儀の際に受け取った香典の返戻に要する費用は、相続税の課税価格の計算上、控除の**対象外**です。

テキスト p.320

解答7

正解 **✕**

初七日や**四十九日**などの法会は、葬式ではなく供養として扱われるため、相続税の計算において控除することは**できません**。

テキスト p.320

解答8

正解 **〇**

相続により2024年中に財産を取得した者が、相続開始前**3年以内**に被相続人から暦年課税による贈与により取得した財産は、相続税の課税対象となります。なお、法改正により、2024年から2031年までにかけて段階的に対象となる年数が増加し、2031年では相続開始前**7年以内**に贈与された財産が対象となります。

テキスト 📖 p.320

■ 第二段階　相続税の総額の計算

問題9
○×
□ □ □

相続税額の計算上、遺産に係る基礎控除額は、「3,000万円＋600万円×法定相続人の数」の算式により算出される。

[2021年9月試験㉙]

問題10
○×
□ □ □

相続税額の計算上、遺産に係る基礎控除額を計算する際の法定相続人の数は、相続人のうちに相続の放棄をした者がいる場合であっても、その放棄がなかったものとしたときの相続人の数とされる。

[2024年1月試験㉙]

問題11
三択
□ □ □

下記の〈親族関係図〉において、被相続人Aさんの相続における相続税額の計算上、遺産に係る基礎控除額は（　　　）である。

〈親族関係図〉

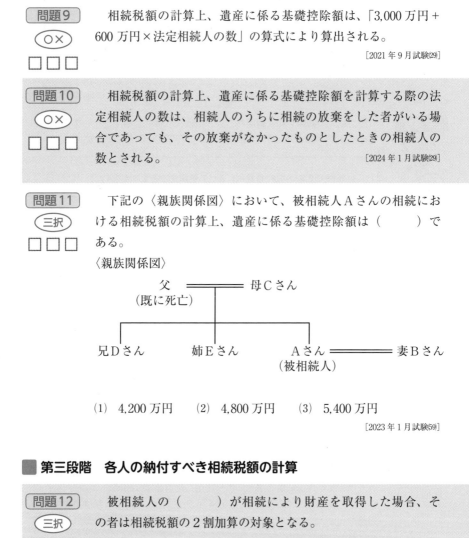

(1)　4,200万円　　(2)　4,800万円　　(3)　5,400万円

[2023年1月試験㉞]

■ 第三段階　各人の納付すべき相続税額の計算

問題12
三択
□ □ □

被相続人の（　　　）が相続により財産を取得した場合、その者は相続税額の2割加算の対象となる。

(1)　兄弟姉妹　　(2)　父母　　(3)　孫（子の代襲相続人）

[2023年5月試験㉞]

解答9
正解 ◯

遺産に係る基礎控除額は、次の式で求められます。
　　基礎控除額＝ 3,000 万円＋ 600 万円×**法定相続人の数**

テキスト p.322

解答10
正解 ◯

税法上、**相続の放棄**をした者がいる場合、**放棄がなかったものとして**、計算上は相続人の数に含めます。

テキスト p.317,322

解答11
正解 1

Aさんの法定相続人には、第1順位の子がおらず、第2順位の母Cさんと、配偶者である妻Bさんが法定相続人となります。
　　遺産に係る基礎控除額＝ 3,000 万円＋ 600 万円×法定相続人の数
　　　　　　　　　　　　　＝ 3,000 万円＋ 600 万円× 2 人
　　　　　　　　　　　　　＝ **4,200 万円**

テキスト p.322

解答12
正解 1

配偶者および一親等の血族**以外**の者で相続・遺贈により財産を取得した者は、相続税の**2割加算**の対象となります。ただし、**代襲相続人である孫**は例外として**対象外**となります。したがって、選択肢の中では**兄弟姉妹**が2割加算の対象となります。

テキスト p.323

問題13

(○×)

□□□

「配偶者に対する相続税額の軽減」の適用を受けた場合、配偶者の相続税の課税価格が、相続税の課税価格の合計額に対する配偶者の法定相続分相当額または1億6,000万円のいずれか多い金額までであれば、原則として、配偶者の納付すべき相続税額は算出されない。

[2019年9月試験30]

問題14

(○×)

□□□

相続税額の計算において、「配偶者に対する相続税額の軽減」の適用を受けるためには、その適用を受けることにより納付すべき相続税額が算出されない場合であっても、相続税の申告書を提出しなければならない。

[2022年9月試験30]

問題15

(○×)

□□□

「配偶者に対する相続税額の軽減」の適用を受けることができる配偶者は、被相続人と法律上の婚姻の届出をした者に限られ、いわゆる内縁関係にある者は該当しない。

[2023年5月試験30]

問題16

(三択)

□□□

相続税額の計算上、未成年者控除額は、原則として、（　①　）万円に（　②　）未満の法定相続人が（　②　）に達するまでの年数を乗じて算出する。

(1) ① 10　　② 18歳

(2) ① 5　　② 18歳

(3) ① 10　　② 16歳

[2020年9月試験58㉔]

7　相続税の申告と納付

■ 相続税の申告

問題1

(○×)

□□□

国内に住所を有するAさんが死亡した場合、Aさんの相続における相続税の申告書の提出先は、Aさんの死亡の時における住所地の所轄税務署長である。

[2020年9月試験30]

解答13

正解 ○

「配偶者に対する相続税額の軽減」の適用を受けた場合、被相続人の配偶者が取得した財産の課税価格が**1億6,000万円**または配偶者の法定相続分のいずれか多い金額までであれば、原則として相続税はかかりません。

テキスト p.324

解答14

正解 ○

「配偶者に対する相続税額の軽減」を適用して**相続税がゼロになる場合**でも、相続税の**申告書は提出する必要があります。**

テキスト p.324

解答15

正解 ○

「配偶者に対する相続税額の軽減」の適用を受けることができる配偶者は、**被相続人と法律上の婚姻の届出をした者**に限られるため、**内縁関係にある者は該当しません。**なお、本制度は婚姻期間にかかわらず適用できます。

テキスト p.324

解答16

正解 1

未成年者控除とは、相続税額の計算上、未成年者について認められている控除のことです。

適用対象者：被相続人の法定相続人で、財産取得時に**18歳未満**の者
控除額：**10万円**×（**18歳**－その者の年齢※）
※1年未満切捨

テキスト p.324

解答1

正解 ○

被相続人の**死亡時における住所地**の所轄税務署長に相続税の申告書を提出します。

テキスト p.331

問題2
三択
□□□

相続税の申告書の提出は、原則として、その相続の開始があったことを知った日の翌日から（　　　）以内にしなければならない。

(1)　4カ月　　(2)　6カ月　　(3)　10カ月　　[2022年9月試験59]

■ 相続税の納付が困難な場合

問題3
○×
□□□

相続税は、相続税の申告書の提出期限までに金銭により一時に納付することが原則であるが、所定の要件を満たせば、延納による納付方法も認められる。　　[2018年9月試験28]

8　財産の評価（宅地建物等以外）

■ 金融商品の評価

問題1
○×
□□□

相続税額の計算において、相続開始時に保険事故が発生していない生命保険契約に関する権利の価額は、原則として、相続開始時においてその契約を解約するとした場合に支払われることとなる解約返戻金の額によって評価する。　　[2022年5月試験28]

問題2
三択
□□□

2025年1月10日（水）に死亡したAさんが所有していた上場株式Xを、相続人が相続により取得した場合の1株当たりの相続税評価額は、下記の〈資料〉によれば、（　　　）である。

〈資料〉上場株式Xの価格

2024年11月の毎日の最終価格の月平均額	1,480円
2024年12月の毎日の最終価格の月平均額	1,490円
2025年1月の毎日の最終価格の月平均額	1,500円
2025年1月10日（水）の最終価格	1,490円

(1)　1,480円　　(2)　1,490円　　(3)　1,500円

[2024年1月試験60㊾]

解答2
正解 3

原則として、その相続の開始があったことを知った日の翌日から **10 カ月以内**に、被相続人の死亡時における住所地の所轄税務署長に相続税の申告書を提出する必要があります。

なお、死亡時までに申告すべき所得税がある場合は、遺族等がその相続の開始があったことを知った日の翌日から **4 カ月以内**に準確定申告をします。

 テキスト p.331

解答3
正解 ◯

相続税は、**申告期限**までに**金銭で一括して納付**するのが原則ですが、困難な場合は延納による支払いも認められています。また、それも困難な場合、申告書を提出することで物納による納付も可能です。なお、贈与税では物納は認められません。

テキスト p.332

6
章

相続・事業承継

学科

解答1
正解 ◯

契約者と被保険者が異なる場合、契約者が亡くなった後も契約者を相続することにより保険契約は存続します。その場合、相続税額の計算において保険契約の相続税評価額は、**解約返戻金**の額になります。

 テキスト p.333

解答2
正解 1

上場株式は、原則として次の4つのうち**最も低い価額**で評価します。
① 課税時期（死亡または贈与日）の最終価格
② 課税時期の属する月の毎日の最終価格の月平均額
③ 課税時期の属する月の前月の毎日の最終価格の月平均額
④ 課税時期の属する月の前々月の毎日の最終価格の月平均額
　本問において課税時期は 2025 年 1 月 10 日（水）です。
　〈資料〉より、1株あたりの相続税評価額は、2024 年 11 月の毎日の最終価格の月平均額である **1,480 円**となります。

テキスト p.333

■ 取引相場のない株式の評価

問題3
○×
□□□
　取引相場のない株式の相続税評価において、類似業種比準方式における比準要素には、「1株当たりの配当金額」「1株当たりの利益金額」「1株当たりの純資産価額」がある。

[2018年5月試験(30)]

問題4
○×
□□□
　取引相場のない株式の相続税評価において、純資産価額方式とは、評価会社の株式の価額を、評価会社と事業内容が類似した上場会社の株価および配当金額、利益金額、純資産価額を基にして算出する方式である。

[2020年1月試験(30)]

問題5
○×
□□□
　取引相場のない株式の相続税評価において、同族株主以外の株主等が取得した株式については、特例的評価方式である配当還元方式により評価することができる。

[2019年1月試験(29)]

9 財産の評価（宅地建物等）

■ 宅地

問題1
○×
□□□
　宅地の相続税評価の基礎となる路線価は、路線（道路）に面する標準的な宅地の1㎡当たりの価額である。

[2017年9月試験(21)]

問題2
三択
□□□
　国税庁が公表している路線価図において、路線に「300 C」と付されている場合、「C」の記号は、借地権割合が（　　　　）であることを示している。

(1)　60%　　(2)　70%　　(3)　80%

[2021年5月試験(60)]

解答3	類似業種比準方式とは、業種が類似する上場会社の株価をもとに、**配当・利益・純資産**の3要素を比較して株式を評価する方法のことです。
正解 ⭕	

テキスト p.334

解答4	設問は類似業種比準方式の説明です。**純資産価額方式**とは、評価会社を解散した場合の**純資産価額**をもとにその会社の株式の価額を評価する方式です。
正解 ✕	

テキスト p.334

解答5	**取引相場のない株式**を同族株主以外の者が取得した場合、**配当還元方式**により評価を行います。なお、**配当還元方式**とは、過去2年間の配当実績をもとに株式の価額を評価する方法です。
正解 ⭕	

テキスト p.334

6
章

相続・事業承継

学科

解答1	なお、路線価は1㎡当たり、千円単位で表示されます。
正解 ⭕	

テキスト p.336

解答2	路線価は、路線（道路）に面する標準的な宅地の1㎡当たりの価額（千円単位で表示）を表します。借地権割合はアルファベットで表示（A＝90％、B＝80％、C＝70％、D＝60％、E＝50％、F＝40％、G＝30％）されます。
正解 2	本問の場合、路線に「300 C」と付されているため、「1㎡当たり300千円、借地権割合が**70％**」であることを示しています。

テキスト p.336

問題3

○×

□ □ □

　個人が、自己が所有する土地に賃貸マンションを建築して賃貸の用に供した場合、相続税額の計算上、当該敷地は貸宅地として評価される。

[2022年5月試験㉙]

問題4

三択

□ □ □

　貸家建付地の相続税評価額は、（　　　　）の算式により算出される。

(1)　自用地としての価額×（1－借地権割合×賃貸割合）

(2)　自用地としての価額×（1－借家権割合×賃貸割合）

(3)　自用地としての価額×（1－借地権割合×借家権割合×賃貸割合）

[2021年9月試験㉖]

問題5

三択

□ □ □

　自用地としての価額が5,000万円、借地権割合が70%、借家権割合が30%、賃貸割合が100%の貸家建付地の相続税評価額は、（　　　　）である。

(1)　1,500万円　　(2)　3,500万円　　(3)　3,950万円

[2021年1月試験㉖]

■ 小規模宅地等についての相続税の課税価格の計算の特例

問題6

三択

□ □ □

　相続人が相続により取得した宅地が「小規模宅地等についての相続税の課税価格の計算の特例」における特定居住用宅地等に該当する場合、その宅地のうち（　①　）までを限度面積として、評価額の（　②　）相当額を減額した金額を、相続税の課税価格に算入すべき価額とすることができる。

(1)　① 200㎡　　② 50%

(2)　① 330㎡　　② 80%

(3)　① 400㎡　　② 80%

[2023年1月試験㉖]

解答3

正解 ✕

自己が所有する土地に、家屋を建築して他に貸し付けている場合、この土地は、貸家建付地として評価されます。なお、**貸宅地**とは、他人が家屋を建築して使用する目的で貸している自己の土地などをいいます。

 テキスト p.338

解答4

正解 **3**

貸家建付地の相続税評価額は、
　自用地価額×（1－**借地権割合×借家権割合×賃貸割合**）
で算出されます。

 テキスト p.338

解答5

正解 **3**

貸家建付地の価額は次のように求めます。
貸家建付地の価額＝自用地価額×（1－借地権割合×借家権割合×賃貸割合）
　　　　　　　　＝5,000万円×（1－70％×30％×100％）
　　　　　　　　＝5,000万円×79％
　　　　　　　　＝**3,950万円**

 テキスト p.338

解答6

正解 **2**

「小規模宅地等についての相続税の課税価格の計算の特例」における限度面積と減額割合は以下のとおりとなります。

宅地の区分		限度面積	減額割合
居住用	特定居住用宅地等	330㎡	80％
事業用	特定事業用宅地等	400㎡	80％
貸付事業用宅地等（貸付用不動産の宅地）		200㎡	50％

特定居住用宅地等の限度面積は330㎡、減額割合は80％です。

 テキスト p.339

問題7

相続人が相続により取得した宅地が「小規模宅地等についての相続税の課税価格の計算の特例」における特定事業用宅地等に該当する場合、その宅地のうち（　①　）までを限度面積として、評価額の（　②　）相当額を減額した金額を、相続税の課税価格に算入すべき価額とすることができる。

(1)　① 200㎡　　② 50%

(2)　① 330㎡　　② 80%

(3)　① 400㎡　　② 80%　　　　　　　　　　　　　　　　　[2023 年 5 月試験60]

問題8

相続人が相続により取得した宅地が「小規模宅地等についての相続税の課税価格の計算の特例」における貸付事業用宅地等に該当する場合、その宅地のうち 400㎡ までを限度面積として、評価額の 80%相当額を減額した金額を、相続税の課税価格に算入すべき価額とすることができる。　　　　　[2022 年 5 月試験30]

問題9

被相続人の配偶者が、被相続人の居住の用に供されていた宅地を相続により取得した後、当該宅地を相続税の申告期限までに売却した場合、当該宅地は、相続税の課税価格の計算上、特定居住用宅地等として「小規模宅地等についての相続税の課税価格の計算の特例」の適用を受けることができない。

[2021 年 5 月試験30]

問題10
（○×）

相続により特定居住用宅地等と貸付事業用宅地等の2つの宅地を取得した場合、適用対象面積の調整はせず、それぞれの適用対象面積の限度まで「小規模宅地等についての相続税の課税価格の計算の特例」の適用を受けることができる。

[2021 年 9 月試験30]

解答7

正解 **3**

「小規模宅地等についての相続税の課税価格の計算の特例」における特定事業用宅地等の限度面積は400㎡、減額割合は80%となります。

本特例を適用し、納税額がゼロになった場合でも、所定の事項を記載した申告書を提出する必要があります。

テキスト p.339

解答8

正解 **×**

設問は「小規模宅地等についての相続税の課税価格の計算の特例」における特定事業用宅地等の減額割合です。**貸付事業用宅地等**については、その宅地のうち200㎡までを限度面積として、評価額の50%相当額を減額した金額を、相続税の課税価格に算入すべき価額とすることができます。

テキスト p.339

解答9

正解 **×**

被相続人の居住用宅地等を**配偶者**が取得し、「小規模宅地等についての相続税の課税価格の計算の特例」の適用を受ける場合、無条件で特定居住用宅地等とみなされます。したがって、相続により取得した後、**相続税の申告期限までに売却しても特例を適用することができます。**

テキスト p.339

解答10

正解 **×**

特定居住用宅地等（自宅の敷地）と**貸付事業用宅地等**（賃貸マンションの敷地）について、「小規模宅地等についての相続税の課税価格の計算の特例」の適用を受ける場合、**適用対象面積の調整が行われます**。なお、**特定居住用宅地等**と**特定事業用宅地等**の2つの宅地を取得した場合は、適用対象面積の調整はせず、**それぞれの適用対象面積の限度まで減額の適用を受けることができます。**

テキスト p.339

問題11
三択
□ □ □

　2024年中に開始した相続により取得した宅地（面積350㎡）が「小規模宅地等についての相続税の課税価格の計算の特例」における特定居住用宅地等に該当する場合、相続税の課税価格に算入すべき価額の計算上、減額される金額は、（　　　）の算式により算出される。

(1)　宅地の評価額 $\times \dfrac{200\text{㎡}}{350\text{㎡}} \times 50\%$

(2)　宅地の評価額 $\times \dfrac{330\text{㎡}}{350\text{㎡}} \times 80\%$

(3)　宅地の評価額 $\times \dfrac{350\text{㎡}}{400\text{㎡}} \times 80\%$ ［2017年5月試験⑥⑩㊜］

建物の評価

問題12
三択
□ □ □

　賃貸アパート等の貸家の用に供されている家屋の相続税評価額は、（　　　）の算式により算出される。

(1)　自用家屋としての評価額×（1－借家権割合×賃貸割合）
(2)　自用家屋としての評価額×（1－借地権割合×賃貸割合）
(3)　自用家屋としての評価額×（1－借地権割合×借家権割合×賃貸割合） ［2020年9月試験㊾］

解答11
正解 **2**

　相続により取得した宅地が、「小規模宅地等についての相続税の課税価格の計算の特例」における**特定居住用宅地等**に該当する場合、その宅地のうち330㎡を限度面積として、評価額の**80%**を減額した金額を、相続税の課税価格に算入すべき価額とすることができます。

　本問においては、取得した宅地の面積が限度面積を超えており、面積350㎡のうち、330㎡分を対象とすることができます。したがって、本問における相続税の課税価格に算入すべき宅地の価額は次のとおりになります。

$$宅地の相続税評価額＝宅地の評価額－(宅地の評価額×\frac{330㎡}{350㎡}×80\%)$$

テキスト
p.339,340

解答12
正解 **1**

　賃貸アパートの借家の用に供されている家屋の相続税評価額は、
　　自用家屋としての評価額×**（1－借家権割合×賃貸割合）**
の式で求めることができます。

テキスト
p.341

問題1 次の設例に基づいて、下記の各問に答えなさい。

☐☐☐

［2023年5月試験・個人　第5問］

――《 設　例 》――

　Aさん（74歳）は、妻Bさん（70歳）、長女Cさん（45歳）との3人暮らしである。二女Dさん（40歳）は夫と子の3人で他県の持家に住んでいる。

　Aさんは、所有財産のうち、妻Bさんには自宅の敷地と建物を相続させ、普段から身の回りの世話をしてくれる長女Cさんには賃貸アパートの敷地と建物を相続させたいと考えている。長女Cさんと二女Dさんの関係は悪くないものの、Aさんは自身の相続が起こった際に遺産分割で争いが生じるのではないかと不安を感じている。

〈Aさんの親族関係図〉

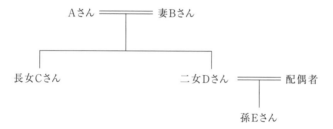

〈Aさんの推定相続人〉

妻Bさん　　：Aさんおよび長女Cさんと同居している。

長女Cさん：会社員。Aさん夫妻と同居している。

二女Dさん：専業主婦。夫と子の3人で他県の持家に住んでいる。

〈Aさんの主な所有財産（相続税評価額）〉

1．現預金	：	5,000万円
2．自宅敷地（200㎡）	：	6,000万円（注）
自宅建物	：	1,000万円

```
3．賃貸アパート敷地（250㎡）      ：  7,000 万円（注）
   賃貸アパート建物（築 10 年・6 室）：  2,000 万円
   合計                    ：2 億 1,000 万円
（注）「小規模宅地等についての相続税の課税価格の計算の特例」適用前の
     金額

※上記以外の条件は考慮せず、各問に従うこと。
```

《問1》 遺言に関する次の記述のうち、最も不適切なものはどれか。

(1) 「遺産分割をめぐる争いを防ぐ手段として、遺言書の作成をお勧めします。自筆証書遺言は、遺言者が、その全文、日付および氏名を自書し、これに押印して作成するものです。財産目録については、パソコン等で作成することが認められています」

(2) 「自筆証書遺言は、所定の手続により、法務局（遺言書保管所）に保管することができます」

(3) 「公正証書遺言は、証人2人以上の立会いのもと、遺言者が遺言の趣旨を公証人に口授し、公証人がこれを筆記して作成します。その作成時、推定相続人である妻Bさんや長女Cさんを証人にすることができます」

《問2》 仮に、Aさんの相続が現時点（2024 年 5 月 28 日）で開始し、Aさんの相続に係る課税遺産総額（課税価格の合計額－遺産に係る基礎控除額）が1億円であった場合の相続税の総額は、次のうちどれか。

(1) 1,450 万円   (2) 1,695 万円   (3) 2,400 万円

〈資料〉相続税の速算表（一部抜粋）

法定相続分に応ずる取得金額		税率	控除額
万円超	万円以下		
～	1,000	10%	－
1,000 ～	3,000	15%	50万円
3,000 ～	5,000	20%	200万円
5,000 ～	10,000	30%	700万円
10,000 ～	20,000	40%	1,700万円

《問3》 現時点（2024年5月28日）において、Aさんの相続が開始した場合の相続税等に関する次の記述のうち、最も不適切なものはどれか。

(1) 「妻Bさんが自宅の敷地（相続税評価額6,000万円）を相続により取得し、当該敷地の全部について、『小規模宅地等についての相続税の課税価格の計算の特例』の適用を受けた場合、減額される金額は4,800万円となります」

(2) 「『配偶者に対する相続税額の軽減』の適用を受けた場合、妻Bさんが相続により取得した財産の金額が、配偶者の法定相続分相当額と1億6,000万円とのいずれか多い金額を超えない限り、妻Bさんが納付すべき相続税額は算出されません」

(3) 「遺言により妻Bさんおよび長女Cさんが相続財産の大半を取得した場合、二女Dさんの遺留分を侵害する可能性があります。仮に、遺留分を算定するための財産の価額が2億円である場合、二女Dさんの遺留分の金額は5,000万円となります」

解答1 問1 　**3**

(1) 適切。自筆証書遺言は、全文と日付および氏名を自書・押印して作成します。**財産目録については、パソコン等で作成することが認められています。**なお、財産目録をパソコン等で作成した場合、すべてのページに遺言者の署名・押印が必要です。

(2) 適切。自筆証書遺言を作成した者は、法務大臣の指定する法務局に遺言書の保管を申請できます。なお、法務局（遺言書保管所）に保管されている遺言書は、家庭裁判所の検認が**不要**となります。

(3) 不適切。公正証書遺言を作成する場合、証人**2人以上**の立会いが必要です。また、推定相続人は遺言の証人になることが**できません。**

 テキスト p.310

解答1 問2 1

　相続税の総額は、各相続人が法定相続分に応じて仮に取得したものとして各相続人ごとに相続税額を算出し、これを合算することで求めます。

　設例では、法定相続分は、妻Bさんが2分の1、長女Cさんが4分の1、二女Dさんが4分の1となります。

　設問より、課税遺産総額（課税価格の合計額－遺産に係る基礎控除額）は、1億円です。したがって、法定相続人の法定相続分に応じた各取得金額は、次のとおりとなります。

　　妻Bさん　：1億円 $\times \frac{1}{2}$ ＝5,000万円

　　長女Cさん：1億円 $\times \frac{1}{4}$ ＝2,500万円

　　二女Dさん：1億円 $\times \frac{1}{4}$ ＝2,500万円

　法定相続分に応じた取得金額に係る相続税額（速算表で計算）は、次のとおりとなります。
　　妻Bさん　：5,000万円×20%－200万円＝800万円
　　長女Cさん：2,500万円×15%－50万円＝325万円
　　二女Dさん：2,500万円×15%－50万円＝325万円
　以上より、相続税の総額は次のとおりとなります。
　　800万円＋325万円＋325万円＝**1,450万円**

テキスト　p.304,321,322

解答1 問3 3

(1)　**適切。**自宅敷地の面積は200㎡であり、特定居住用宅地等の限度面積（330㎡）に満たないため、当該敷地の全部の評価額が80%減額されます。したがって、
　　　減額される金額＝6,000万円×80%
　　　　　　　　　　＝**4,800万円**

(2)　**適切。**「配偶者に対する相続税額の軽減」の適用を受けた場合、被相続人の配偶者が取得した財産の課税価格が**1億6,000万円**または配偶者の法定相続分のいずれか多い金額までであれば、原則として相続税はかかりません。

(3)　**不適切。**直系尊属のみが相続人である場合を除き、遺留分の割合は2分の1となります。本問において、民法上の法定相続人および法定相続分は、配偶者が2分の1、長女Cさんと二女Dさんがそれぞれ4分の1なので、二女Dさんの遺留分は下記のようになります。
　　　二女Dさんの遺留分＝遺留分を算定するための財産価額×遺留分割合×法定相続分
　　　　　　　　　　　　＝2億円 $\times \frac{1}{2} \times \frac{1}{4}$
　　　　　　　　　　　　＝**2,500万円**

テキスト　p.339,340,324,311

6
章

相続・事業承継

実技

　次の設例に基づいて、下記の各問に答えなさい。

［2022年5月試験・保険　第5問］

------《 設　例 》------

　Aさん（73歳）は、X市内の自宅で妻Bさん（72歳）との2人暮らしである。

　Aさんには、2人の子がいる。X市内の企業に勤務する二男Dさん（43歳）は、妻および孫Eさん（9歳）の3人で賃貸マンションに住んでいる。一方、長男Cさん（45歳）は、県外で働いており、X市に戻る予定はない。

　Aさんは、普段から身の回りの世話をしてくれる二男Dさんに対して、生活資金や孫の学費等について面倒を見てやりたいと思っており、現金の贈与を検討している。

　また、長男Cさんと二男Dさんの関係は悪くないものの、Aさんは、自身の相続が起こった際に遺産分割で争いが生じるのではないかと心配している。

〈Aさんの親族関係図〉

〈Aさんが加入している一時払終身保険の内容〉

　契約者（＝保険料負担者）・被保険者　：Aさん
　死亡保険金受取人　　　　　　　　　　：妻Bさん
　死亡保険金額　　　　　　　　　　　　：2,000万円

※上記以外の条件は考慮せず、各問に従うこと。

《問1》　Aさんの相続等に関する次の記述のうち、最も不適切なものはどれか。

⑴　「自筆証書遺言は、その遺言の全文および財産目録をパソコンで作成し、

日付および氏名を自書して押印することで作成することができます」

(2) 「公正証書遺言は、証人2人以上の立会いのもと、遺言者が遺言の趣旨を公証人に口授し、公証人がこれを筆記して作成します」

(3) 「妻Bさんが受け取る一時払終身保険の死亡保険金は、みなし相続財産として相続税の課税対象となりますが、死亡保険金の非課税金額の規定の適用を受けることで、相続税の課税価格に算入される金額は、500万円となります」

《問2》 仮に、二男Dさんが暦年課税（各種非課税制度の適用はない）により、2024年中にAさんから現金600万円の贈与を受けた場合の贈与税額は、次のうちどれか。

(1) 68万円　　(2) 90万円　　(3) 114万円

〈資料〉贈与税の速算表（一部抜粋）

基礎控除後の課税価格		特例贈与財産	
万円超	万円以下	税率	控除額
～	200	10%	－
200 ～	400	15%	10万円
400 ～	600	20%	30万円

解答2 問1 **1**

(1) **不適切。** 自筆証書遺言は、遺言の全文、日付および氏名を**自書して押印**しなければなりません。財産目録については、**パソコンの作成も認められますが**、すべてのページに署名・押印が必要となります。

(2) **適切。** 公正証書遺言は、**証人2人以上**の立会いのもと、遺言者が口授した内容を**公証人**が筆記して作成します。なお、推定相続人は証人にはなれません。

(3) **適切。** 契約者および被保険者が被相続人である生命保険の死亡保険金を相続人が受け取る場合、みなし相続財産として相続税の課税対象となり、「**500万円×法定相続人の数**」を限度に非課税金額となります。法定相続人の数は、妻Bさん、長男Cさん、二男Dさんの3人です。

したがって、相続税の課税価格に算入される金額は、次のとおりとなります。
　　2,000万円－500万円×3人＝**500万円**

テキスト p.310,319

問題3　　　次の設例に基づいて、下記の各問に答えなさい。

□ □ □

［2022年1月試験・保険　第5問㊹］

------《 設　例 》------

　Aさんは、2024年12月11日に病気により81歳で死亡した。Aさんの親族関係図等は、以下のとおりである。なお、Aさんは、生前に自筆証書遺言を作成し、自宅に保管していた（自筆証書遺言書保管制度は利用していない）。

　妻Bさん（78歳）、長女Cさん（56歳）、二女Dさん（54歳）、孫Fさん（23歳）、孫Gさん（21歳）は、自筆証書遺言の内容に従い、相続により財産を取得する予定である。なお、長男Eさんは、Aさんの相続開始前に死亡している。

〈Aさんの親族関係図〉

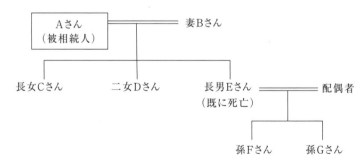

〈Ａさんが加入していた生命保険の内容〉

保険の種類	：一時払終身保険
死亡保険金額	：3,000万円
契約者（＝保険料負担者）・被保険者	：Ａさん
死亡保険金受取人	：妻Ｂさん

※上記以外の条件は考慮せず、各問に従うこと。

《問1》 Ａさんの相続に関する以下の文章の空欄①〜③に入る語句または数値の組合せとして、次のうち最も適切なものはどれか。

> ⅰ）「Ａさんの相続に係る法定相続人の数は5人となり、孫Ｆさんおよび孫Ｇさんの法定相続分はそれぞれ（　①　）です」
>
> ⅱ）「Ａさんの相続における遺産に係る基礎控除額は、（　②　）万円です」
>
> ⅲ）「相続税の申告書の提出期限は、原則として、相続の開始があったことを知った日の翌日から（　③　）カ月以内となります」

(1)　①8分の1　　②6,000　　③4

(2)　①8分の1　　②5,400　　③10

(3)　①12分の1　②6,000　　③10

《問2》 Ａさんの相続に関する次の記述のうち、最も不適切なものはどれか。

(1)　「Ａさんの自宅から自筆証書遺言を発見した相続人は、相続の開始を知った後、遅滞なく、その遺言書を家庭裁判所に提出し、その検認を請求しなければなりません」

(2)　「妻Ｂさんが受け取る死亡保険金は、みなし相続財産として相続税の課税対象となりますが、死亡保険金の非課税金額の規定の適用を受けることで、相続税の課税価格に算入される金額は500万円となります」

(3)　「孫Ｆさんおよび孫Ｇさんは、相続税額の2割加算の対象となります」

《問3》 Aさんの相続に係る課税遺産総額（「課税価格の合計額 − 遺産に係る基礎控除額」）が3億円であった場合の相続税の総額は、次のうちどれか。

(1) 6,550万円   (2) 8,160万円   (3) 1億800万円

〈資料〉相続税の速算表

法定相続分に応ずる取得金額		税率	控除額
万円超	万円以下		
〜	1,000	10%	−
1,000 〜	3,000	15%	50万円
3,000 〜	5,000	20%	200万円
5,000 〜	10,000	30%	700万円
10,000 〜	20,000	40%	1,700万円
20,000 〜	30,000	45%	2,700万円
30,000 〜	60,000	50%	4,200万円
60,000 〜		55%	7,200万円

解答3 問1   3

ⅰ）「Aさんの相続に係る法定相続人の数は5人となり、孫Fさんおよび孫Gさんの法定相続分はそれぞれ（① 12分の1）です」

ⅱ）「Aさんの相続における遺産に係る基礎控除額は、（② 6,000）万円です」

ⅲ）「相続税の申告書の提出期限は、原則として、相続の開始があったことを知った日の翌日から（③ 10）カ月以内となります」

〈解説〉

① 法定相続人は、妻Bさん・長女Cさん・二女Dさん・孫Fさん・孫Gさんの5人となります。

それぞれの法定相続分は、妻Bさん（配偶者）が**2分の1**、長女Cさんと二女Dさん（子）が6分の1（$=\frac{1}{2}×\frac{1}{3}$）、孫Fさんと孫Gさん（子の代襲相続人）が**12分の1**（$=\frac{1}{6}×\frac{1}{2}$）となります。

② 相続税の基礎控除額：3,000万円＋600万円×法定相続人の数
3,000万円＋600万円×5人＝**6,000万円**

③ 相続税の申告書の提出期限は、相続の開始があったことを知った日の翌日から**10カ月**以内です。

📖 テキスト p.304,306,307,322,331

解答3 問2   3

(1) 適切。自筆証書遺言は、相続開始後に**家庭裁判所**の検認が必要となります。ただし、**法務局**（遺言書保管所）に保管された自筆証書遺言は検認が不要です。

(2) **適切。**契約者および被保険者が被相続人である生命保険の死亡保険金を相続人が受け取る場合、みなし相続財産として相続税の課税対象となり、**500万円**×法定相続人の数（5人）＝2,500万円を限度に非課税金額となります。

したがって、相続税の課税価格に算入される金額は、次のとおりとなります。

3,000万円－2,500万円＝**500万円**

(3) **不適切。**通常、孫が相続により財産を取得する場合、相続税の2割加算の対象となりますが、**代襲相続人である孫**は、相続税の2割加算の対象と**なりません。**

 テキスト p.310,319,323

解答3 問3 1

相続税の総額は、各相続人が法定相続分に応じて仮に取得したものとして各相続人ごとに相続税額を算出し、これらを合算することで求めます。

設例では、法定相続分は、妻Bさんが2分の1、長女Cさん、二女Dさんが6分の1、孫Fさん、孫Gさんが12分の1となります。

設問より、課税遺産総額（課税価格の合計額－遺産に係る基礎控除額）は、3億円です。

したがって、法定相続人の法定相続分に応じた各取得金額は次のとおりとなります。

妻Bさん　　：30,000万円×$\frac{1}{2}$＝15,000万円

長女Cさん：30,000万円×$\frac{1}{6}$＝5,000万円

二女Dさん：5,000万円（Cさんと同様）

孫Fさん　　：30,000万円×$\frac{1}{12}$＝2,500万円

孫Gさん　　：2,500万円（Fさんと同様）

次に、速算表を利用し、各相続人の法定相続分に応じた取得金額に係る相続税額を求めます。

妻Bさん　　：15,000万円×40％－1,700万円＝4,300万円
長女Cさん：5,000万円×20％－200万円＝800万円
二女Dさん：800万円（Cさんと同様）
孫Fさん　　：2,500万円×15％－50万円＝325万円
孫Gさん　　：325万円（Fさんと同様）

したがって、相続税の総額は次のとおりとなります。

4,300万円＋800万円＋800万円＋325万円＋325万円＝**6,550万円**

テキスト p.304,306,321,322

6 章

相続・事業承継

実技

問題4

□ □ □

次の設例に基づいて、下記の各問に答えなさい。

［2023年1月試験・保険 第5問］

------------------------------《 設 例 》------------------------------

　非上場企業であるＸ株式会社（以下、「Ｘ社」という）の社長であったＡさんは、2024年12月5日に病気により79歳で死亡した。Ａさんは、生前に自筆証書遺言を作成し、自宅に保管していた（自筆証書遺言書保管制度は利用していない）。

　Ｘ社は、死亡退職金5,000万円を妻Ｂさんに支給した。後任の社長には、長女Ｃさんの夫でＸ社の専務取締役であるＤさんが就任した。Ａさんは、2006年10月にＤさんを普通養子としている。

　Ａさんの親族関係図等は、以下のとおりである。

〈Ａさんの親族関係図〉

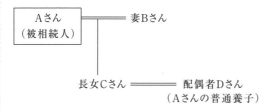

〈Ａさんの主な相続財産（相続税評価額）〉

現預金……………………… 8,000万円

自宅（敷地400㎡）…… 1,700万円（「小規模宅地等についての相続税の
　　　　　　　　　　　　　課税価格の計算の特例」適用後の相続税評価額）

自宅（建物）…………… 1,000万円

Ｘ社株式………………… 1億2,000万円

死亡退職金……………… 5,000万円

※上記以外の条件は考慮せず、各問に従うこと。

《問1》 Aさんの相続に関する次の記述のうち、最も不適切なものはどれか。

(1) 「Aさんが2024年分の所得税について確定申告書を提出しなければならない者に該当する場合、相続人は、原則として、相続の開始があったことを知った日の翌日から3カ月以内に準確定申告書を提出しなければなりません」

(2) 「Aさんの自宅から自筆証書遺言を発見した相続人は、相続の開始を知った後、遅滞なく、その遺言書を家庭裁判所に提出し、その検認を請求しなければなりません」

(3) 「相続税の申告書は、原則として、相続の開始があったことを知った日の翌日から10カ月以内に、被相続人であるAさんの死亡時の住所地を所轄する税務署長に提出しなければなりません」

《問2》 Aさんの相続に関する以下の文章の空欄①〜③に入る数値の組合せとして、次のうち最も適切なものはどれか。

> ⅰ)「Aさんの相続における遺産に係る基礎控除額は、（　①　）万円です」
> ⅱ)「妻Bさんが受け取った死亡退職金5,000万円のうち、相続税の課税価格に算入される金額は、（　②　）万円です」
> ⅲ)「妻Bさんが自宅の敷地を相続により取得し、特定居住用宅地等として『小規模宅地等についての相続税の課税価格の計算の特例』の適用を受けた場合、その敷地は（　③　）㎡までの部分について80％の減額が受けられます」

(1) ① 4,800　　② 4,000　　③ 400
(2) ① 4,200　　② 4,000　　③ 330
(3) ① 4,800　　② 3,500　　③ 330

《問3》 Ａさんの相続に係る課税遺産総額（課税価格の合計額−遺産に係る基礎控除額）が２億2,000万円であった場合の相続税の総額は、次のうちどれか。

(1) 4,600万円　　(2) 5,400万円　　(3) 7,200万円

〈資料〉相続税の速算表（一部抜粋）

法定相続分に応ずる取得金額		税率	控除額
万円超	万円以下		
	〜　1,000	10%	−
1,000	〜　3,000	15%	50万円
3,000	〜　5,000	20%	200万円
5,000	〜　10,000	30%	700万円
10,000	〜　20,000	40%	1,700万円
20,000	〜　30,000	45%	2,700万円

解答4 問1　**1**

(1) **不適切**。相続人は、相続の開始があったことを知った日の翌日から**4カ月以内**に**準確定申告書**を提出しなければなりません。

(2) **適切**。自宅から自筆証書遺言を発見した相続人は、家庭裁判所に提出して検認を請求しなければなりません。なお、**法務局**に保管された自筆証書遺言は検認**不要**です。

(3) **適切**。相続税の申告書は、相続の開始があったことを知った日の翌日から**10カ月以内**に**被相続人の住所地**を所轄する**税務署長**に提出しなければなりません。

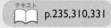
テキスト p.235,310,331

解答4 問2　**3**

ⅰ)「Ａさんの相続における遺産に係る基礎控除額は、（① 4,800）万円です」

ⅱ)「妻Ｂさんが受け取った死亡退職金5,000万円のうち、相続税の課税価格に算入される金額は、（② 3,500）万円です」

ⅲ)「妻Ｂさんが自宅の敷地を相続により取得し、特定居住用宅地等として『小規模宅地等についての相続税の課税価格の計算の特例』の適用を受けた場合、その敷地は（③ 330）㎡までの部分について80%の減額が受けられます」

〈解説〉
ⅰ) 相続税の基礎控除額：3,000万円＋600万円×**法定相続人の数**
　　　　　　　　　　　3,000万円＋600万円×3人＝**4,800万円**

　Ａさんには実子がいますが、普通養子であっても1人までは法定相続人に含まれるため、配偶者Ｄさんは、法定相続人に含まれます。

ⅱ）死亡退職金の非課税金額：500 万円×法定相続人の数

500 万円× 3 人＝1,500 万円

死亡退職金の額は 5,000 万円なので、課税価格に算入される金額は次のとおりとなります。

5,000 万円－1,500 万円＝3,500 万円

ⅲ）「小規模宅地等についての相続税の課税価格の計算の特例」については、次のとおりとなります。

宅地の区分		限度面積	減額割合
居住用	特定居住用宅地等	330㎡	80%
事業用	特定事業用宅地等	400㎡	80%
貸付事業用宅地等（貸付用不動産の宅地）		200㎡	50%

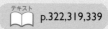

テキスト p.322,319,339

解答4 問3   1

相続税の総額は、各相続人が法定相続分に応じて仮に取得したものとして各相続人ごとに相続税額を算出し、これらを合算することで求めます。

設例では、法定相続分は、妻Ｂさんが 2 分の 1 、長女Ｃさん、普通養子Ｄさんが 4 分の 1 となります。

設問より、課税遺産総額（課税価格の合計額－遺産に係る基礎控除額）は、 2 億 2,000 万円です。

したがって、法定相続人の法定相続分に応じた各取得金額は次のとおりとなります。

妻Ｂさん　　：22,000 万円× $\frac{1}{2}$ ＝11,000 万円

長女Ｃさん：22,000 万円× $\frac{1}{4}$ ＝5,500 万円

普通養子Ｄさん：5,500 万円（Ｃさんと同様）

次に、速算表を利用し、各相続人の法定相続分に応じた取得金額に係る相続税額を求めます。

妻Ｂさん　　：11,000 万円×40％－1,700 万円＝2,700 万円
長女Ｃさん：5,500 万円×30％－700 万円＝950 万円
普通養子Ｄさん：950 万円（Ｃさんと同様）

したがって、相続税の総額は次のとおりとなります。

2,700 万円＋950 万円＋950 万円＝4,600 万円

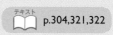

テキスト p.304,321,322

6
章

相続・事業承継

実技

問題1 □□□ 相続開始後の各種手続きにおける下記〈資料〉の空欄（ア）、（イ）にあてはまる語句の組み合わせとして、最も適切なものはどれか。なお、記載のない事項については一切考慮しないこととする。

[2023年1月試験(14)]

〈資料〉

手続きの種類	行うべき手続きの内容
相続の放棄または限定承認	原則として、相続の開始を知った時から3カ月以内に（　ア　）に申述書を提出
相続税の申告と納付	相続の開始を知った日の翌日から（　イ　）以内に被相続人の死亡時の住所地の所轄税務署長に申告書を提出

(1) （ア）地方裁判所　　（イ）6カ月

(2) （ア）地方裁判所　　（イ）10カ月

(3) （ア）家庭裁判所　　（イ）10カ月

問題2 □□□ 2024年5月2日に相続が開始された最上真司さん（被相続人）の〈親族関係図〉が下記のとおりである場合、民法上の相続人および法定相続分の組み合わせとして、最も適切なものはどれか。なお、記載のない条件については一切考慮しないこととする。

[2023年5月試験(13)改]

〈資料〉

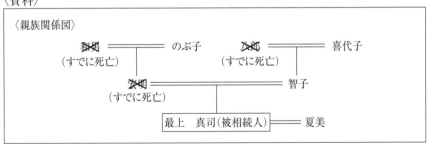

(1) 夏美2/3　　智子1/3

(2) 夏美2/3　　智子1/6　　のぶ子1/6

(3) 夏美3/4　　智子1/12　　のぶ子1/12　　喜代子1/12

解答1

正解 **3**

手続きの種類	行うべき手続きの内容
相続の放棄または限定承認	原則として、相続の開始を知った時から**3カ月**以内に（ア 家庭裁判所）に申述書を提出
相続税の申告と納付	相続の開始を知った日の翌日から（イ 10カ月）以内に被相続人の死亡時の住所地の所轄税務署長に申告書を提出

 テキスト p.308,331

6 章

相続・事業承継

実技

解答2

正解 **1**

　本問においては、第1順位の相続人（子）がいないため、第2順位の相続人である母：智子さんが相続人となります。したがって、民法上の法定相続分は、妻：夏美さん2/3、母：智子さん1/3となります。

 テキスト p.304,305

問題3　　2024年1月5日に相続が開始された皆川健太郎さん（被相続人）
□□□　の〈親族関係図〉が下記のとおりである場合、民法上の相続人お
よび法定相続分の組み合わせとして、正しいものはどれか。なお、
記載のない条件については一切考慮しないこととする。

［2023年1月試験(13)⦿］

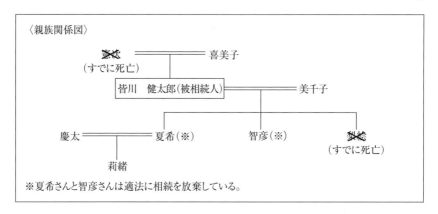

〈親族関係図〉

※夏希さんと智彦さんは適法に相続を放棄している。

(1)　美千子 2／3　　喜美子 1／3
(2)　美千子 1／2　　喜美子 1／2
(3)　美千子 1／2　　莉緒　 1／2

問題4　　杉山さんは、家族のために遺言書を作成することを考えている。
□□□　公正証書遺言に関する次の記述の空欄（ア）～（ウ）にあてはま
る語句の組み合わせとして、最も適切なものはどれか。

［2023年5月試験(15)］

公正証書遺言は、遺言者が遺言内容を口述し、（　ア　）が筆記したうえで、
遺言者・証人に読み聞かせ、または閲覧させて作成することを原則とし、
その作成に当たっては、（　イ　）以上の証人の立会いが必要とされる。
なお、公正証書遺言については、家庭裁判所による検認が（　ウ　）と
されている。

(1)　（ア）公証人　　（イ）2人　　（ウ）必要
(2)　（ア）公証人　　（イ）2人　　（ウ）不要
(3)　（ア）裁判官　　（イ）1人　　（ウ）不要

解答3

正解　**1**

　本問においては、子である夏希さんと智彦さんが放棄しており、梨絵さんはすでに死亡しているため、第1順位の相続人は存在しません。そのため第2順位の母：喜美子さんが相続人となります。なお、夏希さんが相続を放棄しているため、莉緒さんは代襲相続人にはなれません。よって、法定相続分は、妻：美千子さん2/3、母：喜美子さん1/3です。

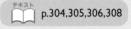 テキスト
p.304,305,306,308

解答4

正解　**2**

「公正証書遺言は、遺言者が遺言内容を口述し、（ア　公証人）が筆記したうえで、遺言者・証人に読み聞かせ、または閲覧させて作成することを原則とし、その作成に当たっては、（イ　2人）以上の証人の立会いが必要とされる。なお、公正証書遺言については、家庭裁判所による検認が（ウ　不要）とされている。」

〈解説〉

　遺言書については、次の表のとおりとなります。

種類	自筆証書遺言※1	公正証書遺言※2
遺言可能年齢	15歳以上	
証人	不要	**2人以上の証人が必要**
家庭裁判所の検認	必要※3	不要

※1　自筆証書遺言は、証人が**不要**で、**単独**で作成することができます。

※2　公正証書遺言は、証人2人以上の立会いのもと、遺言者が遺言の趣旨を公証人に口授し、**公証人**がこれを筆記して作成します。公証人がその原本を厳重に保管する信頼性の高い遺言とされています。

※3　遺言書保管所に保管する場合は不要となります。なお、法務局に保管されている自筆証書遺言に関して交付される「遺言書情報証明書」も検認の必要がありません。

 テキスト
p.310

近藤恭子さん（60歳）は、母親である杉田保子さん（85歳）の相続について、FPで税理士でもある村瀬さんに相談をした。相続税の債務控除に関する村瀬さんの次の説明のうち、最も適切なものはどれか。なお、保子さんの相続人は、債務控除の適用要件を満たしているものとする。 ［2022年5月試験(15)］

(1)「保子さんが生前に受けた治療に係る医療費で未払いとなっているものは、債務控除の対象となります。」

(2)「保子さんが生前に購入した墓碑の購入代金で未払いとなっているものは、債務控除の対象となります。」

(3)「保子さんのご葬儀の際に受け取った香典の返戻に要する費用は、債務控除の対象となります。」

落合さん（65歳）は、相続税の計算における生命保険金等の非課税限度額について、FPで税理士でもある佐野さんに質問をした。下記の空欄（ア）、（イ）にあてはまる数値または語句の組み合わせとして、最も適切なものはどれか。 ［2023年9月試験(14)］

〈佐野さんの回答〉
「被相続人の死亡によって相続人等が取得した生命保険金や損害保険金で、その保険料の全部または一部を被相続人が負担していたものは、相続税の課税対象となります。
この死亡保険金の受取人が相続人である場合、すべての相続人が受け取った保険金の合計額が次の算式によって計算した非課税限度額を超えるとき、その超える部分が相続税の課税対象になります。非課税限度額は『（ ア ）万円×（ イ ）の数』で求められます。」

(1)（ア）300 （イ）法定相続人

(2)（ア）300 （イ）生命保険契約

(3)（ア）500 （イ）法定相続人

解答5

正解　1

(1)　適切。治療に係る**医療費**で**未払い**となっているものは、債務控除の**対象**となります。

(2)　不適切。生前に購入した**墓碑の購入代金**で未払いとなっているものは、債務控除の**対象外**です。

(3)　不適切。葬儀の際に受け取った**香典の返戻**に要する費用は、債務控除の**対象外**です。

〈相続税の債務控除〉

債務控除の対象	債務控除の対象外
葬式・葬送の費用（通夜・本葬費用） 未払いの医療費 お布施・読経料・戒名料 火葬・埋葬・納骨費用 遺骸または遺骨の回送費用 死体（遺骨）の捜索・運搬費用	香典返戻費用 墓碑および墓地の買入費、墓地の借入料 法会に要する費用（初七日など） 遺体解剖費用など

 テキスト p.320

解答6

正解　3

「被相続人の死亡によって相続人等が取得した生命保険金や損害保険金で、その保険料の全部または一部を被相続人が負担していたものは、相続税の課税対象となります。

この死亡保険金の受取人が相続人である場合、すべての相続人が受け取った保険金の合計額が次の算式によって計算した非課税限度額を超えるとき、その超える部分が相続税の課税対象になります。非課税限度額は『（ア 500）万円×（イ 法定相続人）の数』で求められます。」

〈解説〉

相続人が受け取る死亡保険金の非課税限度額は、次の式で求められます。

相続人が受け取る死亡保険金の非課税限度額＝ **500万円**×法定相続人の数

 テキスト p.319

6章

相続・事業承継

実技

細川亜実さん（32歳）が2024年中に贈与を受けた財産の価額と贈与者は以下のとおりである。亜実さんの2024年分の贈与税額として、正しいものはどれか。なお、2024年中において、亜実さんはこれ以外の財産の贈与を受けておらず、相続時精算課税制度は選択していないものとする。

[2022年9月試験(15)改]

・亜実さんの父からの贈与　現金400万円
・亜実さんの祖母からの贈与　現金60万円
※上記の贈与は、住宅取得等資金や教育資金、結婚・子育てに係る資金の贈与ではない。

〈贈与税の速算表〉
（イ）18歳以上の者が直系尊属から贈与を受けた財産の場合（特例贈与財産、特例税率）

基礎控除後の課税価格	税率	控除額
200万円 以下	10%	—
200万円 超　400万円 以下	15%	10万円
400万円 超　600万円 以下	20%	30万円
600万円 超　1,000万円 以下	30%	90万円
1,000万円 超　1,500万円 以下	40%	190万円
1,500万円 超　3,000万円 以下	45%	265万円
1,500万円 超　3,000万円 以下	50%	415万円
4,500万円 超	55%	640万円

（注）「18歳以上の者」とあるのは、2022年3月31日以前の贈与により財産を取得した者の場合、「20歳以上の者」と読み替えるものとする。

（ロ）上記（イ）以外の場合（一般贈与財産、一般税率）

基礎控除後の課税価格		税率	控除額
	200 万円 以下	10%	—
200 万円 超	300 万円 以下	15%	10 万円
300 万円 超	400 万円 以下	20%	25 万円
400 万円 超	600 万円 以下	30%	65 万円
600 万円 超	1,000 万円 以下	40%	125 万円
1,000 万円 超	1,500 万円 以下	45%	175 万円
1,500 万円 超	3,000 万円 以下	50%	250 万円
3,000 万円 超		55%	400 万円

(1) 425,000 円　　(2) 620,000 円　　(3) 730,000 円

解答7

正解　1

　暦年課税は、1年間（1月1日から12月31日まで）に受贈者が贈与により取得した財産の合計額から基礎控除 **110万円** を控除した残額に対して課税されます。

【適用税率】
・18歳以上の者が直系尊属（父母や祖父母など）から受贈　：**特例税率**
・それ以外の受贈　　　　　　　　　　　　　　　　　：一般税率

　本問は、現金400万円を父から子（32歳）に、また、現金60万円を祖母から孫（32歳）に贈与したケースであるため、**特例税率の速算表を用いて贈与税額を計算します。**

　　贈与税額＝（贈与税の課税価格－基礎控除）×税率
　　　　　　＝（400万円＋60万円－110万円）×15％－10万円
　　　　　　＝**425,000円**

テキスト
p.296,297

贈与税の配偶者控除の適用要件や控除額に関する次の記述の空欄（ア）、（イ）にあてはまる数値の組み合わせとして、最も適切なものはどれか。

[2023年9月試験(14)⑫]

> 「贈与税の配偶者控除の適用を受けるためには、贈与があった日において、配偶者との婚姻期間が（　ア　）年以上であること等の所定の要件を満たす必要があります。また、贈与税の配偶者控除の額は、最高（　イ　）万円です。」

(1)　（ア）10　　（イ）1,000

(2)　（ア）20　　（イ）1,000

(3)　（ア）20　　（イ）2,000

正解　**3**

「贈与税の配偶者控除の適用を受けるためには、贈与があった日において、配偶者との婚姻期間が（ア　20）年以上であること等の所定の要件を満たす必要があります。また、贈与税の配偶者控除の額は、最高（イ　2,000）万円です。」

〈解説〉

　贈与税の配偶者控除を適用した場合、通常の基礎控除（110万円）のほかに2,000**万円**まで贈与税の課税価格から控除することができます。この特例を適用するには、対象配偶者との婚姻期間が**20年以上**あることなどの要件があります。

テキスト
p.297